아마존
리테일
리포트

아마존 리테일 리포트

아마존은 어떻게 사람들의
쇼핑 패턴을 변화시키는가?

나탈리 버그, 미야 나이츠 공저
한원희 옮김

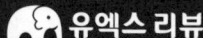
유엑스 리뷰

아마존 리테일 리포트
아마존은 어떻게 사람들의 쇼핑 패턴을 변화시키는가?

발행일 2020년 9월 1일

발행처 유엑스리뷰 | **발행인** 현명기 | **지은이** 나탈리 버그, 미야 나이츠 |
옮긴이 한원희 | **주소** 서울시 강남구 테헤란로 146, 현익빌딩 13층 | **팩스** 070.8224.4322 |
등록번호 제333-2015-000017호 | **이메일** uxreviewkorea@gmail.com

ISBN 979-11-88314-53-9

이 책의 한국어판 저작권은 유엑스리뷰 출판사가 소유하고 있습니다.
본서의 무단전재 또는 복제행위는 저작권법 제136조에 의하여
5년 이하의 징역 또는 5천만 원 이하의 벌금에 처하게 됩니다.

낙장 및 파본은 구매처에서 교환하여 드립니다.
구입 철회는 구매처 규정에 따라 교환 및 환불처리가 됩니다.

© Natalie Berg, Miya Knights, 2019

This translation of Amazon is published by arrangement with Kogan Page.

이 책에 쏟아진 찬사

나탈리 버그와 미야 나이츠는 아마존의 부상과 그것이 리테일 업계에 미치는 극적인 영향에 대해 완벽하게 설명한다. 아마존을 20년 넘게 추적해 온 금융 분석가로서 나는 이 책이 통찰력과 자료로 가득 차 있다고 생각한다. 특히 아마존이 홀푸드를 인수하고 아마존고 Amazon Go 매장을 만들면서 왜 "물리적 공간"으로 진출했는지에 대한 설명은 아주 매력적이다. 이 책에는 투자자들과 소매업체들, 특히 아마존이 할 수 없는 것에 능한 기업들을 위한 귀중한 교훈이 담겨 있다. 강력히 추천한다.

마크 마하니 Mark S Mahaney, **RBC캐피탈마켓** RBC Capital Markets **애널리스트 겸 상무**

아마존은, 고객들에게 집요하게 초점을 맞추고, 현시점에서 장기적인 시야를 유지하면서 성장을 촉진하기 위해 많은 재투자를 하는 것과 관련된 일종의 '현상'이다. 저자들은 모든 전자상거래 사업가들에게 아마존이 어떻게 25년 동안 벼락 성공을 하게 되었는지에 대한 풍부한 통찰을 제공한다. 아마존의 성장을 풀어낸 것뿐만 아니라, 미스가이디드Missguided(영국의 성공적인 온라인 패스트패션 브랜드)와 같은 새로운 소매업체들이 영향력을 가질 수 있게 만드는 고객 행동의 흥미진진하고 엄청난 변화에 대해 시기적절하게 상기시켜 주기도 한다.

니틴 파씨 Nitin Passi, **미스가이디드**Missguided **CEO 겸 설립자**

저자들은 아마존에 대해 종합적으로 설명한 필수 지침서를 내놓았다. 거대한 온라인 기업의 역사와 진보에 대한 로드맵이라 할 수 있는 이 책은 아마존의 DNA를 이끌어 온 핵심 변곡점들과 중심점들을 대해부한다. 가장 중요한 것은, 여기서 제시된 통찰력과 함축된 내용이 아마존의 "만물 산업Industry of Everything"에 참여하는 모든 이들을 자극하여 그들이 자신의 전략을 재평가하고 진화시키도록 유발한다는 점이다. 나는 그럴 것이라고 확신한다.

안 누엔 루 Anh Nguyen Lue, **P&G 북미 오픈 이노베이션 및 전자상거래 부문 리더**

아마존에 대한 저자들의 심층적인 견해는 아마존의 영향력을 이해하고자 하는 소매업체들에게는 최고의 안내서가 될 것이다. 그리고 이 책은 아마존의 사업과 미국과 유럽 전역의 동종 업체들에 대한 포괄적이고 친근한 지식과 함께 객관적인 통찰로 풍부하다. 그저 그런 아마존에 관한 책 그 이상이다. 이 책은 기술에 의해 과잉된, 그 어느 때보다 높은 고객 기대가 미치는 영향에 대한 사회적 논평이다. 쇼핑객들은 과거에 불가능했지만 지금은 가능한 것이 무엇인지, 과거에는 실현 불가능했으나 지금은 실현할 수 있는 것이 무엇인지, 그리고 이제는 현실이 된 과거의 꿈은 무엇인지 잘 알고 있다. 저자들은 모든 소매업체들이 그 새로운 유형의 고객을 상대로 반드시 비즈니스를 재창조해야 한다는 것을 깨닫게 해준다.

앤디 본드 Andy Bond, **펩코르**Pepkor **투자회사 유럽 CEO**

'아마존 모델'이 더 나은 아마존을 만들기 위해 어떻게 끊임없이 진화해왔는지에 대한 포괄적이고 권위 있는 통찰을 담고 있을 뿐만 아니라, 쇼핑의 미래와 소매업체들이 적합한 고객들과 관계를 유지하기 위한 적응 방법까지 다룬다.

로빈 필립스 Robin Phillips, **더워치숍**The Watch Shop **CEO**

이 책은 자신의 적을 이해하는 것에 관한 철학을 믿는 모든 옴니채널 리테일 사업자들의 필독서이다.

팀 메이슨 Tim Mason, **이글아이솔루션**Eagle Eye Solutions **CEO**

차례

01
지금은 아마존 시대 013

02
아마존은 어떻게 최강의 리테일 브랜드가 되었는가:
아마존의 리테일 전략 021

수익 창출을 위해 손해를 감수한다 024   아마존의 핵심 원칙 027   불공정한 경쟁, 세금 039   3개의 기둥: 마켓플레이스, 프라임, AMS 043   본질은 기술 회사, 그 다음이 소매업체 048

03
프라임 생태계:
현대 소비자를 위해 로열티를 재정의하다 057

배송, 쇼핑, 스트리밍과 그 이상의 것 061   프라임은 과연 로열티 프로그램일까? 066   아마존이 프라임을 통해 얻는 것은 무엇일까? 068   세계로 진출 071   프라임은 오프라인에서도 효과가 있을까? 073   프라임 2.0 076

04
오프라인 리테일의 종말:
현실일까, 신화에 불과할까? 081

'자기 방식대로 하는' 구매자의 탄생 085   아마존 효과: 카테고리 킬러 죽이기 089   연관성의 부재와 과잉된 쇼핑 공간 092   밀레니얼 세대, 미니멀리즘, 그리고 의식 있는 소비 103

05
순수 전자상거래의 끝:
아마존의 오프라인 소매업체 변천사 107

차세대 소매: 옴니채널에 대한 탐구 111　물리적 리테일과 디지털 리테일을 통합하는 핵심 요인 115　온라인에서 오프라인으로: 온라인 쇼핑의 끝 125　아마존이 만드는 변화 135

06
아마존의 식료품 야망:
모든 것을 팔기 위한 플랫폼을 창조하다 143

미국의 온라인 식료품 2.0 146　식품: 최후의 전선과 빈도수의 중요성 152　아마존의 식품 전쟁: 홀푸드 마켓 인수 전까지 155

07
홀푸드 마켓:
놀라운 신세계 175

발명에 대한 갈증을 슈퍼마켓 영역에서 풀다 179　왜 홀푸드 마켓인가 182　경종을 울리다 185　홀푸드는 가고 프레임 프레시가 온다? 196

08
강력한 자체 개발 상품의 힘:
비집고 들어가기 199

대침체기 이후의 사고방식 202　자체상표를 향한 아마존의 야망 205

09
리테일 테크놀로지 219

고객에게 집착하라 223　원클릭에서 노클릭으로 235

10
인공지능과 음성:
리테일의 새 지평을 열다 241

추천의 가치 245　공급망의 복잡성 248　음성 기술의 잠재력 253

11
미래의 매장:
고객 경험을 풍부하게 만들 디지털 자동화 271

온라인에서 리서치, 오프라인에서 구매 276　연관성을 대리하는 위치 282　쇼룸으로서의 매장 288

12
경험 중심 매장:
거래 중심에서 경험 중심으로 307

가게에서 라이프스타일 센터로: 브랜드 가치 정렬 312　먹는 공간 314　일하는 공간 319　놀이 공간 323　발견하는 공간, 배우는 공간 331　빌리는 공간 336

13
주문 이행:
최종 단계에서 소비자의 마음을 얻는 법 341

배송 이행 약속 344   라스트마일 개발하기 351   라스트마일 확장하기 358

14
라스트마일 인프라스트럭처 365

라스트마일 노동력 370   IT 인프라 개발 375   부동산 수요 380   운송회사로서의 아마존 383   풀필먼트 바이 아마존 385   라스트마일 경주 387   원격 혁신 393

15
결론:
아마존은 최고점에 도달한 것인가? 397

01

지금은 아마존 시대

연관된 relevant :
현 시간, 시대 혹은 상황에 적절한/동시대 관심사에 맞는

현재 리테일 사업은 과도기를 겪고 있다. 회의론자들은 그것을 종말로, 다른 사람들은 디지털 변혁 digital transfomation이라고 부른다. 그러나 지금 이 시기에 엄청난 구조적 변화가 일어나고 있다는 데는 이견이 없을 것이다.

온라인 쇼핑의 부상은 과거의 어느 때보다 변화된 소비자 가치와 소비 습관과 더해져 과잉된 오프라인 리테일 사업의 현주소를 드러냈다. 점포들은 기록적인 속도로 폐업하고 있으며, 오프라인 리테일 회사들의 파산은 계속되고 있다. 전통적인 비즈니스 모델은 설 자리를 잃고 모두가 생존을 위해 동분서주하고 있다. 세계 최대 오프라인 리테일 체인 '월마트 스토어'는 신디지털 시대를 맞아 상호 변경까지 불사했다. 2018년 반세기 가까이 고수해왔던 법인 이름에서 '스토어' 부분을 빼버린 것이다. 가히 리테일의 다윈주의Darwinism라고 할 만하다. 진화하지 않으면 도태된

다는 말이다.

그러나 오프라인의 종말이 임박한 것에 대한 그 모든 논의에서 종종 간과되는 말이 있다. 바로 '연관성'이다. 리테일 사업의 제1원칙은 고객들과 연관성이 있는지를 판단하는 것이다. 고객이 원하는 것을 제공하고 경쟁자보다 두드러져야 한다는 기본 원칙을 지키지 못하는 소매업체는 아무런 가망이 없으며, 머지않아 최후의 심판일을 맞게 될 것이다.

반대로, 변화를 수용할 의지가 있는 이들에게는 지금이 리테일 사업에 몸담을 최적기다. 앞으로는 점포수가 적고, 보다 효율적인 상점이 대세가 될 것이다. 구매자들에게 더욱 융합된 양상의 온라인과 오프라인 경험을 제공하고, WACD, 즉, '아마존이 하지 못하는 일What Amazon Can't Do'을 잘하는 것이 미래의 모습이 될 것이다.

21세기 상거래의 공룡 아마존은 온라인 서점에서 출발해 세계에서 가장 높은 가치를 지닌 공개기업으로 성장했다. 이 글을 쓰고 있는 현재 아마존은 미국 내 전체 전자상거래 시장의 약 절반을 차지하고 있다. 2010년 3만 명이었던 직원 수는 2018년 56만 명으로 늘었다. 아마존은 클라우드 컴퓨팅부터 음성인식 기술까지 모든 분야에서 명실공히 시장의 선두주자로 떠올랐다. 구글을 제치고 상품 검색 사이트 1위를 차지했다. 이 책이 출간될 쯤이면 아마존은 아마 미국 최대 의류 소매업체가 되어 있을 것이다. 이 글을 쓰고 있는 2018년 현재 아마존의 가치는 월마트, 홈디포, 코스트코, CVS, 월그린, 타겟, 크로거, 베스트바이, 콜스, 메이시스, 노드스트롬, JC페니, 시어즈의 가치를 전부 합한 것과 동일하다. 온라인 쇼핑이 리테일의 변화를 주도하고 있는 것은 이제 자명한 일이다.

아마존은 여기서 멈추지 않고 글로벌 사업을 확장했다. 2008년 아마존의 해외 법인은 캐나다, 영국, 독일, 프랑스, 일본, 중국 등 총 6개국에 불과했지만, 그로부터 10년 뒤 전체 리테일 판매의 3분의 1이 미국 외에서 발생하게 된다. 이제 아마존은 찬란한 불빛의 멕시코 시티부터 외딴 히말라야 산맥까지 총 18개국에 진출해 있다.

아마존은 3년 만에 부지 면적을 2배 이상으로 늘였다. 2018년 현재 전 세계에 약 2,300만 제곱미터(약 700만 평)의 면적을 소유하거나 대여하고 있다. 사이트를 개설한 이래 새로운 품목을 30개 이상 추가했으며, 아마존에서 쇼핑하기 위해 약 100달러의 연회비를 납부하는 '프라임' 회원 1억 명을 보유하고 있다.

대부분의 파괴자 disruptor*가 그러하듯 아마존 역시 업계의 아웃사이더이다. 고객에 집착하지만 본질적으로 기술 기업이다. 아마존은 리테일 사업을 저돌적으로 확장해 나갔는데, 이는 (해당 업계를 뒤흔든) 상품 카테고리 추가에 국한되지 않았다. 고유하고, 쉽고, 깊게 각인되는 고객 경험을 창조해내기 위해 엔터테인먼트, 주문

---

* 새로운 발상과 신기술로 기존의 시장에 변혁을 일으키는 기업

이행* 및 기술 부문 역량을 강화했다.

아마존이 성공할 수 있었던 근본적인 요인으로 '장기적 고객 가치 창조를 위해 가혹하게 혁신하라'는 20년 이상 된 회사의 사명을 굳건히 지켜왔다는 점을 꼽을 수 있다. 아마존의 성공은 현 상태에 만족하지 않는 도전 정신, 파괴적 혁신을 위한 노력, 그리고 평생 고객을 확보하고자 하는 욕구에 기인한다. 아마존은 놀라운 일들을 벌이지만 궁극적으로 모든 활동은 도입된 이래 바뀌지 않은 사명을 그대로 따르고 있다.

경쟁사에게 아마존은 무자비하고 두려운 존재다. 하지만 고객들에게는 수월하고 점점 더 없어서는 안 될 존재가 되어 가고 있다. 아마존은 수백만 가지의 상품과 더불어 유례없이 신속한 배송으로 구매자들의 이상을 만족시켰다. 그러나 그것은 시작에 불과했다. 브랜드가 가진 힘과 신뢰를 이용해 완전히 새로운 산업으로 촉수를 뻗고 있다. 아마존이 어떤 분야에 입김을 불어넣는 것으로 주가를 폭락시키기에 충분하다. 아마존이 단순한 리테일 회사에 머무르지 않고 인프라스트럭처**로 도약하기를 원한다는 사실이 날로 명백해지고 있다. 클라우드 컴퓨팅, 정기구독, 광고업, 금융 서비스의 중요성이 높아지면서 2021년까지 아마존 판

---

* 온라인 유통 산업에서 주문 이행Fulfillment은 고객의 주문에 맞춰 물류센터에서 집품하고, 포장하고 배송까지 하는 일련의 과정을 의미함.

** 정보기술이나 인터넷에서 인프라스트럭처는 컴퓨터와 사용자들을 연결하는 데 사용되는 서버, 데이터센터, 클라우드 컴퓨팅 플랫폼과 같은 기반 시스템이나 설비 등을 말함. 이하 인프라로 칭함.

매 수익 대부분은 상품이 아니라 서비스가 차지하게 될 것이다.

그러나 아마존은 변곡점에 도달했다. 전자상거래의 제왕은 자사의 편리를 위해서 '온라인-온리Online-only' 시스템이 더 이상 충분치 않다는 사실을 깨달았다. 따라서 점점 더 빠른 속도로 물리적이고 디지털적인 방식을 통합하고 있다. 아마존이 식료품과 패션 분야에 진출하기 위해서는 매장이 필요하다. 상승하는 배송 및 고객 확보 비용을 상쇄하기 위해서는 매장이 필요하다. 그렇다면 프라임 회원제, 음성인식 테크놀로지, 1시간 내 배송 시스템을 더욱 확장하기 위해서는? 그렇다, 매장이 필요하다.

2017년 미국의 고급 슈퍼마켓 홀푸드Whole Foods를 인수하면서 아마존은 리테일 업계의 미래가 온라인과 오프라인의 융합이라는 메시지를 분명하게 전달했다. 아마존은 21세기 구매자들을 위해 슈퍼마켓의 개념을 새롭게 정의할 것이다. 계산대를 없애고, 모바일을 핵심 기능으로 설정하고, 신속한 배송을 위해 점포를 활용하고, 결정적으로 온라인에서는 절대 불가능한 방식으로 구매자들과 관계를 구축해 나갈 것이다. 미래의 점포는 더욱 실험적이고 서비스 위주가 될 것이 틀림없다.

식료품은 아마존에게 '프리퀀시(빈도수)'라는 문제를 풀기 위한 중요한 단서다. 홀푸드의 전 공동 CEO 월터 롭Walter Robb은 '식품 사업은 그 외 모든 것을 팔 수 있는 플랫폼'이라고 말한 바 있다. 따라서 슈퍼마켓뿐만 아니라 모든 소매업체들이 아마존의 식료품 시장 진출에 대비해야 한다. 아마존은 리테일 시장을 완전히 장악하기 위해 한 발짝 더 전진했다.

뒤에서 자세히 설명하겠지만 여러 가지 면에서 아마존을 따라 잡기란 불가능하다. 그들은 저렴한 비용으로 조달한 자원과 복제 불가능한 견고한 생태계를 무기로 완전히 새로운 규칙에 따라 움직인다. 하지만 아마존으로 인해 리테일 업계의 수준이 높아질 것이라는 점은 순기능으로 작용할 것이다.

앞으로 승자와 패자가 가는 길은 나뉘어져, 차별화되지 못하고 실적이 부진한 소매업체는 퇴출될 것이다. 그러나 남아 있는 이들은 거듭난 뒤 더욱 강력한 존재가 되어 연관성과, 궁극적으로, 생존을 지켜나가게 될 것이다.

02

아마존은 어떻게 최강의 리테일 브랜드가 되었는가

아마존의 리테일 전략

플라이휠 Flywheel：
기계의 가속도를 증가시켜 안정성을 더욱 높이거나 이용 가능한 힘을 비축시키는 데 사용되는 육중한 회전바퀴

아마존은 모순으로 가득하다. '장기간 수익을 창출하지 않는다'는 전략을 내세우면서도 현재 세계에서 두 번째로 가치가 높은 기업이다. 직접 소유하지 않는 물건을 판매하며, 업계가 두려워하는 경쟁 상대이자 점점 더 파트너에 가까워지고 있다. '아마존 효과'는 묻는 대상에 따라 기업을 파산시키는 행위나 고객 경험을 대폭 개선하는 일 중 하나를 일컫는 말이 될 것이다.

아마존은 기저귀부터 트레드밀까지 모든 것을 판매하지만, 인기 TV 드라마 제작도 하고 미국 정부에 클라우드 컴퓨팅 서비스까지 제공하고 있다. 동시에 하드웨어 기기 제조사, 결제 프로세서, 광고 플랫폼, 해상화물 운송업체, 출판사, 배송 네트워크, 패션 디자이너, 자체상표 운영사, 주택 보안 시스템 기업, 그리고 항공사이기도 하다. 이게 끝이 아니다. 더 나아가 슈퍼마켓, 은행,

표 2.1 미국 소매업체 시가 총액 (2018년 6월 7일 기준)

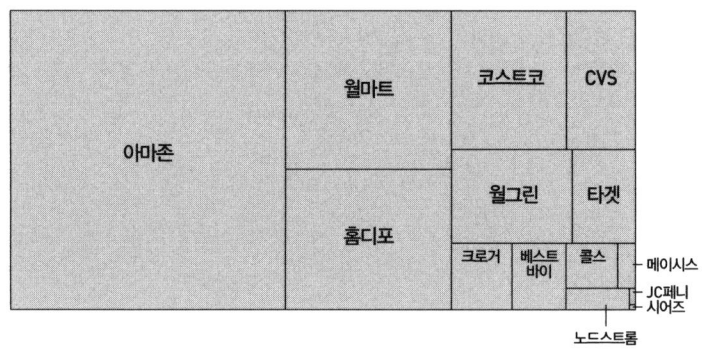

의료 기관이 되길 원하며, 이 책이 출간될 때쯤 적어도 또 하나의 산업을 파괴할 준비를 마쳤을 것이다.

밖에서 볼 때 이러한 다각화 경영이 산만하고 불합리하다는 사실을 아마존도 알고 있다. 아마존은 그저 정통한 일은 하나도 없는 팔방미인인 것일까? 2018년 아마존은 자사 웹 사이트를 통해 다음과 같이 말했다. '우리는 알고 있다. 우리가 시작하는 새로운 일이 아마 오랫동안 이해받지 못하리란 것을.' 아마존을 이해하기 위해서는 먼저 그들의 전략 체계인 '플라이휠'을 이해해야 한다.

수익 창출을 위해 손해를 감수한다

경영 이론가 짐 콜린스가 창시한 개념인 플라이휠 효과는 기업을 더욱 성공하게 만드는 선순환을 의미한다. 콜린스의 웹 사이트에는 다음과 같이 적혀있다. '결정적인 단 하나의 순간, 거창한 프로그램, 치명적인 단 하나의 혁신, 단 하나의 행운, 기적 같은 순간이란 존재하지 않는다. 오히려 성공의 과정은 돌파구와 그 너머가 나올 때까지 가속을 올리며 거대하고 육중한 플라이휠을 쉬지 않고, 가혹하게 돌리는 일에 가깝다.'

그렇다면 이 논리는 아마존에 어떻게 적용될까? 브래드 스톤은 2013년 출간된 저서 《에브리싱 스토어 The Everything Store》*에서 아마존의 초기 사상에 대해 다음과 같이 서술한다.

베조스와 직원들이 둘러앉아 자신들만의 선순환 그림을 그렸다. 그리고 그것이 기업의 동력이 될 것이라 확신했다. 내용은 이러했다. 가격이 저렴해질수록 고객 방문은 더 늘어난다. 고객이 늘어나면서 판매량이 증가하고 커미션을 지불하는 제3자 판매인이 사이트로 더 많이 유입된다. 이를 통해 아마존은 주문 이행 센터와 사이트 유지에 필요한 서버 비용 등 고정비를 줄일 수 있다. 이렇게 높아진 효율성으로 저렴한 가격으로 판매할 여력이 늘어난다. 그들은 플라이휠 어느 지점을 강화하더라도 순환에 가속이 붙을 것이라고 추론했다.

근 20년간의 투자 끝에 이제 플라이휠이 돌기 시작했다. 아마

---

* 한국에서는 《아마존, 세상의 모든 것을 팝니다》로 출간됨

표 2.2 플라이휠 효과: 아마존 성공의 핵심

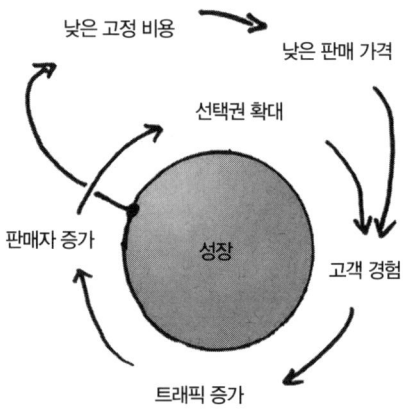

존은 플라이휠을 강화하기 위해 리테일 그 이상을 내다보며 계속해서 사업을 다각화하고 있다. 아마존은 '에브리싱 스토어'에 만족하지 않고 '에브리웨어 스토어Everywhere Store'가 되길 원한다. 금융 및 의료와 같은 완전히 새로운 분야를 파괴적으로 혁신하자는 목표는 핵심 부문인 소매와 동떨어져 보인다. 하지만 다음 두 가지를 기억해야 된다.

① 모든 새로운 서비스는 플라이휠의 또 다른 바큇살이다. 아마존의 성공은 하나의 사업만 따로 떼놓고 재단할 수 없다.
② 비이성적으로까지 보이는 아마존의 모든 행보를 하나로 연결하는 요소는 바로 고객 경험을 개선하는 기회이며, 그 과정에서 구매자들에게 더 깊게 파고드는 것이다.

2018년 베인앤컴퍼니는 아마존이 금융 서비스를 시작하게 되면 5년 안에 고객 계좌 7천만 개를 확보할 수 있을 것이라고 내다봤다. 미국에서 세 번째로 큰 은행인 웰스파고와 맞먹는 규모다. 아마존이라는 브랜드에 쌓인 견고한 신뢰와 충성심은 이제 다른 부문으로 옮겨질 준비가 되었다. 물론 그전에 충분한 검토가 이뤄져야 하겠지만.

이제 아마존이 어떤 가치를 바탕으로 21세기 가장 파괴적이고 영향력 있는 리테일 브랜드가 되는 전략을 세웠는지 자세히 알아보도록 하자.

아마존의 핵심 원칙

우리는 개척자들이 모여 있는 회사다. 우리는 담대한 승부수를 던지고, 고객들을 대신해 발명하는 데서 힘을 얻는다. 성공은 예상되는 일이 아닌, 가능성이 있는 일에 따라 판가름 난다.

— 2018년, 아마존

승리 조합: 고객 집착과 발명에 대한 열망

리테일 회사 대부분은 자기 회사가 혁신적이고 고객 중심적이고 결과 지향적이라고 생각한다. 아마존은 생각만 하는 그들과 다르게 정말 그렇다.

아마존은 서점에서 출발했지만 지난 10년간 '지구상에서 가장 고객 중심적인 회사'가 되리라는 담대한 사명을 지녔다. 이 목표를 달성하기 위해 끊임없이 노력하고, 모든 결정이 궁극적으로 고객에게 가치를 더할 수 있도록 보장해 왔다. 리테일이란 결국 구매자들에게 서비스를 제공하는 일이다.

우리가 어떤 점이 다른지 그 진실을 알고 싶다면 답은 여기에 있다. 우리는 진정으로 고객 중심적이며, 진정으로 장기적으로 내다보고, 진정으로 발명하기를 좋아한다. 대부분의 회사들은 그렇지 못하다.

― 2013년, 제프 베조스 Jeff Bezos

고객에게 집착하는 기업이 전 세계에서 아마존이 처음은 아니다. 월마트 창시자 샘 월튼에게 영감을 받았다고 주장하는 사람도 있다. 월튼은 '고객이 왕이다'라는 모토를 진정으로 수용한 이로, '보스는 단 한 사람, 고객뿐이다. 고객은 회장부터 말단 직원들까지 모두 해고할 수 있는 능력이 있다. 고객이 다른 곳에 돈을 쓰면 결국 우리는 일자리를 모두 잃을 수밖에 없다.'라는 명언을 남겼다.

아마존이 다른 소매업체들과 다른 점은 현 상태를 끊임없이 불만족스러워한다는 점이다. 고객에게 보다 나은 서비스와 더욱 편리한 구매 경험을 제공할 방법을 계속해서 찾고 있다. 보통 소매업체들이 말하는 혁신은 팝업 스토어나 디지털 영상 광고일 경우가 많다. 그러나 아마존의 혁신은 해저 물류창고나 로봇 배달

부를 의미한다.

제프 베조스는 2016년 주주들에게 보내는 편지에 이렇게 썼다.

고객 중심적 접근에는 많은 이점이 있지만 압권은 바로 이것입니다. '고객들은 언제나 아름답게, 경이롭게 불만에 차있다, 행복하고 하는 일이 잘될 때도 그렇다.' 고객은 인지하지 못하고 있을지언정 더 나은 것을 원합니다. 고객을 기쁘게 만들고픈 우리의 욕구가 그들을 대신해 발명하는 원동력이 될 것입니다.

베조스는 누군가의 요청으로 프라임 제도를 만든 게 아니지만, '결국 고객이 그것을 원한 셈'이라는 점을 강조했다. 고객의 니즈needs가 존재하기도 전에 아마존은 이미 해결책을 내놓았다.

2017년 아마존은 미국 회사들 중 가장 많은 비용인 200억 달러 이상을 연구 개발비로 사용했다. 연구 개발에는 아낌없이 투자하지만 절약 정신을 핵심 경영 원칙으로 내세우고 있다. 번뜩이는 기지와 자급자족, 발명을 움트게 한다는 이유에서다.

절약 정신은 세계에서 가장 성공한 소매업체들이 공통적으로 지닌 특성이다. 아마존이 창업 초기에 문짝을 책상으로 사용했다는 일화는 유명하다. 월마트Walmart의 상호는 7자라는 이유로 후보였던 다른 이름을 밀어내고 선정됐다. 건물 외관에 네온사인을 설치하고 유지하는 데 훨씬 저렴하기 때문이었다. 스페인 최대의 소매업체 메르카도나Mercadona의 선임 중역들은 구매자들의 비용 절감을 위해 일한다는 사실을 상기하기 위해 1유로센트짜리 동전을 주머니에 넣고 다닌다.

아마존도 이와 유사하게 고객에게 혜택이 돌아가는 것이 확실할 때에만 지출을 감행한다. 2018년 개최된 한 유통 기술 회의에서 영국의 대표적 온라인 패션 소매업체 아소스ASOS의 회장이자 전 아마존 영국 지사장인 브라이언 맥브라이드는 '고객들에게 어떤 혜택이 돌아가는지 제대로 된 설명을 듣기 전까지 제프는 아마존 웹 사이트에서 화소나 버튼, 체크아웃 화면 혹은 그 어떤 것도 바꿀 생각을 꿈에서라도 하지 않을 겁니다.'라고 말했다. "고객에게 득 될 것이 없다면 할 필요가 있을까요?"

아마존의 경영 원칙

① 고객에게 집착하라.
② 주인 의식을 가져라.
③ 발명하고 간소화하라.
④ 리더들은 대부분 옳다.
⑤ 배우고 호기심을 가져라.
⑥ 최고를 고용하고 육성해라.
⑦ 최고의 기준을 고집해라.
⑧ 크게 생각해라.
⑨ 재빠르게 움직여라.
⑩ 절약을 실천해라.
⑪ 신뢰를 얻어라.

⑫ 깊게 파고들어라.
⑬ 소신을 갖고 동의를 얻지 못해도 밀어붙여라.
⑭ 결과를 만들어내라.

대규모 혁신

그렇다면 아마존은 어떻게 민첩함을 즐기는 문화를 만들어냈을까? 어떻게 대규모 혁신을 이뤄냈을까?

일례로 '거꾸로 일하기'라는 방식이 있다. 아마존은 항상 공공연하게 (발표자에게는 쉽고, 청중에게는 어려운) 파워포인트 슬라이드를 비판해 왔다. 그 대신 회의는 초반에 약 6페이지에 이르는 보고서를 묵독한 뒤 그것을 중심으로 진행된다. 베조스는 메모가 사안을 더욱 명료하게 보여주는데, 특히 신상품 개발 시에 힘을 발휘한다고 말한다. 보고서는 완성품 출시를 알리는 보도 자료 형식인데, 현 알렉사 인터네셔널 이사 이안 맥컬리스터 말을 빌리자면 '괴짜식'이 아닌 '오프라(윈프리)식'으로, 비전문가용 용어를 사용해 고객에게 제품의 장점을 전달한다.

거꾸로 일하기는 고객 입장에서 생각하게 만들어 책임감을 유발한다.

— 2017년, 아마존 글로벌 혁신정책 및
커뮤니케이션 담당 부사장 폴 미즈너 Paul Misener

내용은 '고객 문제, 현재의 솔루션이 (내외부적으로) 실패하는 이유 그리고 새로운 결과물이 현재의 솔루션을 대체할 방법'이 주를 이룬다. 썩 마음에 와 닿지 않으면 보고서는 제품 관리자 손에서 계속 수정 단계를 거친다. 2012년 맥컬리스터는 블로그에 '보도 자료를 수정하는 것이 제품 자체를 수정하는 것보다 훨씬 더 저렴하다.(속도는 더 빠르다!)'라고 적었다.

그 결과는 빠른 혁신으로 나타났다. 한두 시간 내에 이루어지는 아마존 배송 서비스 '프라임 나우'가 훌륭한 예다. 관련 아이디어를 내어 출시하기까지 단 111일이 소요되었다. 이것이 아마존이 차별화되는 점이다. 제품 개발에 대한 고유한 접근 방식을 통해 스타트업 정신과 대기업 급 규모와 자원이 결합할 수 있었다.

세계 최고로 실패하기 좋은 곳

아마존은 호기심과 위험을 감수하는 것을 가치 있게 여기지만 손 대는 사업마다 대박을 터뜨리는 것은 아니다. 논란의 여지는 있지만, 최대 실패작은 파이어 폰이다. 아이폰이나 안드로이드의 적수가 되지 못했을 뿐 아니라 총체적으로 1억 7천만 달러의 손해를 끼쳤다. 그밖에도 얼마 버티지 못했던 실험작 중에는 여행 사이트 '아마존 데스티네이션,' 그루폰처럼 할인을 제공하는 사이트인 '아마존 로컬,' 상품권과 로열티 카드를 저장하는 애플리케이션 '아마존 월렛' 등이 있다.

'인생에서 실패한 사람 중 다수는 성공을 목전에 두고도 모른

채 포기한 이들이다.'

— 토마스 에디슨Thomas Edison

혁신과 실패는 베조스의 말을 빌리자면 "떼놓을 수 없는 쌍둥이"다. 실패를 배움의 기회로 받아들인다는 점에서 아마존은 다른 회사들과 다르다. 베조스는 "지금까지 우리가 해 온 모든 중요한 일에는 많은 위험 감수, 인내, 용기가 뒤따랐으며, 성공한 적도 있었지만 대부분의 경우에는 그러지 못했다"라고 말한다. 그러나 확실한 것은 성공한 일들이 — 아마존 프라임, 아마존 웹서비스AWS, 아마존 에코 같은 — 회사에 막대한 성공을 가져다줬다는 사실이다.

20년의 베팅 그리고 일관성의 중요성

'우리는 한동안 수익을 내지 못할 것이다. 그게 우리의 전략이다.'

— 1997년, 제프 베조스

월스트리트는 본질적으로 단기적인 이익을 좇는 곳이다. 공개 기업 대부분은 매 분기마다 수익성과 주식 가치를 극대화하기 위해 골몰한다. 아마존이 하는 일은 그와 정반대다.

창업 이래 아마존은 수익성보다 성장에 초점을 맞춰왔다. 고객과 매출이 얼마큼 성장했는지, 고객들이 얼마나 재구매를 자주

표 2.3 아마존의 매출 및 영업이익 추이

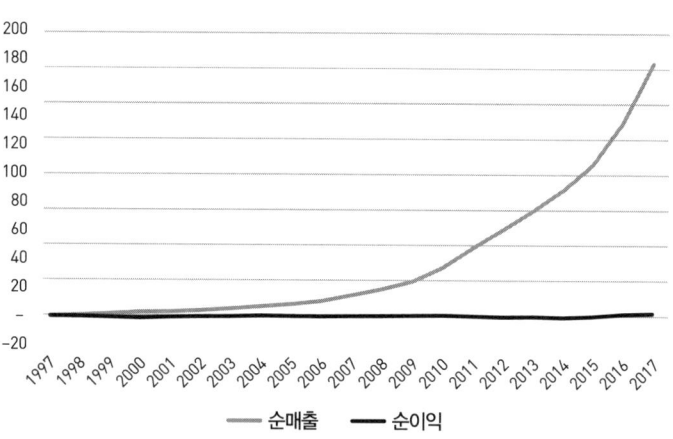

하는지, 브랜드의 주가가 얼마큼 상승했는지를 따져 성공을 가늠했다. 지금까지는 시장을 주도하는 것을 계획해왔고, 이것은 다시 아마존의 경제 모델을 공고하게 만드는 역할을 해 왔다. 플라이휠 효과는 하룻밤만의 성공이 아닌, 장기간 지속되는 고객과의 관계 구축을 위해 고안된 개념이다.

그런데 아마존의 전략이 늘 일관성을 유지해 온 사실을 간과해서는 안 된다. 1997년 처음으로 주주들에게 보낸 서한의 내용은 마치 어제 썼다고 해도 무방할 정도다. 베조스는 미래를 예상하기보다 스스로 창조했다. 20년 전 그는 구매자와 주주 모두를 위한 장기적 가치를 창조하고자 가혹하게 고객에게 집중한다는 비전을 내놓았다. 1997년에 아마존은 유통 거인인 지금의 모습과는 완전히 무관한 온라인 서점이었다는 사실을 잊지 말자. 그럼에도 아마존에는 확고한 전략이 있었다.

그 계획을 실현하기 위해서는 베조스 자신이 그 긴 시간 진두지휘를 해야 했다. 현재 그는 지구상에서 가장 부유한 사람이지만 순자산의 대부분이 아마존 주식에 묶여 있다. 20년간 베조스를 수장으로 둔 덕에 아마존은 본래의 비전을 따르며 동요하지 않았다. 비판을 대수롭지 않게 여기고 주주들의 불안을 누그러뜨리는 데는 배짱과 비범한 집중이 필수였다. 이 글을 쓰고 있는 2018년을 기준으로 21년간의 아마존 역사에서 연간 수익이 보고된 적은 단 13번뿐이었다. 그리고 지금까지도 순이익은 금융시장이 기대하는 상승선을 타지 못한 채 활기 없고 불안정한 상태로 남아있다. 여느 CEO라면 지금쯤 해고가 됐겠지만 베조스는 인내심을 가지도록 주주들을 훈련시켰다.

'좋게 말하면 아마존은 소비자 이익을 위해 투자 집단의 요소들로 운영되는 자선 단체다.'
— 2013년 〈복스Vox〉 편집장 매튜 이글레시아스Matthew Yglesias

그러나 초기에는 정말 많은 사람들이 아마존의 성공에 의구심을 품었다. 닷컴 거품이 꺼지고, 아마존이 운영을 시작한 지 6년째인 2000년까지 아마존은 수익 보고를 하지 않았으며, 수백만 달러를 손해보고 있었다. 월스트리트 분석가들은 베조스가 가망 없는 일을 벌이고 있다고 확신했다. 리먼 브라더스 분석가 라비 수리아는 아마존이 '마술사 모자에서 또 한 번 '자금 조달'이라는 토끼를 꺼내놓지 못한다면' 수개월 안에 현금이 동날 것이라고 예견했다. 이 뿐만이 아니었다. 같은 해 금융 전문지 〈배런Barron's〉도 2000년도 말까지 파산할 가능성이 높은 인터넷 기업 51곳의 목록을 제작했는데 그중에는 이제는 기억 속에 사라진 CD나우와 인포노틱스와 같은 기업과 함께 아마존이 포함되어 있었다.

'아마존은 생존 가능한가?'와 '아마존: 폰지 사기인가 아니면 월마트의 인터넷 버전인가?' 같은 기사 헤드라인은 아마존의 미래에 대한 불신을 반영한다. 모두가 아마존은 닷컴 거품의 또 다른 희생양이 될 것이라고 예상했다.

독특한 사업 모델에 대한 회의론이 팽배하고 혼란이 깊어져 가는 상황에서도 아마존은 흥미진진한 이야기를 통해 필요한 만큼의 주주들을 설득하는 데 성공했다. 베조스는 인내를 요구했고 놀랍게도 주주들은 그것을 수용했다. 밀러 밸류 파트너스Miller Value Partners의 최고투자책임자 빌 밀러는 '일관성 있는 메시지와 전략이 있다면 주식이 오르내리더라도 동요하지 않는다.'라고 말했다. 오늘날 투자자들은 아마존이 가끔씩 생기는 수익을 보고 하면 종종 혼란스러워한다. 이제 그들은 수익이 나면 다시 사업에 재투자할 것이라고 믿는 단계까지 도달했다.

아마존의 임원을 역임한 브리튼 래드Brittain Ladd는 기업이 유한적이거나 무한적인 게임을 하고 있다고 믿는다. 유한적 게임을 하는 회사들은 경쟁사들을 추월할 수 있을 것이라고 믿는다. 또한 합의된 일련의 규칙을 따르고, 승리를 위해 명확하게 규정된 메커니즘이 존재한다는 특징이 있다.

래드는 우리를 만나 다음과 같이 말했다.

아마존은 무한한 게임을 하는 회사입니다. 목표가 경쟁자보다 오래가지요. 아마존은 경쟁자들이 생겼다가 사라진다는 사실을 인지하고 있습니다. 모든 방면에서 일인자가 될 수 없다는 사실도요. 아마존은 경쟁자들보다 오래 남아 있는 데 초점을 맞추는 전략을 세웠습니다. 한없이 늘어나는 제품, 서비스, 기술의 홍수 속에서 소비자들의 니즈를 완벽하게 충족하고 그것에 부응하는 생태계를 창조하면서 말이지요.

저렴한 자본과 지속 가능한 해자孩子

아마존은 확실히 자체 규칙에 따라 움직인다. 베조스의 비전 없이는 투자 집단 사이에서 신뢰를 얻지 못했을 것이다. 주주들의 신뢰 없이는 핵심 사업인 전자상거래에 필요한 인프라에 투자하지 못하고, 온라인과 오프라인 리테일의 경계를 훌쩍 뛰어넘는 곳에서 플라이휠에 바큇살을 추가하는 혁신도 이뤄내지 못했을 것이다. AWS도, 프라임도, 알렉사도 존재하지 않았을 것이며, 무엇보다 아마존은 지금의 아마존이 아닐 것이다.

영국 백화점 업체 데번햄스의 이안 체셔 대표는 2018년 개최된 한 물류 회의에서 평균적인 소매업체가 수익의 1~2퍼센트를 재투자한다고 말했다. 아마존은 6퍼센트를 재투자한다. 체셔 대표는 "그것은 5:1의 비율로서, 더 좋은 도구와 실험, 인프라로 다시 투입된다"라고 말했다.

뉴욕대학교 스콧 갤로웨이 교수는 한 발 더 나아가 아마존이 '불공정한 게임을 하면서 승리하고 있다'라고 주장한다. "근대사를 통틀어 가장 저렴한 비용으로 자금을 조달하는 기업입니다. 이제는 중국보다 더 저렴하게 자금을 빌려 쓸 수 있습니다. 그 결과 다른 회사들보다 더 많이 시도할 수 있는 겁니다."

어떤 경쟁자가 수익 보고를 할 의무가 아예 없는 회사를 따라잡을 수 있을까? 그것도 투자자들이 새로운 성장 분야에 계속해서 자본을 대길 가장 바라는 회사와?

1998년부터 인터넷 주식 거래를 해 온 RBC 캐피털의 대표이사 마크 머헤니는 '마진이 적게 남는다면 벌이는 사업 주변에 지속 가능한 해자를 두르고 있는 것과 같다. 아마존의 핵심 사업에 뛰어들어 1퍼센트나 2퍼센트 마진율로 그들과 경쟁하고자 하는 회사는 없기 때문'이라고 말한다.

하지만 리테일 사업에서나 통하는 얘기다. 아마존은 실제 많은 '비非핵심' 사업에서 손해를 보고 있다. 프라임 정기 구독료는 현재 안정적으로 수입에 기여하는 일등공신이지만, 대부분의 애널리스트들은 구매 빈도수를 높이는 데 치중해 배송에서 적자를 보고 있을 것이라고 입 모아 얘기한다. 그사이 킨들이나 에코 같은 기기도 일반적으로 원가 혹은 그 아래에서 판매되고 있다. 아마존도 구글처럼 최대한 많은 구매자들을 확보한 뒤 기기를 매개로 콘텐츠를 판매해 수익을 올리는 것(더불어 구매 습관이라는 중요한 데이터를 얻는 것)을 목표로 하고 있다. 에코를 소유한 사람들이 평균적인 아마존 구매자들보다 66퍼센트를 더 많이 소비한다는 점을 고려하면, 아마존이 보조금을 투입하면서까지 디바이스 판매에 열 올리고 있다는 것은 명백하다.

불공정한 경쟁, 세금

세금을 언급하지 않고 아마존의 경쟁우위를 논할 수는 없다. 2002년부터 2017년까지 지난 15년간 월마트는 1천 30억 달러의 법인소득세를 납부했다. 같은 기간 아마존이 납부한 금액의 44배에 이르는 액수다.

아마존은 이제 매출 측면에서 세계에서 세 번째로 큰 소매업체이자 2018년 미국에서 (애플 다음) 두 번째로 1조원의 시장 가치를 지닌 기업이 되었다.

그러나 기업은 매출이 아닌 이윤에서 발생하는 세금을 지불한다. 아마존은 자사의 이윤을 희생하는 독특한 전략 덕분에 세금에 대한 부담을 최소화하거나 아예 지지 않는다. 2017년 56억 달러의 수익을 신고했지만 연방 세금은 단 한 푼도 내지 않았는데 경영자 스톡옵션에서 다양한 세금 공제 및 혜택을 받았기 때문이다.

또한, 온라인 소매업체인 아마존은 역사적이고 논쟁의 여지가 있는, 1992년 온라인 쇼핑몰 퀼Quill사 대 노스다코타 주 사건의 대법원 판결로 수혜를 입었다. 이 판결에 따르면, 주州정부는 해당 주에 (사무실이나 물류창고의 형태와 같은) 물리적인 매장을 보유하지 않은 전자상거래 업체로부터 판매세를 징수하지 못한다. 이 때문에 베조스는 초기에 아마존 본사 자리로 워싱턴 주를 점찍었다. 워싱턴 주는 인구가 적을 뿐 아니라 주도인 시애틀은 기술 허브로 자리매김하고 있었다. 만약 주정부가 이의를 제기하지 않았다면 베조스의 첫 선택지는 세금 혜택이 많은 샌프란시스코 인근 북미 원주민 보호구역이 될 뻔했다는 사실이 전해지기도 한다.

사업 초창기 아마존은 네바다와 캔자스 같은 작은 주에서 물류창고를 짓는 데 시간을 보냈다. 판매세를 징수하지 않고 캘리포니아와 텍사스 같은 인근의 인구 밀집 주에 상품을 배송하기 위해서였다. 아마존을 위시하여 온라인 소매업체들은 수년간 면세로 물건을 판매하며 경쟁자인 오프라인 업체보다 비교할 수 없을 만큼 앞서나갔다. 그러나 계속해서 사세를 확장하고, 신속한 배송에 집중하면서 고객들과 더 근접한 곳에 주문 이행 센터를 짓지 않을 수 없었다. 2018년 제레미 보먼은 투자정보 사이트 모틀리 풀Motley Fool에 '아마존은 더 이상 자기 전략이 통하지 않고, 성장세에 있는 프라임 2일 배송 프로그램을 발전시키기 위해 더 많은 주에 물류창고를 지어야 하는 상황에 맞닥뜨리자 세금 징수를 조건으로 세금 납부를 연기하거나, 지연시키거나, 축소하는 방안을 종종 협상했다'라고 적었다.

많은 주가 그 뒤 소매업체들의 자발적 판매세 징수를 허용하는 합의문에 서명했다. 2017년에 이르러 아마존은 미국 내 주州

차원으로 판매세를 징수하는 45개의 주 전부에서 판매세를 걷기 시작했다. 덕분에 이듬해 1992년 대법원 판결이 마침내 뒤집혔을 때 아마존이 받은 충격은 비교적 적었다. 하지만 이로 말미암아 제3자 판매인들도 세금을 매기기 시작해야만 했다 (그전에 아마존은 자사가 소유한 물건에만 세금을 매겼다).

'퀼사는 시장 왜곡을 해결한다기보다 야기한다. 사실상 특정 주에 영업 점포는 제대로 두지 않으면서 주민들에게 상품과 서비스를 판매하는 기업에 대하여 사법부가 조세회피를 인정한 셈이다. 이런 행태는 기술이 발달할수록 더욱 쉽고 만연해지고 있다.'

— 2018년 미국 대법원

아마존은 2018년, 제2본사 위치를 선정하는 과정에서 10년에 걸쳐 50억 달러 투자와 5만 개의 일자리를 약속하며 북미 도시와 지역에서 입찰을 진행했다. 200곳 이상의 지역에서 흡사 '헝거 게임'과 같은 경쟁이 붙었는데, 70억 달러 세금 혜택을 제시한 뉴저지 주부터 직원들이 연봉의 일부를 '소득세' 명목으로 아마존에 다시 지불하게 할 것을 약속한 시카고까지 놀라운 제안들이 이어졌다.

아마존의 세금 구조는 유럽에서도 논란이 됐다. 룩셈부르크에 위치한 다수의 독립체를 통해 10년 이상 판매를 진행해오다 2015년부터 영국, 독일, 스페인, 이탈리아에서 판매 내역을 보고

하고 세금을 납부하기 시작했다. 그 뒤 유럽연합EU은 2003년 룩셈부르크에서 아마존이 세금 혜택을 받은 사실이 부당하다며 2억 5천만 유로를 세금으로 납부할 것을 명령하고, 대형 기술 기업들로부터 (이윤이 아닌) 매출의 3%에 해당하는 디지털 세를 징수하는 법안을 상정했다.

그사이 영국에서는 기업 레이트Busienss Rate* 재평가로 인해 아마존과 온라인 소매업체들이 불균형적인 이익을 얻게 되었다. 많은 이들이 구시대적으로 평가하는 기업 레이트는 2008년 이래 상승한 부동산 가격을 반영되게끔 산정되어 있었다. 아마존의 물류창고는 대부분 외곽 지역에 위치하고 있었던 덕에 실제로 가치는 하락하게 되었다. (이는 다시 기업 과세 하락으로 이어졌다.) 그사이 번화가에 자리 잡은 소매업체들은 과세 폭탄을 맞았다. 이들 중 일부의 세금은 400퍼센트나 상승했다. 아마존에게 어마어마한 경쟁 우위가 또다시 주어진 셈이다.

아마존의 세금 전쟁은 끝나기엔 아직 멀었다. 2016년 열린 대선 토론에서 자신에게 부과된 세금을 내지 않았다며 '똑똑한 일'을 했다고 발언한 트럼프 대통령은 아마존의 세금 정책에 대해 골몰하고 있다. 아이러니하게도 트럼프 행정부의 ― 3.5퍼센트에서 2.1퍼센트로 감면시켜주는 ― 2017년 세금법은 아마존에게 직접적인 혜택을 주고 있다. 2018년 아마존은 임시 세금 혜택을 약 8억 달러로 보고했다. 그러나 앞으로 더 철저한 조사가 진행

---

* 주거용 이외의 목적으로 사용되는 건물에 부과되는 지방세

될 위협이 도사리고 있다. 더 자세한 내용은 추후에 설명하겠다.

Tweet
나는 대선 한참 전부터 아마존에 대한 우려를 표명해왔다. 이 회사는 다른 기업들과 달리 주정부와 지방정부에 세금을 거의 안 내거나 아예 내지 않고, 우리의 우편 제도를 마치 자사 배달부인양 사용하며 (그 과정에 미국에 막대한 손해를 끼치면서), 소매업체 수천 곳을 파산시키고 있다!

@realDonaldTrump 2018년 3월 29일 4:57 AM

3개의 기둥: 마켓플레이스, 프라임, AMS

세금 체계의 허점과 저렴한 자금 융통으로 아마존은 오프라인 경쟁업체보다 경쟁우위를 확보했다. 앞에서 언급한 바와 같이, 덕분에 아마존은 신新성장 분야에서 더욱 신속하게 투자할 수 있었고, 그 결과 3개의 기둥이라고 불리는 마켓플레이스, 프라임, AWS가 탄생했다.

가 사업들은 아마존의 전체 매출을 증대시키고 플라이휠을 가속화하는 데 중요한 역할을 했다. 그 중에서 AWS를 제외하고 (아마존의 주요 이윤 동력인 것을 고려하면 넘어갈 수 있는 사안이다) 전부 고객들에게 직접적인 가치를 부여했다. 더 놀라운 사실은, 이 사업들이 거의 아마존만의 전유물이라는 점이다.

표 2.4 서비스의 중요성: 아마존의 사업 분야별 순매출

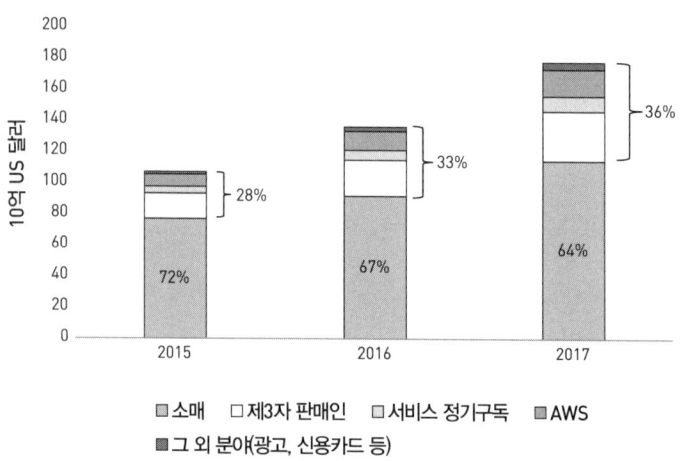

마켓플레이스

자사의 사이트를 제3자 판매인에게 개방한 소매업체들 중 선두주자인 아마존은 '지구상에서 가장 다양한 제품'을 제공한다는 꿈을 이뤘다. 소비자들은 클릭만으로 수십 개의 카테고리 속 수백 만 가지의 상품을 고를 수 있다는 점에서 혜택을 받고, 아마존은 재고 비용과 위험 부담을 줄일 수 있게 되었다. 마켓 플레이스로 인해 사람들이 구하기 힘든 제품을 찾을 때 — 실리콘 와인잔부터 고양이 스크래치용 턴테이블까지 — 제일 먼저 아마존을 찾게 되었다. 여기에다 프라임 배송 서비스가 더해지면 더욱 매력적인 조건이 갖춰졌다.

제3자 판매인의 물품 가격의 약 15퍼센트를 아마존이 차지하

면서 마켓플레이스는 아마존의 지속적인 수익원임이 확실해졌다. 2015년부터 2017년까지 제3자 판매인을 통해 벌어들이는 수익은 320억 달러로 약 2배 가까이 증가했으며, 리테일 판매를 제외하고서는 AWS를 앞질러 아마존 내 가장 큰 수익원이 되었다.

마켓플레이스 판매자들은 판매뿐 아니라 아마존이 제품을 보관하고, 주문이 들어오면 결제를 진행하고, 상품을 골라내 포장을 하고 구매자들에게 배달을 해 주길 점점 더 바라고 있다. 아마존이 대신 주문 이행을 한다는 의미로 FBA Fullfillment by Amazon 라고 불리는 이 프로그램을 통해 판매되는 제품들은 신속한 프라임 배송 서비스를 이용할 수 있을 뿐만 아니라 (제품 상세 페이지 내 '장바구니에 넣기' 버튼이 제일 처음 생성되는) 바이 박스 Buy Box에 당첨될 확률도 높아진다. FBA로 아마존은 초과 설비 활용도를 높이는 동시에 늘어나는 배송 부피로 인해 UPS나 페덱스 같은 업체들에게 영향력까지 행사할 수 있게 된다. 하지만 FBA의 최대 장점은 다른 소매업체가 이를 복제하기까지 수십 년이 필요하다는 것이다.

프라임

아마존의 멤버십 제도는 회사의 생태계 안에서 모든 것을 하나로 연결하는 핵심 요소라는 것을 입증했다. 전 세계에 1억 명 이상이 가입한 프라임은 이제 더 이상 단순한 로열티 프로그램이 아니라 삶의 방식이 되었다. 아마존은 배달 특전에 중심을 두었던 제도를 차용해 프라임을 만든 뒤, 콘텐츠 스트리밍, 도서대여,

표 2.4 서비스의 중요성: 아마존의 사업 분야별 순매출

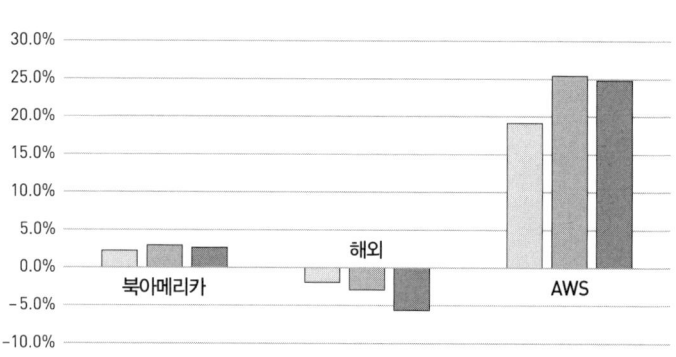

사진 저장을 모두 아우르는 무시무시한 프로그램으로 발전시켰다. 결과는 어땠을까? 소비 규모 증대, 구매자 빈도수 증가, 고객 유지로 나타났다. 이것에 대해서는 다음 장에서 더 자세히 다루기로 하겠다.

아마존 웹 서비스

아마존의 클라우드 서비스는 구매자들에게 직접적인 혜택을 제공하지 않을 수도 있지만 회사 내에서 '백기사' 역할을 했다는 사실은 충분히 입증됐다. 영업 이익은 한 자릿수 후반에 계속 머물렀고, 2017년에 들어서 해당 부서는 아마존 전체 영업 이익의 100퍼센트 이상을 책임지게 되었다. 속도를 높이기 위해 플라이휠 '어느 부분이든' 강화하라던 브래드 스톤의 주장을 기억하는가? 아마존 안에서 특출하게 이윤을 만들어 내는 부서가 존재한

다는 것은 곧 주력 분야인 리테일 부문에서 재투자할 수 있는 기회가 더 많아지는 것을 의미한다.

"우리가 AWS를 시작했을 때 많은 사람들은 담대한 (그리고 흔치 않는) 도박이라고 여겼다. '이게 도서 판매와 어떤 관련이 있지요?'와 같은 질문들을 쏟아냈다. 우리는 익숙한 일만을 계속할 수도 있었다. 결과적으로 그렇게 하지 않아서 다행이다."

― 2016년, 제프 베조스

AWS는 현재 공공 클라우드 시장 선두주자로서, 전 세계 약 200개국 사업체 수십 만 곳에서 사용되고 있다. 벤 톰슨의 표현대로 '전체 경제 활동에서 자기 몫을 떼어가는 중'이다. 당연히 월마트나 크로거 같은 주요 경쟁사들은 AWS를 사용하지 않지만 (덕분에 구글과 마이크로 소프트가 혜택을 보는 중이다), 2018년 현재 브룩스 브라더스, 이탈리, 오카도를 포함한 많은 리테일 브랜드가 아마존의 클라우드 컴퓨팅 서비스를 이용한다.

AWS는 다방면에 진출한 아마존의 다양한 사업 그 어느 것과도 관련성이 부족해 보일 수 있지만, 고객에 집착하고, 창의적이고 실험적이며, 장기적인 계획을 지향하는 아마존의 전통적인 특성을 전부 갖고 있다.

아마존은 이제 공공연히 4번째 (그리고 다섯 번째, 여섯 번째.) 기둥을 찾고 있다. 아마존 스튜디오와 알렉사가 다음 기둥 후보로 물망에 올랐는데, 특히 알렉사는 예상을 뛰어넘고 놀라운 성과를 냈다. 알렉사는 오히려 플라이휠의 확장된 하드웨어로서 현존하는 3가지 기둥의 소비를 촉진시키는 데 강력한 힘을 발휘할 것으로 예상한다. 그렇다고 앞으로 아마존의 주요 성장 분야가 아니라는 뜻은 아니다. 베조스는 그동안 음성인식 기술이 발전할 수 있도록 많은 노력을 기울이겠다고 약속했기 때문이다.

본질은 기술 회사, 그 다음이 소매업체

앞에서 말한 대로 아마존이 경쟁자들과 크게 다른 점은 기술에 뿌리를 두고 있고 열정적으로 새로운 것을 발명한다는 점이다. 실제로 아마존은 과거에 다양한 혁신을 만들어냈지만 쉽게 사람들의 기억에서 사라졌는데, 그 이유는 단순히 그 성과가 일상적인 것이 되었기 때문이다. 90년대로 기억을 더듬어보자. 온라인 쇼핑은 꽤나 수고로운 일이었다. 아마존은 원클릭 쇼핑, 개별 맞춤화된 제품 추천, 사용자가 생성하는 평가와 후기 시스템을 도입해 마찰을 제거했다.

예전부터 물건이 언제나 빠르고 무료로 배송되었던 것은 아니다. 프라임은 고객들의 기대를 눈에 띄게 높였고, 경쟁자들이 스스로 주문 이행 능력을 상승시키는 데 투자하도록 만들었다. 아마존은 2011년 아마존 락커Amazon Lockers를 론칭해 온라인 쇼핑에서 가장 큰 장벽으로 여겨지던 '부재 중 배송' 문제를 해결했다. 오늘날 서양의 주요 소매업체 거의 대부분은 온라인에서 쇼핑을 한 뒤 매장에서 직접 수령할 수 있는 서비스를 제공한다.

킨들이 시장에 나오기 전 전자책 단말기는 공상과학 소설에 나올 법한 이야기였다. 분야가 늘어난 뒤 판매가 감소했지만 (화면상의 피로감 때문이라고 생각한다) 수백 권의 책을 편리하게 기기 하나에 저장할 수 있다는 사실만으로 출시직후 게임체인저Game Changer*로 떠올랐다.

"우리는 소매업체일 수도 있지만 본질적으로 기술 회사다. 제프는 서점을 차리려고 아마존을 시작한 게 아니다."

— 2016년, 아마존 최고기술책임자(CTO)
버너 보겔스Werner Vogels

아마존은 최고의 파괴자다. 지금까지는 쇼핑과 소비 습관에 선도적인 변혁을 일으킨 몇 가지 예시에 불과하다. 경쟁자들은 아마존의 혁신에 위협을 느끼고, 변화를 주도하기보다 변화에 반응해야 하는 달갑지 않은 위치에 서게 되었다. 그러나 수혜자도 있다. 바로 고객이다. 아마존이 혁신을 거듭해 고객들의 기대는 높아졌고, 이는 다시 경쟁 업체들이 수준을 높이고, 궁극적으로 구매자들이 더 좋은 경험을 할 수 있는 결과로 이어졌다. 오늘날의 리테일 업계에서는 아무도 안주할 수 없다.

* 어떤 일에서 결과나 흐름의 판도를 뒤바꿔 놓을 만한 중요한 역할을 한 인물이나 사건, 제품 등을 이름

'디지털 변혁은 빅토리아 시대에 철로가 들어선 것과 같지만, 그보다 훨씬 빠른 속도로 일어날 것이다.'

— 2018년, 아마존 영국 지사장 더그 거Doug Gurr

그렇다면 현재 진행되고 있는 실험 가운데 어떤 것이 살아남아 또 다시 산업을 변화시키게 될까? 아마존은 이미 배송, 결제, 음성인식 기술 분야를 변화시키는 성공적인 촉매제 역할을 수행했고, 거의 단독으로 서양 리테일의 미래를 바꿔나가고 있다. 우리가 예상하는 앞으로 일어날 일은 다음과 같다.

① 아마존의 오프라인 매장 진출은 인터넷 위주 전자상거래의 종말에 결정타를 날리게 될 것이다. 기술이 발전하면서 물리적인 세계와 디지털 세계 사이의 경계가 허물어지면서 물리적 매장을 보유하지 못한(운송과 고객확보에 든 비용을 상쇄해야 하는 압박을 이미 받고 있는) 소매업체는 매우 불리한 상황에 처해질 것이다. 처음부터 디지털에서 출발한 전자상거래 브랜드는 플래그십, 팝업, 숍인숍을 통하거나 기존 업체에 인수되는 방법으로 점점 더 물리적인 영역으로 뛰어들게 될 것이다.

② 기능적 쇼핑과 오락적 쇼핑의 차이는 더 크게 벌어질 것이다. 미래 소비자들이 필수품을 사는 데 소요되는 시간은 과거보다 현저하게 줄어들 것이다. 아마존을 통해 가정에서 일상용품이 자동적으로 주문되어 구매자들은 더 이상 표백제

나 화장실 휴지를 사러 슈퍼에 갈 일이 없어질 것이다. 제품이 저절로 보충되는 이 시스템은 브랜드 충성도를 가늠하는 최종적인 시험이 될 것이다. 아마존이 고객들을 식료품 쇼핑 같은 잡무적 요소에서 해방시키고, 매끄러운 경험을 만들어내기 위해 탐구하는 동안 경쟁자들은 WACD, 즉 '아마존이 할 수 없는 일'에 집중할 수 있는 기회를 잡아야 한다.

③ 리테일 사업에서 성공하기 위해서는 아마존이 할 수 없는 분야에서 두각을 나타내야 하기 때문에 제품보다는 경험, 서비스, 커뮤니티, 전문성이 더 부각될 것이다. 미래의 상점은 매매가 이뤄지는 곳에서 경험을 하는 곳으로 탈바꿈할 것이다. 경쟁자들이 온라인 구매의 실용성과 멀어지려고 하기 때문이다. 아마존은 구매를 하기에는 좋은 곳이지만 쇼핑을 하기에는 그다지 매력적인 곳이라고 할 수 없다. 물리적인 매장의 디자인, 배치, 다양한 목적이 시시각각 변하는 고객의 우선순위를 더 잘 반영할 수 있도록 진화할 것이라고 확신한다. 물리적 상점은 단순히 구매하는 공간이 아니라, 먹고, 일하고, 놀고, 발견하고, 배우고, 심지어 빌릴 수 있는 공간으로 변모할 것이다.

④ 지금까지 미국 내 식료품 전자상거래를 막아온 장벽이 기술로 인해 허물어지면서 아마존은 온라인 식료품 분야의 민주화 이끌어 낼 것이다. 반反아마존 동맹이 점점 늘어나고 그 사이 특히 구글과 오카도 같은 업체들이 반사이익을 누리게 될 것이다. 그러나 아마존이 슈퍼마켓의 믿음직한 대안이라

고 구매자들이 설득 당하는 즉시, 아마존은 '에브리싱 스토어'가 되기 위한 마지막 관문을 넘어서게 된다. 식료품과 같은 빈도수가 배우 높은 구매를 손에 넣게 되면 교차 판매와 더욱 광범위한 자사 생태계로 유인하는 것이 쉬워지고, 구매자들이 찾는 가장 기본적인 쇼핑 선택지가 된다. 그때가 바로 슈퍼마켓뿐만 아니라 전체 리테일 업계 사정이 악화되는 순간이다. 아마존 고객은 충성심이 높고 평생 고객이 되는 경향이 강하기 때문이다.

⑤ 프라임이 오프라인 매장으로 이동해 가면서 소매업체들은 로열티 제도를 철저하게 재고해야만 할 것이다. 포인트를 얻기 위해 계산대에서 플라스틱 카드를 긁는다는 생각은 이제 구식이다. 로열티 제도가 다음 단계로 진화하기 위해서는 소매업체들이 소비자의 입장에서 '더 많이 쓸수록 더 많이 얻는다'는 개념을 버려야 한다. 로열티 격전지가 고객들의 돈을 절약하는 것에서 고객들의 시간, 에너지, 노력을 절약하는 것으로 넘어가면서 포인트를 근거로 하는 제도는 이제 과거의 유물이 됐다. 실시간 모바일 리워드를 통한 초超개인화Hyper-personalization는 일상적인 것이 될 것이다. 현재 시급한 과제는 단순한 거래 행위를 넘어 구매자들과 끈끈하고 감상적인 관계를 발전시키는 것이다.

⑥ 도시에서는 1시간 내 배송이 표준이 되고 기존 소매업체들은 제1자산인 매장을 작은 물류창고 역할을 하도록 바꿀 것이다. 소매업체들은 물리적 매장을 오늘날의 '자기 방식대

로 하는' 구매자들을 요구에 부응할 수 있는 제품들로 채우고, 온라인 업체들의 아킬레스건인 '반품' 문제를 해결하는 수단으로 활용해야 한다. 고객에게 더 나은 서비스를 제공하기 위해 업체 사이의 협력이 늘어나고 심지어 아마존을 포함하는 소매업체끼리의 합작품이 더 많이 탄생하게 될 것이다. 미래형 매장은 경험의 허브와 더불어 주문 이행의 거점이 될 것이다.

⑦ 아마존은 계속해서 고객을 대신해 가혹하게 혁신을 이어나가면서 놀라움을 선사하고 더욱 다양한 분야를 파괴시켜 나갈 것이다. 미래에는 계산 과정을 생략하는 일이 (마치 가게에서 도둑질하는 기분이 들지 않고) 자연스럽게 느껴지게 될 것이다. 집 안 및 차 안 배송이 부재중 배송의 대안으로 용인되고, 사이즈 문제와 반품 같은 온라인 의류구매를 가로막는 장애물이 대부분 제거될 것이다. 그사이 더 똑똑해진 AI와 가정과 핸드폰 속에 침투한 알렉사로 진정한 개별 맞춤화된 쇼핑 도우미 시대가 도래하게 될 것이다.

⑧ 2021년까지 아마존은 거의 서비스 중심 회사로 전환될 것이다. 전체 매상의 일부를 차지하고 있는 리테일 제품 판매는 점점 하락세를 탄다(2015년 72퍼센트에서 2017년 64퍼센트로 떨어진 것처럼). 우리는 아마존의 총 매출에서 서비스가 직접적인 물품 판매를 앞지를 티핑 포인트Tipping point를 2021년으로 보고 있다. 그 사이 해외에서 주력 분야인 리테일 판매를 성장시킬 기회가 충분하다. 하지만 아마존은 공급업자와

다른 사업(광고, 마켓플레이스, AWS), 고객(핵심 프라임 멤버십, 음악 및 영상 스트리밍, 주택 보안 시스템 설치, 식료품 정기 구독 등), 심지어 다른 소매업체에도 서비스를 제공한다는 포트폴리오를 구상하고 있다. 더욱이 전체 상품 판매에서 제3자 판매인의 비율이 점점 높아지면서 아마존이 발표하는 판매 수익과 아마존의 총거래액Gross Merchandise Volume, GMV은 점점 더 별개의 것이 되어 가고 있다. (판매 수익은 전체 주문액이 아니라 제3자 판매인 수익에서 아마존이 떼어 가는 몫을 말하기 때문이다.) 아마존은 소매업체에서 시작해 불가결한 인프라로 전환하는 중이다.

⑨ 미래에는 아마존이 깔아놓은 철로 위를 달리는 소매업체가 더욱 늘어날 것이다. 소매업체들은 아마존의 물리적, 디지털적 인프라의 혜택을 보기 위해 점점 더 아마존이 만들어내는 거대한 경쟁적 위협을 모른 척하고 있다. 이것은 위험을 자초하는 어리석은 짓이라고 부르는 이들도 있을 것이다. 토이저러스, 보더스, 서킷시티는 틀림없이 그랬을 것이다. 이 세 기업은 2000년대 초반 아마존에게 전자상거래 운영을 위탁한 아마존의 대표적인 프레너미*였지만, 그 이후 모두 도산했다. 소매업체들이 더 많은 소비자들을 만나고(마켓플레이스), 트래픽을 끌어오고(아마존 팝업, 매장 수령, 매장 반품), 고객

---

* 친구를 뜻하는 프렌드Friend와 적을 의미하는 에너미Enemy의 합성어로서, 한 쪽에서는 서로 협력하면서 다른 쪽에서는 서로 경쟁하는 관계를 뜻함

경험을 개선하고(당일 배송, 음성구동 쇼핑) 싶다면, 더욱 아마존과 친해지려 할 것이 분명하다. 경쟁자이면서 서비스 제공자라는 유일무이한 이중적인 역할이 나날이 분명해지고 있다. '경쟁적 협력Co-opetition'은 미래의 중요한 주제가 될 것이다.

요약하면, 아마존은 평범한 소매업체가 아니다. 실제로 소매업체가 아니기 때문이다. 오로지 고객을 대신해 영구적인 혁신을 감행하는 것만을 목표로 삼은 기술 중심 기업이다. 단지 그 과정에서 대량의 물건들을 팔고 있는 것뿐이다.

03

조라임 생태계
현대 소비자를 위해
솔루션을 재정의하다

"'뷔페식All-you-can-eat' 특급 배송" 2005년 아마존 프라임이 출시됐을 때 제프 베조스는 이렇게 설명했다. 발상은 간단했다. 구매자는 연회비를 내고 무제한으로 2일 배송 서비스를 사용한다. 고객들이 더 이상 주문을 합치거나 최소 구매 요건을 달성해야 한다는 걱정을 할 필요가 없어졌다. 베조스는 신속한 배송이 '우발적 특권'이 아닌 고객들이 매일 경험할 수 있는 일이기를 원했다.

아마존은 주문한 물건이 좀 더 늦게 도달하더라도 개의치 않는, 시간적 여유가 있는 고객들을 대상으로 기존의 '슈퍼 세이버 배송' 옵션을 제공했다(현재는 간단히 무료 배송이라고 부른다). 이 옵션은 새로운 배송 서비스가 등장할 수 있는 틀을 마련했는데, 아마존 기술자 찰리 워드가 제안한 프라임이 그 중 하나다. 《에브리싱 스토어》에서 저자 브래드 스톤은 다음과 같이 말했다.

반대 유형의 고객을 위한 서비스를 만들어 보는 건 어때요, 워드가 제안했다. 시간에 민감하고 가격에 구애받지 않는 고객을 위한 특급 배송 클럽 말이에요. 그리고 월정액을 받고, 음악 클럽처럼 운영하면 된다고 덧붙였다.

아마존은 위험을 감수하는 데 익숙하지만 이번 경우는 도박과 비슷했다. 특히 단기간 내 무제한 2일 배송에 대한 고객들의 기대가 불균형적으로 높아지고 자금에 대한 압박이 가중될 것이다. 그런데 과연 고객들이 아마존에서 쇼핑한다는 특권에 돈을 지불할까? 당연히 그럴 것이다. 코스트코 같은 창고형 할인마트는 연회비를 걷고 있다. 아마존은 빠른 배송 하나로 입회비 79달러를 내라고 고객들을 설득할 수 있을까?

"79달러가 문제가 된 적은 없다. 핵심은 아마존에서만 쇼핑하도록 사람들의 사고방식을 바꾸는 일이었다."

— 2013년, 전 아마존 이사 비자이 라빈드란 Vijay Ravindran

가능했던 모양이다. 프라임은 2018년까지 아마존은 약 5백만 개의 물품들을 전 세계로 배송하고, 전 세계 유료 회원을 1억 명 이상 모집하는 데 성공하며 세계 최대 온라인 정기구독 서비스로 자리 잡았다.

배송, 쇼핑, 스트리밍과 그 이상의 것

프라임 모델은 전형적인 아마존의 모습 — 고객 집착적인 면모와 장기적인 성공 계획 — 을 하고 있다. 현재의 프라임은 단순한 우대 배송 서비스가 아니다. 프라임의 대표 리사 렁에 따르면 지난 10년간 아마존은 프라임 플라이휠을 가혹하게 확장해 현재의 '최상의 아마존으로 가는 관문'으로까지 만들었다. 지금도 충분해 보이는, 프라임 서비스가 가능한 상품 가짓수를 현저하게 늘이고 (2014년 2천만 개에서 2018년 1억 개까지) 고객들에게 최상의 가치를 제공하기 위해 과다할 정도로 새로운 서비스를 선보였다. 지금보다 프라임에 가입할 이유가 더 많았던 적은 없었다.

"배송 때문에 찾아와서 디지털 때문에 남는다."
— 2018년 아마존 본부장 애런 페린Aaron Perrine

새로운 분야로 촉수를 뻗치기 위한 거대한 전략의 하나로 아마존은 프라임의 오락적 측면을 크게 개선시켜왔다. 아마존 영국지사장 더그 거의 말대로 아마존의 존재이유가 '고객들의 쇼핑 및 오락 경험을 개선하는 것'임을 잊어서는 안 된다. 후자를 위해 아마존은 2011년 TV 프로그램과 영화 수천 개를 광고 없이 무제한으로 스트리밍 할 수 있는 서비스를 프라임에 추가했다. 이후 자회사 아마존 스튜디오를 통해 제작에 더욱 관여하게 되고, 프라임 회원들은 보쉬Bosch, 트렌스페어런트Transparent, 마블러스

표 3.1 아마존 멤버십의 혜택

항목	아마존 프라임 혜택
배송	· 1억 개 이상의 물품에 대한 2일 혹은 그보다 더 빠른 '무료' 배송 · 미국 8천개 도시에서 1백만 개 이상의 물품에 대한 '무료' 당일 혹은 1일 내 배송 · 새로운 영상, 게임, 도서, 음악, 영화 등에 대해 출시일 오후 7시까지 배송 · 프라임 나우 1일 내 혹은 2시간 내 배송
스트리밍	· **프라임 비디오:** 수천 개의 TV 프로그램과 영화 스트리밍 혹은 다운로드 · **트위치 프라임:** 게임 매니아들을 위한 게임 속 전리품 매달 무료 제공과 같은 다양한 혜택 · **프라임 뮤직:** 광고 없이 2백만 개 이상의 곡 스트리밍 · **프라임 오리지널:** 마블러스 미세스 메이젤The Marvelous Mrs. Maisel과 같은 아마존 단독 TV 프로그램
쇼핑	· **홀푸드 혜택:** 특별 회원가, 5% 비자카드 캐시백, 2시간 배송 · **알렉사:** 음성인식 쇼핑 및 재주문 · **프라임 회원 단독:** 세일 상품 조기 할인 및 자체상표 제품 단독 제공 · **아마존 패밀리:** 상품 5가지 이상 정기배송 받을 시 기저귀와 이유식 20% 할인
도서	· 도서, 매거진, 만화, 어린이 책 등 다양한 킨들 항목에서 상위 1천 가지 이상선택 · 매달 편집자 추천 도서 6권 중 1권 출간 전 무료 다운로드
그 외	· 특정 신용카드에 대해 5% 캐시백 및 아마존 프라임 리로드 서비스에 대해 2% 혜택 지급 · **프라임 포토:** 무제한 사진 저장

미세스 메이젤the marvellous Mrs. Maisel 같은 단독 콘텐츠를 제공받았다. 프라임 비디오는 넷플릭스의 이길 수 있는 경쟁자로 떠올랐다. 이 서비스는 프라임 번들팩을 더욱 매력적으로 만들면서 동시에 플라이휠을 충족시키고 소비자들의 충성심을 묶어두는

역할을 했다. 베조스는 '우리가 골든 글로브를 수상하면 신발이 더 잘 팔릴 것'이라고 말했다.

이런 현상은 미국 밖에서도 관찰된다. 예를 들어 일본에서는 프라임 비디오 출시 3개월 만에 멤버십이 약 16퍼센트 증가했다. 프라임 비디오에 많은 투자가 이뤄지고 있는 인도에서는 출시 첫해, 회사 역사상 그 어떤 시장에서보다 더 많은 프라임 회원이 가입했다. 2018년 중국에서는 '프라임 리딩' 서비스가 최초로 선보였다. 오늘날 강력한 서비스 번들팩은 해외 시장에서 새로운 회원을 모객하고 유지하는 데 용이하게 쓰이고 있다.

아마존은 항상 편의성을 전제로 했지만, 요즘은 전방위적으로 '편리한 라이프스타일'을 가능하게 만들며 이를 한 단계 더 높이 끌어올렸다. 1시간 배송을 원하는가? 세탁 세제가 떨어지면 대시 버튼을 눌러 재주문하고 싶은가? 알렉사를 통해 쇼핑하고 싶은가? 집안이나 차안에서 배송 받고 싶은가? 프라임에 가입하면 된다.

'정말이다. 우리가 아마존 프라임을 통해 이루고자 싶은 목표는 프라임 회원이 아닌 사람은 무책임하다는 것을 확실히 보여주는 일이다.'

― 2016년 제프 베조스

또한, 프라임은 점점 '서비스' 만큼이나 '상품'을 의미하게 됐다. 식품과 패션 분야 진출을 꾀하면서 아마존은 조용히 다양한 자체상표 상품들을 함께 준비하고 있었다. 대부분 프라임 멤버만 구매 가능한 상품들이다. 자체상표는 물리적 매장에서는 절대 흉내 낼 수 없는, 독점성을 강화한다. 월마트에서 특정 고객에게 저가 상품을 구매하지 못하게 하는 것이 상상이나 되는가? 디지털 환경이라는 특수성 때문에 아마존은 그것이 가능했다. 그리고 고객에게 저렴한 상품을 납품하고, 이윤을 남기면서도 경쟁자들과 차별화하는 수단으로 자체상표 상품을 이용했다.

프라임 멤버십이 추가 요금을 더 지불해야 하는 아마존프레시, 프라임 팬트리, 프라임 나우 같은 서비스의 관문이 되고 있다는 사실을 유념해야 한다. 식료품 구매를 원하는 아마존 사용자들은 제일 먼저 프라임에 가입해야 하고, 이를 배송받기 위해서는 월 15달러의 애드온 비용을 지불해야 한다. 신선식품 배송에 들어가는 비용치고 꽤 높은 가격이지만 미국 소비자들은 대체적으로 이를 이해한다. 하지만 거꾸로 아마존에서 신선식품을 구매하는 모든 고객은 아마존 로열티 제도의 회원이라는 의미이며, 이는 다시 아마존은 고객에 대해서 많은 것을 파악했다는 뜻이다. 테스코가 '클럽카드' 회원들만 독점적으로 드나들 수 있게 한 상점을 보유하고 있다고 상상해 보자. 개별 맞춤화를 할 수 기회는 무궁무진할 것이다. 그렇기 때문에 아마존이 홀푸드 로열티 제도를 프라임에 흡수시키기 위해 서둘러 움직였다는 사실은 그리 놀랍지 않다.

프라임 회원들은 특별한 가치를 부여받지만, 언제나 최저가 상품을 살 수는 없다. 실제로 초창기에 아마존 직원들은 이 제도를 '슈퍼 세이버 플래티늄'으로 명명하고 싶어 했지만, 베조스는 돈을 절약하도록 고안된 제도가 아니라는 근거로 이를 받아들이지 않았다. (프라임이라는 이름은 주문 이행 센터에서 최상(프라임)에 자리한 고속 운반대의 위치에서 유래된 것으로 알려진다) 하지만 오늘날 프라임 회원들에게 경제적 혜택이 점점 더 많이 주어지고 있다. 주요 배송 혜택과 더불어 회원들은 단독 특가 상품을 구매할 수 있고, 프라임 비자 카드로 아마존과 홀푸드에서 구매를 할 때 캐시백을 받을 수 있으며, 아마존이 오프라인 매장으로 점점 세를 넓힘에 따라 매장에서도 더욱 많은 할인을 받게 될 것이다.

거기에 더해 아마존은 회원들을 위한 단독 쇼핑 이벤트 — 프라임 데이 — 를 기획했다. 2015년 아마존 탄생 20주년을 기념해 탄생한 블랙 프라이데이와 비슷한 이 이벤트는 불경기에 인위적으로 수요를 자극하고, 동시에 프라임 멤버들에게 24시간 이상의 가치를 제공하기 위해 만들어졌다. 프라임 데이는 최근의 가격 상승 충격을 완화시키는 똑똑한 방법이었다. 사상 처음으로 아마존은 프라임 가격을 79달러에서 99달러로 상승시켰다 (이후 다시 119달러로 상승했는데 앞으로도 가격 상승이 계속 될 것은 확실하다). 어쨌든 프라임 데이는 기존 멤버에게 프라임의 가치를 상기시키는 기회인 동시에 대담한 고객 확보 전략인 것은 틀림없다.

요약하면, 프라임을 최대한 매력적으로 만들어, 베조스의 말을 빌려, 구매자들이 가입하지 않으면 '무책임한 것'으로 만드는 게 목표다. 고객의 삶을 더 쉽고 즐겁게 만드는 각각의 서비스를 한 지붕 아래 둠으로써 아마존은 가격을 대신하는 소비자의 니즈에 다가갈 수 있다. 아마존은 고객의 지갑 뿐 아니라 삶의 일부를 나눠 갖길 원한다.

프라임은 과연 로열티 프로그램일까?

프라임을 로열티 프로그램으로 부를 수 있는지는 리테일 산업에서 열띤 토론 주제다. 본질적으로 프라임 제도는 가장 중요한 고객에게 보상을 하는 방식으로 재구매를 유도한다. 이러한 관점에서 아마존 프라임은 로열티 제도의 전형이라고 할 수 있다. 결과적으로 1억 명의 유로 고객을 보유한 소매업체는 아마존 외에는 거의 존재하지 않는다.

하지만 '로열티 제도'라는 용어는 우리가 (종종 계측 불가능한) 포인트를 얻기 위해 습관적으로 긁어대는 지갑 속 플라스틱 카드를 연상시킨다. 확실한 것은 이러한 로열티 제도는 이제 사라져가고 있다는 사실이다.

'로열티 카드'도 부적절한 명칭이다. 그 자체가 충성심을 이끌어 내지 않는다. 만약 그랬다면 우리 지갑에는 단 한 장의 로열티 카드만이 있어야 한다. 미국, 캐나다 혹은 영국 같은 시장에서 구매자들은 평균적으로 3장에서 4장의 카드를 보유하고 있다. 할인과 쿠폰에만 집중하는 이러한 카드는 구매자로부터 정 반대의 행위를 이끌어 내곤 하는데, 구매자는 가장 유리한 혜택을 선별하기 때문이다. 또한 구매 습관의 변화와 다양한 선택지를 반영한 결과이기도 하다. 특히 영국 시장에서 소비자들은 매주 한 번만 하던 쇼핑 습관을 버리고 여러 소매점에서 적은 양을 더 자주 산다. 단 한 곳의 슈퍼마켓에 충성한다는 것은 이제 과거의 관념이 되었다.

따라서 오늘날에는 고객의 충성심을 유도하기 위해서 소매업체들은 '더 많이 쓸수록 더 많이 돌려준다'는 개념을 버리고 편리성, 서비스, 경험에 집중해야 한다. 아마존은 프라임으로 로열티의 다음 진화 단계의 선봉에 서있다. 격전지는 고객의 돈을 절약시키는 것에서 고객의 시간, 에너지, 노력을 절약시키는 것으로 빠르게 이동하고 있다. 소매업체는 개별 맞춤화를 강화하고 매장에서 특전을 제공해 고객을 기쁘게 함으로써 충성심을 이끌어낼 수 있다. 일례로 웨이트로즈Waitrose는 로열티 카드 소지자들에게 무료 커피와 신문을 제공하고, 마치 집에 초대한 손님을 환영하는 것처럼 구매자들을 환영하며 큰 성공을 거두었다.

로열티 카드는 더욱 더 디지털이 주도하는 방식으로 발전할 것이다. 결국에는 계산대 없는 상점들이 출현하면 플라스틱 카드를 긁을 곳이 없어질 것이기 때문이다. 로열티 제도는 구매에 대한 보상을 제공하고, 실시간으로 개별 맞춤화된 할인을 공지 하고, 고객이 직접 제품을 찾고 가격을 지불하도록 만들어 마찰을 줄이도록 한 통합형 프로그램의 일부로 변형되고, 이 모든 일들은 앱 하나에서 가능하게 될 것이다.

저가 정책 위주의 소매업체는 물론 예외에 속한다. 계속해서 구매자에게 비용 효율이 높은 제품을 제공하면서 고객의 충성심을 끌어오면 된다. 하지만 우리는 많은 대가를 지불해야 하는 로열티 제도를 완전히 폐지하고, 이 경우에는 일상적으로 저렴한 가격을 책정하는 것이 낫다고 생각한다. 알디Aldi와 리들Lidl은 로열티 제도를 운영하지 않지만 누구보다 헌신적인 고객들을 보유하고 있다. 결국 충성심을 유도하는 데 가장 중요한 것은 고객 가치를 이해하는 일이다.

그 문제에 대한 아마존의 답은 수월함과 편의성이다. 또한 즉각적인 만족을 제공하는 일이다. 그리고 점점 더 그 과정에서 고객들을 즐거움을 주는 것이다. 만약 아마존이 이 모두를 만족시킬 수 있다면 더 많은 사업에서 아마존이 얻는 혜택은 매우 클 것이다.

아마존이 프라임을 통해 얻는 것은 무엇일까?

극도의 충성심. 일편단심 평생 고객. 프라임에 눈이 멀어 다른 리테일 플랫폼은 아예 찾아 볼 필요성을 느끼지 못하는 고객. 가장 저렴하게 살 수 없더라도 이들에게 있어 아마존은 제일 먼저 찾는, 가장 기본적인 쇼핑 선택지다. 프라임이 제공하는 편리함에 중독된 구매자들은 가격에 점점 덜 민감해 진다. 모든 게 아마존의 알고리즘에 득이 된다. 최적의 행동 수정이라고 할 수 있다.

수치상으로 보면 다음과 같다.

① **지출:** 모건 스탠리에 따르면 평균적인 프라임 회원은 2,486달러를 소비하는데, 이는 일반 회원보다 약 5배 높은 수치다. 모든 유료 구독 서비스에서 회원들은 보통 낸 돈 만큼의 가치를 돌려받아야 한다고 느끼고 비이성적인 판단을 내리는데, 이 경우, 프라임 연회비를 정당화하기 위해 아마존에서 더 많은 소비를 한다. 아마존에 득이 되는 매몰비용오류Sunk cost fallacy다.

② **빈도수:** 시장조사업체인 컨슈머 인텔리전스 리서치 파트너스CIRP에 따르면 프라임 고객은 일반 고객보다 약 2배 더 자주(1년에 25번) 아마존에서 구매를 한다. 이로써 '프라임을 이용해 더 빈번한 구매를 가로막는 장애물을 제거한다'는 베조스의 초창기 비전은 현실이 되었다.

③ **유지:** 프라임 회원 유지 비율은 90퍼센트가 넘는 것으로 추정된다.

또한 프라임을 통해 아마존은 고객 정보라는 보물을 손에 넣고 핵심 고객층의 온라인 구매 행동을 독보적으로 분석할 수 있게 되었다. 이 정보로 관련 제품 추천에서부터 그다지 환영받지 못하는 가격 변동까지 개별 맞춤화가 더욱 정교해졌다(프로피테로Profitero는 아마존에서 하루 약 250만 번의 가격 조정이 일어난다고 분석했다).

프라임은 또한 앞서 말한 바와 같이 아마존프레시, 아마존 팬트리, 프라임 나우와 연계해 매출을 신장시킬 기회를 제공하는데 그보다 더 중요한 사실은 프라임이 아마존의 더욱 광범위한 생태계 속으로 고객을 유인한다는 점이다. 다른 소매업체의 로열티 제도는 일류 고객에 초점이 맞춰진 반면, 아마존은 영리하게 최대한 많은 구매자들을 생태계 안으로 불러들임으로써 평생 고객의 가치를 극대화시킨다. 대학생에게 무료로 프라임 회원제를 제공하다시피 한 뒤 프라임 회원에게 기저귀와 이유식을 20퍼센트 할인 해 주는 데는 다 그만한 이유가 있다. 인생의 중요한 시점에 있는 내일의 고객을 사로잡아 충성스러운 프라임 회원으로 가둬두려고 하는 것이다.

게다가 프라임 제도는 복제가 거의 불가능하다. 지나치게 관대하고 고유한 방식으로 광범위한 효과를 야기하는 프라임 덕택에 아마존은 다른 업체들 비교해 확연한 차별화를 이뤘다. 비슷한 버전을 양산해 낼 수 있는 급의 규모, 인프라, 혹은 분야를 넘나드는 장악력을 가진 업체는 거의 없다고 할 수 있다.

세계에서 가장 영향력 있는 소매업체 중 하나인 월마트도 아마존의 생태계에 필적할 만한 제도를 시도했으나 실패한 경험이 있다. 더 저렴한 가격인 49달러에 무제한 2일 배송을 제공하는, 프라임과 유사한 '쉬핑패스ShippingPass'를 실시했는데 성공하지 못했다. 가장 큰 이유는 프라임보다 비용 면에서 더 저렴하긴 했지만 배송 외에 추가적 혜택이 아무것도 없었기 때문이다. 여기서 아마존의 프라임 서비스 내 '번들' 제도의 영향력과 고유함이 드러난다. 미국에서 전체 가구의 반 이상이 프라임 회원제에 가입한 상태에서 — 특히 가격에 더욱 민감한 월마트 고객을 상대로 — 프라임에 상응하는 매력적인 혜택 없이, 새로운 회원 제도를 정당화하기란 쉬운 일이 아닐 것이다. 또한, 월마트가 가격이 더 저렴한 것은 확실하지만, 품목에 있어 아마존과 비교할 수 없었고, 그에 더해 고객이 기대하는 배송 속도와 배송 가격이 빠르게 변화하고 있기 때문이다. 월마트는 점점 더 표준이 되어 가는 서비스에 요금을 부과하고 성공할 수 없었다. 결국 쉬핑패스는 오래 버티지 못하고 2017년 폐기되는 운명을 맞았다. 대신 약 2백만 개 이상의 제품에 무료 2일 배송을 적용하기로 했다. 더 이상 회원제가 아닌 모든 구매자가 그 대상이다.

세계로 진출

아마존이 진출한 해외 시장 대부분에서 프라임이 서비스되고 있다. 2007년 첫 해외 진출 당시 자연스럽게 가장 큰 시장 세 곳 — 독일, 일본, 영국 — 이 가장 먼저 프라임을 경험했다. 그러나 최근 몇 년간 기존 시장에 프라임 서비스를 뒤늦게 제공하기 시작했는데, 그 사이 프라임은 10여 년 전 출시 당시보다 눈에 띌 정도로 더 많이 발전했다. 2016년에서 2018년 사이 6개 국가에 서비스를 시작했고, 그 중 싱가포르와 호주에서는 아마존과 동시에 진출했다. 아마존이 중동(이집트, 아랍에미리트, 사우디아라비아, 쿠웨이트)에서 운영하는 전자상거래 사이트 수크닷컴Souq.com과 브

표 3.2 아마존 프라임의 해외 시장 현황

진출연도	국가명	진출연도	국가명
2005	미국	2013	캐나다
2007	독일	2016	인도
2007	영국	2016	중국
2007	일본	2017	멕시코
2008	프랑스	2017	네덜란드
2011	이탈리아	2017	싱가포르
2011	스페인	2018	호주

2018년 6월 기준. 독립된 웹 사이트가 없는 국가(예: 벨기에) 제외

라질을 제외하고 전체 해외 시장에 프라임이 함께 서비스되고 있다.

브라질 경쟁자들이 이 사실을 놓칠 리 없었다. 현지 소매업체 B2W가 아마존의 더딘 행보를 이용해 연회비를 내는 회원에 한해 신속 배송을 해 주는 제도를 만들고 그것을 '프라임'이라고 명명했다. 그 사이 라틴 아메리카의 이베이 격이라고 할 수 있는 메르카도리브레MercadoLibre는 제3자 판매 물품 보관 및 배송을 시작했다. 아마존의 FBA 프로그램과 매우 흡사한 체계였다. 아마존은 2012년 브라질에 진출했지만 주력 사업은 e리더기, 도서, 영화 스트리밍에 한정되어 있었다. 그러다가 5년 뒤 마침내 제3자 판매인에게 사이트를 개방했다. 우리는 아마존이 라틴 아메리카 최대의 시장에서 언젠가 전체 리테일 사업을 개시하고 그때 프라임도 함께할 것임을 확신한다.

마찬가지로 중동에서도 아마존이 2017년 인수하고 2018년 터키 시장 진출에 교두보로 활용하고 있는 수크닷컴과 완전히 통합한 시점에 프라임이 진출할 것이라고 생각한다. 아마존은 프라임 해외 진출에 이제 막 발을 들였다. 국내에서의 성장 기회가 점점 고갈되고 있는 상황에서 다음 10년간 해외 시장에 집중할 것이다.

프라임은 오프라인에서도 효과가 있을까?

우리와 같은 업계 분석가들은 프라임이 오프라인 환경에서 서서히 확장하는 모습을 보며 경탄을 금치 못했다. 특정 상품과 서비스에 대한 접근을 허용하거나 금지하는 게 가능한 온라인에서 고객 수를 늘이는 것은 쉬울 수 있다. 물리적인 환경에서는 그보다 좀 더 까다롭다. 그러나 프라임은 아마존의 리테일 사업이 지닌 DNA를 형성해 낸다. 따라서 조금씩 오프라인 매장으로 진출을 꾀하면서도 그 과정에서 프라임을 제외시키는 것은 아예 생각지도 않았다. 아마존이 앞으로 어떻게 프라임을 오프라인 매장에 적용시킬지는 전통 매장 형식을 갖추고 첫 문을 연 아마존 북스Amazon Books를 통해 추측해 볼 수 있다. 이에 대해 추후에 좀 더 자세히 설명하겠지만, 2015년 문을 열 당시 프라임 회원들에게 아무런 실질적 혜택이 없었다는 사실은 알아둘 필요가 있다. 그러나 1년도 채 되지 않아 아마존은 매우 대담한 가격차등제를 시도했다. 프라임 회원들은 아마존 웹 사이트에서 제시된 가격과 동등한 가격을 지불한 반면, 그 외 나머지 사람들은 정가를 지불해야만 했다.

그렇다면 이 제도가 지금까지 수십 년 간 미국 슈퍼마켓이 계산대에서 로열티 카드를 스캔하며 제공하는 혜택과 다른 점이 무엇일까? 슈퍼마켓에서는 일부 상품에만 할인을 적용하지만 프라임은 상품 하나하나마다 두 개의 가격표가 붙어있다. 따라서 프라임 회원이 아니라면 굳이 그곳에 갈 이유가 없다. 에코나 킨들 같은 아마존 기기를 테스트하기 위한 게 아니라면 말이다. 매장에 들어가는 입장료를 받는 것과 큰 차이가 나지 않는다.

아마존 북스 매장이 아마존 전체 매출에 크게 영향을 미치지 않는다는 사실은 놀라운 일이 아니다. 오히려 이러한 매장에 들어가는 비용을 마케팅 비용으로 여겨야 한다. 매장의 존립 이유가 프라임 혜택에 대한 인식을 높이고 궁극적으로 회원 가입을 유도하기 위함이기 때문이다. 하지만 슈퍼마켓 형태에서는 어떠할까? 고객들이 발길을 끊을 것이 분명했기 때문에 아마존 북스 때처럼 눈에 띄는 가격차등 제도를 시행할 수 없었다. 핵심은 다른 고객의 심기를 건드리지 않을 정도로 은밀하게 프라임 고객에게 제공하는 혜택과 프라임의 혜택을 일반 고객에게 전파하는 것 사이에 올바른 균형을 유지하는 일이었다. 그리고 이러한 균형은 회원에게 단독으로 제공되는 혜택으로 정당화하기 쉬운 서비스를 통해서 관철되어야 했다. 예를 들어, 2017년 처음으로 시범 출시한 드라이브 스루 형식의 슈퍼마켓 아마존프레시 픽업

AmazonFresh Pickup은 오로지 프라임 회원에게만 제공되었다. 아마존프레시에서 장을 볼 수 있는 사람들은 이미 프라임 회원이었기 때문에 이것은 별로 문제될 게 없었다. 하지만 홀푸드에서 이것을 그대로 재현하기는 쉽지 않은 일이었다. 2017년 중반 아마존이 홀푸드 인수를 발표한 뒤 프라임 제도가 어떻게 적용될지에 대해 많은 추측들이 이어졌다. 우리는 다음을 예측했다. 계산대에서 전반적인 할인을 적용시켜준다. 매장 안에서 실시간으로 개별 맞춤화된 할인을 제공한다. 프라임 나우에 홀푸드 상품을 입점시킨다. 식품을 제외한 상품에 (아마존 북스와 비슷한) 가격 차등제를 적용한다. 프라임 회원만 이용 가능한 계산대를 따로 마련한다. VIP용 온라인 주문 수령 및 반품 장소를 만든다.

우리의 예측이 과연 들어맞았을까? 이 글을 쓰고 있는 2018년 중반의 상황은 다음과 같다.

① 프라임 단독 프로모션 제공(예를 들어, 홀푸드 전체 기록을 깬, 프라임 회원을 위한 추수감사절맞이 칠면조 가격 할인)
② 일부 도시에서 홀푸드에서 35달러 이상 구매한 프라임 회원에게 무료 2시간 배송 제공
③ 기존의 아마존 프라임 제휴 신용카드 혜택을 늘여 홀푸드에서 쇼핑한 프라임 회원에게 5퍼센트 환급
④ 홀푸드 자체 브랜드 상품 아마존에 입점
⑤ 판매 시점에서 프라임 제도와 통합하는 기술 개발 시작. 이 기술이 적용되면 프라임 회원은 계산대에서 추가 10퍼센트

할인을 받게 된다.

우리의 예측이 크게 벗어나지 않았고, 아직 지켜볼 시간이 많이 남아있다. 판매 시점에서 프라임과 통합하는 제도를 구축하는 일이 우선적인 과제가 될 것이며 만약 시행된다면 매장 내에서 더 다양한 할인이 제공될 가능성이 높다. 약 75퍼센트에 이르는 홀푸드 고객들이 이미 프라임에 가입한 것을 고려하면 아마존은 프라임 매장에 자신감이 넘칠 것이다. 하지만 프라임 회원 중에는 홀푸드를 이용하는 사람이 20퍼센트가 채 안 된다. 그렇기 때문에 트래픽을 상승시키고, 아마존의 주문 이행 능력을 이용해 홀푸드의 전자상거래에 대한 관심을 높일 기회가 남아있다.

프라임 2.0

앞으로는 점점 더 물리적 공간의 중요성이 커지겠지만, 프라임의 핵심인 디지털 사업 또한 더욱 매력적으로 진화해 점점 더 유연해지고, 궁극적으로 가격은 더 올라갈 것이다.

매력적인 부가기능

아마존은 계속 프라임 서비스를 유지하게하고, 회사의 더 광범위한 전략에 부합할 새로운 혜택들을 계속해서 프라임에 추가시켜 나갈 것이다. 예를 들어, 아마존은 2017년 온라인 의류 구매에 대한 고객들의 신뢰를 쌓기 위해 처음으로 '프라임 워드로브

Prime Wardrobe'를 선보였다. 이 찾아가는 피팅룸 서비스는 프라임 회원들이 편안히 집에서 입어볼 수 있는 최대 15가지의 옷, 신발, 액세서리를 제공했다. 물품과 더불어 무료 반품에 사용될 상자와 착불 처리된 주소지 라벨이 함께 배송되었고, 고객들은 구매를 결정한 상품에 대해서만 결제가 가능했다. 이로써 오늘날 온라인 옷 구매에서 큰 장애로 여겨지던 사이즈와 반품 문제가 해결되었다. (특히 아마존이 3D 신체 스캐닝 스타트업 바디랩스Body Labs를 인수하면서 사이즈 부문에 있어서 더욱 걱정할 필요가 없어졌다.)

프라임 워드로브는 틈새시장을 공략한 스티치 픽스Stitch Fix나 트렁크 클럽Trunk Club같은 브랜드에서 영감을 받아 주류 의류 소매업체 중에서는 처음으로 이 방식을 도입했다. 몇 달 지나지 않아 영국 온라인 패션 소매업체인 아소스ASOS가 당일 배송과 함께, 자체적인 '입어보고 사기' 서비스를 도입했다. 아마존 워드로브의 영국 진출을 염두에 두었을 가능성이 높다. 바로 이것이 경쟁자를 움직여 고객 경험을 개선시키는 '아마존 효과'다.

성장을 위한 새로운 고객층 공략

2016년 파이퍼 제프리 설문조사에 따르면 연소득이 11만 2,000달러 이상인 미국 가정의 82퍼센트가 프라임 회원권을 소지하고 있다. 부유층 시장을 장악한 아마존은 이제 미래 성장을 위해 인구통계학적 측면에서 완전히 새로운 고객층을 확보해야 했다. 같은 조사에서 연소득이 4만 1,000달러 아래인 사람들의 아마존 이용 비율이 가장 낮았다.

지금까지 소득이 낮은 고객층의 아마존 이용을 막는 장애물로 프라임 연회비, 제한된 인터넷 접근 환경, 신용카드 미소지가 지목됐다. 미국 가정의 4분의 1 이상이 당좌계좌와 저축계좌를 소지하고 있지 않거나 제한적으로 사용하고 있다.

최근 몇 년간 아마존은 저소득 구매자를 겨냥해 많은 노력을 기울였다. 2016년 출시한, 월별 지불하는 프라임 회원제가 그 예다. 구매자 입장에서는 매달 지불하는 비용(156달러)이 일 년치를 한 번에 지불하는 비용(119달러)보다 더 높지만, 연회비를 한꺼번에 지불하고 싶지 않거나 그렇게 할 수 없는 고객들에게 대안을 제시했다.

그 사이 아마존은 은행 계좌가 없거나 현금을 주로 사용하는 고객들을 공략하기 위해 정부 보조를 받는 사람들이 사용할 수 있는 할인된 프라임 회원제와 일부 매장에서 바코드를 찍으면 아마존 계좌로 현금을 입금할 수 있는 아마존 캐시Amazon Cash 제도를 신설했다. 이 제도는 탑업Top Up이라는 명칭으로 영국에서도 서비스를 시작했다.

아마존은 이러한 노골적인 시도를 통해 전통 오프라인 소매업체(그 중에서도 월마트)를 이용하는 고객층을 확보하려고 노력하고 있다. 월마트 식료품 구매층 약 20퍼센트가 정부에서 식료품 할인 구매권을 타서 쓰는 저소득층인 것으로 추정되며, 지난 수년간 월마트는 고객들이 온라인에서 '현금 구매'가 가능하도록 했다 (구매자들이 직접 월마트를 찾아와 계산하는 방식이다).

아마존의 다음 행보는 과연 무엇일까? 2018년 중반인 현재 아마존은 JP 모건을 포함한 여러 은행과 고객들이 아마존 브랜드의 당좌계좌를 개설할 수 있도록 추진하고 있다. 이것이 실현되면 아마존이 본래 제공하던 서비스가 자연스럽게 연장되는 것과 같으며, 알리바바와 라쿠텐 같은 글로벌 전자상거래 유통업체들은 이미 해당 서비스를 제공하고 있다.

불가피한 가격 인상

아마존은 플라이휠을 강화하고 (쉽게 말하면 판매를 신장하고), 상승하는 배송비를 상쇄하는 두 마리 토끼를 잡기 위해 의욕적으로 프라임 회원제를 발전시키고자 한다. 2장에서 설명했듯이 아마존이 주력 분야인 리테일 부문에 계속해서 투자하기 위해서는 AWS, 광고대행과 더불어 구독 서비스와 같은 대안적 매출이 발생하는 것이 매우 중요하다. 그 중에서 구독 서비스의 비중이 점점 늘어나 리테일을 제외한 매출 중 약 90퍼센트가 여기서 발생한다.

우리는 프라임 서비스가 2020년까지 약 200억 달러의 매출을 발생시킬 것이라고 예상하고 있다. 해외 고객과 더불어 익숙한 방식인 연회비 상승이 매출 상승 견인차 역할을 할 것이다.

2005년 제일 처음 프라임의 가격은 79달러였다. 하지만 출시 당시 프라임은 배송하고만 관련 있었다. 근 10년 가까이 그 가격을 유지하면서 2014년 처음으로 99달러로 가격을 인상했다. 상승하는 배송 비용과 영상 스트리밍 등 새로운 서비스를 프라임에 추가하는 데 들어간 투자 비용 때문이었다. 그 뒤 2018년, 가격은 더 올라 20퍼센트로 껑충 뛴 119달러를 내야 한다. 그리고 가격 인상은 앞으로도 계속될 것이라고 보는 게 타당하다.

아마존은 배송에 수십 억 달러를 사용하고 있고, 이에 대해서는 책 후반부에서 더 자세하게 설명할 것이다. 이론적으로는 사람들이 더 많이 구매할수록 부피가 늘고 배송 비용이 줄어 공급자와 더 좋은 가격으로 거래 하고 결과적으로 고객에게 더 저렴한 가격이 제공된다. 하지만 아마존이 빠르게 움직이는 소비재 사업에 더욱 집중하게 되면서 이것이 점점 어려워졌다. 소비재 사업 특유의 '저가치, 높은 빈도'라는 특성 때문이다. 프라임이 전체 배송 비용의 약 60퍼센트를 상쇄하고, 따라서 프라임에서 손해를 만회하려면 연회비를 200달러로 상승해야 할 것으로 추정된다. 하지만 그럴 일은 없다. 매년 가격이 조금씩 인상하겠지만, 프라임 제도의 가장 핵심에 있는 플라이휠 효과를 다시 상기해보자. 막연해 보일지언정 프라임은 구매객들의 소비를 권장하고 있고, 아마존은 이 사실을 위험에 빠뜨리지 않도록 균형을 지켜나가야 한다.

많은 사람들의 일상에 아마존은 이제 너무 깊게 자리해 가격이 인상되어도 그대로 받아들여질 여지가 많다. 아마존은 반드시 디지털 콘텐츠와 주요 기능인 배송에 투자를 계속하면서 로열티 제도에서 새로운 길을 개척해야만 현재의 높은 소비자 가치를 유지할 수 있다. 그 사이 프라임은 아마존의 리테일 사업의 동력으로 남아있을 것이다.

04

오프라인 리테일러의 출말
약을일까, 신의 한 수일까?

"사람들은 오래 전부터 영화관이 소멸할 것이라고 예상했지만, 지금도 영화관에 가는 것을 좋아한다."

— 2018년 제프 베조스

오늘날 전자상거래를 오프라인 상점 몰락의 주범으로 지칭하는 기사나 연구 결과를 찾긴 어렵지 않다. '종말'이라는 단어는 공식적으로 리테일 산업에서 화두가 되어 오늘날 매체에서 아주 자주 등장한다. 이 단어는 심지어 위키피디아에도 올라가 있다.

파멸과 어둠은 헤드라인을 장식하는 데 적합하다. 그리고 우리는 이 장에서 종말을 부인하는 데 상당부분 할애할 것이다. 하지만 한 가지는 확실히 하고 넘어가자. 상점이 너무나도 많다. 오늘날 리테일 공간은 과잉되어 있다. 더 이상 리테일 공간은 목적을 달성하기에 적합한 공간이 아니다.

자연히 상점들은 폐업의 길로 가고 있다. 그것도 아주 빠르게. 쿠시먼 앤드 웨이크필드Cushman & Wakefield는 2017년 한 해 미국에서 프랜차이즈 매장 약 9,000개가 문을 닫았으며 2018년에도 1만 2,000개가 추가로 닫을 것이라고 추정했다. 같은 해 소매업체 약 20여개가 파산했다. 그 중에는 리미티드The Limited와 같은 의류 체인과 토이저러스Toys R US와 같은 상징적인 브랜드도 있었다. 한편 오프라인 쇼핑몰은 멸종 위기에 직면했다. 2022년까지 미국 쇼핑몰의 최대 4분의 1이 문을 닫을 것으로 예상된다.

이러한 현상은 특히 쇼핑몰이 지나치게 많이 지어진 미국의 외곽지역에 발생하고 있지만 결코 미국에 국한된 것은 아니다. 영국의 유통연구센터는 2018년 총 상점 수가 22% 줄어들 것이라고 예상했다. 캐나다에서도 최근 몇 년간 시어즈와 타겟 같은 대형 유통 체인이 사라졌다.

반면, 전 세계적으로 온라인 쇼핑에 대한 수요와 기대는 폭발적으로 늘고 있다. 맥킨지에 따르면 온라인 쇼핑을 하는 사람들의 숫자는 전 세계에서 중국에 가장 많고, 전체 전자상거래 시장에서 40퍼센트를 차지한다. 영국에서는 지난 5년간 비非식료품 부문 온라인 판매가 두 배 증가했고, 전체 시장에서 25퍼센트를 차지한다는 통계청 발표가 있었다.

> "모든 산업 혁명은 장기적인 혜택을 가지고 오지만 언제나 단기간의 고통을 유발한다."
> ― 2018년, 아마존 영국 지사장 더그 거Doug Gurr

기존 오프라인 리테일 체인의 희생이 전자상거래의 성장에 일부 기여했다는 사실을 부정할 수는 없다. 하지만 모든 게 아마존 탓일까? 전부는 아니다. 간단히 말하면, 성장을 끝낸 현대 리테일 시장은 이미 포화상태고, 소비자들의 구매 습관에 역대급 변화가 있었고, 모바일이 리테일 산업 전반을 바꿔놨고, 사람들은 물건보다 경험에 더 아낌없이 지갑을 열기 시작했고, 새롭고 파괴적인 성향의 오프라인 소매업체(패스트 패션fast fashion과 할인 식료품점 등)가 이미 자리 잡은 업체들의 입지를 빼앗고 있기 때문이다. 우리는 지금 리테일 분야를 완전히 바꿔버릴 중요한 기술, 경제, 사회적 변화의 교차점에 서 있다.

이제 이 변화에 대해서, 더 정확히는 이 변화로 인해 주요 소매업체들이 어떻게 매장 규모를 조정해 나갔는지에 대해서 더 자세히 알아보기로 하자.

'자기 방식대로 하는' 구매자의 탄생

"물건의 종류, 시간, 장소에 구애받지 않고 구매가 가능한 신新분산형 상거래 세계에서는 고객이 매장이든 웹 사이트든 모바일 앱이든 어디서 구매하는지는 아무런 관계가 없다. 이 모든 것이 전부 소매다. 오늘날 소매업체들은 구매자들이 원하는 구매 방식으로 판매한다."
— 2017년 미국소매연맹 회장 및 최고경영자 매튜 셰이Metthew Shey

기술은 단지 고객의 기대를 상승시키고 새로운 구매 방식을 창조하는 데 그치지 않는다. 리테일을 근본적으로 변화시키고 있다. 이것은 자연스럽게 이 책을 관통하는 핵심 주제가 될 것이다. 하지만 지금은 기술이 더욱 편리하고, 매끄러운 구매 경험을 가능하게 해 고객의 기대를 새롭게 개조하는 방식에 대해 탐구해 보고자 한다.

먼저 이 세계가 10년 전보다 훨씬 더 긴밀하게 연결되어 있다는 사실을 인정해야 한다. 전 세계 인구 3분의 2는 지금 모바일로 연결되어 있고, 지구상에는 사람보다 모바일 기기가 더 많다. 우리 일상생활에서 필수품이 되어버린 아이폰이 불과 2007년에 출시되었다는 사실은 상상하기 힘들다. 구글은 사람들이 더 이상 '온라인에 가는 것go online'이 아니라 '온라인에 사는 것live online'이라고 믿고 있다. 보통 사람이 하루에 핸드폰을 보는 횟수가 150번에 육박한다는 사실만 봐도 모바일 폰이 소비자인 우리 자신의 연장선이라고 말하는 데 큰 무리가 없다.

"매장 고객 혹은 온라인 고객이란 것은 없다. 자기 방식대로 구매 하는 데 과거 그 어느 때보다 확신에 찬 고객만 있을 뿐이다."
— 2017년, 노드스트롬 공동대표 에릭 노드스트롬Erik Nordstrom

지금처럼 연결이 보편화된 시대에 소비자는 왕이다. 점점 더 휴대하기 간편한 컴퓨터 기기로 접근이 용이해진 전자상거래 도입 이래, 소매업체들은 '상시 접속' 중인 소비자들을 만족시키기 위해 애써왔다. 열차 안에서 혹은 치과 대기실에서 쇼핑이 가능해지면서 소비자들은 한 차원 더 향상된 편리함과 접근성을 경험하고, 동시에 물리적 리테일과 디지털적 리테일의 간극도 좁혀졌다. 이에 대해서는 다음 장에서 더 상세하게 설명하겠다.

우리가 쇼핑하는 방식을 변형시킨 기술적 발전 중 또 다른 한 가지는 온라인 은행과 모바일 지갑으로 가능해진 지불 체계다. 시간을 절약시키고 입력하는 지불 정보에 추가적 보안 조치를 강화한 페이팔PayPal은 소비자에게 온라인 지불이라는 개념을 처음으로 소개했다. 매장에서는 비접촉식 카드가 모바일 지불 방식의 새 지평을 열었다.

모바일의 출현으로 아마존을 포함한 전자상거래 소매업체들의 성장이 가속화되었다. 더욱 몰입되고 휴대가 용이한 환경에 대한 수요가 늘어나면서 새로운 기술들이 속속 개발되었다. 예를 들어 모바일에 최적화된 웹 사이트. 앱스, 태블릿과 같은 기기들과 웨어러블wearable 제품들이 선보였다. 상호작용이 용이하도록 기기에 부착된 터치스크린은 그 크기가 더 커져갔다. 보안 체계도 더욱 발전했는데 잊어버리기 십상인 비밀번호를 사용하는 것에서 구글, 페이스북 등의 계정 사용하는 싱글 사인온Single Sign on, SSO 방식, 이중 인증 방식, 지문과 안면인식 같은 바이오 인증 방식으로 진화했다.

소매업체들도 발전된 기술을 사용하여 온라인 쇼핑을 더욱 간소화시켰다. 특허를 획득한 아마존의 '클릭해서 구매하기Click to buy' 기능은 온라인 결제 시스템에서 혁신을 일으켰고, 리테일 브랜드들은 소셜 쇼핑*을 통해 수익을 창출하기 위한 방법을 골몰했다. 그 중에서 핀터레스트의 '구매 가능한 핀Shoppable pins' 기능과 중국 시장에서 압도적인 우위를 차지한 위챗의 '앱 안의 앱App-within-app' 결제 체계가 발 빠른 성공을 거두었다. 그러나 앞으로는 온라인으로 높아진 고객의 기대치에 부응해 쉽고 편리한 기능을 구현하는 일이 모바일과 터치 스크린에 한정되지 않을 것이다. 간소화된 음성 자동 주문 서비스와 난방 및 조명 등을 제어하는 홈 네트워크Connected Home에서 그것을 미리 엿볼 수 있다.

손가락으로 수십억 개의 제품을 볼 수 있는 이러한 기술 발전과 비슷한 현상이 주문 이행 분야에서도 관찰되고 있다. 온라인 소매업체들이 한 때 오프라인 소매업체의 전유물이었던 즉시성을 복제하려는 노력을 기울이면서 소요 시간이 점점 짧아지고 있다. 오늘날 고객들은 빠르고, 신뢰할 수 있는 무료 배송을 원한다.

그 모든 것은 결국 어떤 결과를 가져 왔을까? 온라인 쇼핑은 식은 죽 먹기가 되었다. 그 중에서 모바일 상거래가 붐을 일으켰고 앞으로 더욱 크게 성장할 것으로 여겨진다. 2121년까지 전 세계 모바일 상거래 매출은 2배 이상 늘어나 3조 6천억 달러에 육박하며 전체 전자상거래 시장의 73퍼센트를 차지할 것으로 보인다.

이러한 변화는 자연스럽게 소매업체 순위에도 그대로 반영됐

---

* 소셜 네트워킹 서비스를 이용하는 공동 구매 방식

다. 2012년 5대 글로벌 소매기업(월마트, 까르푸, 크로거, 세븐앤아이, 코스트코)은 모두 오프라인 매장에 기반을 둔 업체였다. 우리는 2017년까지 5대 기업 중 세 곳은 주로 온라인에서 활동하는 기업(알리바바, 아마존, 징둥닷컴)으로 대체되고 2022년까지 월마트가 수십 년간 차지했던 왕좌 자리를 알리바바에게 내어줄 것으로 예측했다. 그리고 바로 그 뒤를 아마존이 바짝 추격할 것이다.

오프라인 소매업체들은 한껏 충만한 기대를 품고 매장을 방문하는 오늘날의 고객들을 확실하게 만족시켜야 한다. 때로 고객은 상충된 기대를 하기도 하는데 극도로 편리하고 매끄러운 쇼핑 경험, 투명함, 즉각적인 만족을 바라면서도 한편으로는 과도하게 개별 맞춤화된, 그리고 점점 더 체험 위주의 쇼핑 환경을 원한다.

앞으로는 개수가 적고, 보다 효과적인 매장이 대세가 될 것이다. 소매업체들은 변화된 소비 패턴의 새로운 현실에 적응해 가면서 계속해서 — 매장 경험에 투자하는 동시에 — 규모를 조정해나갈 것이다. 그리고 오늘날의 현대적인 고객을 상대로 신속하게 재편성하지 못하는 업체는 결국 문을 닫는 것 외에는 다른 대안이 남아있지 않게 될 것이다.

아마존 효과: 카테고리 킬러 Category killer 죽이기

'오프라인 리테일의 종말'처럼 '아마존 효과'라는 말도 리테일 관련 기사에 많은 클릭 수를 유도하고 있다. 매장 폐업? 아마존 효과 때문이다. 오프라인 소매업체의 온라인 투자? 아마존 효과 때문이다. 그 외에도 인수, 파산, 정리 해고 등등……. 오늘날 리테일 발전의 대부분은, 아무리 그 정도가 미미하더라도, 시애틀에 기반을 둔 거대 기업과 쉽게 연결 지을 수 있다.

그럼에도 불구하고 '아마존 당했다Amazoned'는 개념은 일부 기업에게는 문자 그대로의 의미다. 2018년 시라 오비드는 블룸버그에 기고한 글에서 이렇게 말했다. '다른 기업은 제품 때문에 '구글하다to Google'나 '제록스하다to Xerox'처럼 동사로 쓰이는데 아마존은 다른 기업에 입히는 피해로 동사로 쓰인다. '아마존 당하다'는 아마존이 당신이 몸담은 산업에 뛰어들어 당신의 사업을 짓이겨 버린다는 뜻이다.'

음악, 영상, 게임, 도서 등과 같이 실제 상품이 디지털로 배송 가능하고, 전자상거래 침투율이 50퍼센트에 육박하면, 이러한 상품을 파는 물리적 공간에는 희망이 거의 남아 있지 않게 된다. 자연스럽게 '카테고리 킬러,' 즉, 고도의 집중력으로 보통 한 가지 분야에서 우세한 소매업체들이 전자상거래의 첫 번째 희생양이 되었다. 블랙버스터, 서킷시티, 컴퓨에스에이CompUSA, 그리고 가장 최근의 토이저러스 같은 업체들이 역사의 뒤안길로 사라졌다. 이들 중 대부분은 파괴자로 시작했으나 결국 파괴당하고 말았다. 현실 안주에 대한 위험성을 상기시켜주는 대목이다.

일례로 보더스는 미국에서 두 번째로 큰 서점 체인이었다. 헤지펀드 매니저 토드 설리반의 웹 사이트에 전사轉寫된 보더스의 최고경영자 조지 존스의 인터뷰에는 이렇게 적혀있다. '기술과 매장 내의 셀프서비스 기능이, 고객이 직접 찾아와 인사를 하고 책에 능통한 직원들을 만나는 일을 대체 할 수 있을 것이라고 생각조차 해본 적 없다. 그러한 부분은 우리가 하는 일에서 중요한 몫을 차지하고 있고, 앞으로도 그럴 것이다.' 3년 뒤 보더스는 파산 절차를 밟았다.

한때 경쟁우위를 점했던 다양한 제품과 광범위한 매장 네트워크를 내세운 카테고리 킬러들은 결국 몰락의 길을 걷게 됐다. 아마존이 처음에 도서 판매로 사업을 시작한 것은 우연이 아니다. 도서는 초기 인터넷 사용자들이 거부감 없이 온라인에서 구매를 할 수 있었던 품목이었다. 또 하나 주목할 만한 사실은 아마존이 도서 분야에 진출했을 당시 전 세계적으로 출판 중인 도서가 3백만 권에 달했는데 그 어떤 서점도 구비해 놓기 불가능한 부피였다. 이것이 카테고리 킬러의 종말에 대한 첫 신호다.

아마존은 그 존재만으로 모든 리테일 사업에서 영향을 끼치고 있다. 서방 세계에서 가장 파괴적인 업체인 것은 의심할 여지가 없다. 지금까지 아마존보다 현실 안주와 비연관성을 효과적으로 제거하고 궁극적으로 고객의 이익을 위해 변화하는 기업은 없었다. 이는 자연적으로 오프라인 리테일 공간이 축소될 것을 의미한다. 전 세계 28퍼센트의 구매자들이 물리적인 매장을 덜 찾게 된 첫 번째 이유로 아마존을 꼽았다.

연관성의 부재와 과잉된 쇼핑 공간

국제쇼핑센터협회ICSC에 따르면 1970년부터 2015년까지 미국의 쇼핑센터는 300% — 혹은 인구 증가율보다 2배 빠르게 — 성장했다. 오늘날 미국인 '1인당' 약 2.2 제곱미터 크기의 리테일 공간이 주어지며, 미국은 세계에서 리테일 공간이 가장 과잉된 국가다. 실제로 미국은 1인당 쇼핑 공간이 캐나다보다 40%, 영국보다 5배, 독일보다 10배 더 많다. 오프라인 리테일의 종말은 오래 전부터 예고된 셈이다.

쇼핑센터의 몰락은 2000년대 후반의 대침체Great Recession와 전자상거래의 성장으로 악화일로를 걸었다. 온라인 마켓플레이스는 디지털화된 현대 쇼핑센터다. 무한대에 가까운 상품을 갖추고 1년 내내 문을 연다는 점이 다를 뿐이다.

그러나 미국의 리테일 분야는 전자상거래 붐이 일기 전부터 오프라인 매장이 과잉되었다는 사실을 인지하고 있었다. 블룸버그에 따르면 '교외 지역이 각광받으면서 투자자들이 수십 년 전 상업용 부동산에 투자금을 들이부어서 생긴 결과다. 모든 건물을 상점으로 채워야 했고, 수요가 늘어나자 벤처 캐피탈의 이목을 끌었다. 그 결과 사무 용품을 파는 스테이플스부터 애완용품을 취급하는 펫스마트, 펫코 같이 단일 품목마다 거대한 매장을 소유하는 빅박스big-box의 시대가 포문을 열었다.'

2019년으로 미리 가보면 또 다른 중요한 이유가 있다. 소비자들이 예전만큼 의류를 구매하지 않는다는 점이다. 2017년 애틀

랜틱은 전체 미국 소비자들의 지출에서 의류가 차지하는 부분이 지난 100년 간 20%나 줄었다고 보고했다.

줄어든 의류 부문 지출

우리가 의류에 점점 돈을 덜 쓰는 이유는 무엇일까? 첫째, 재량적 소비가 경험위주로 전환하면서 패션에 투자할 자금이 줄어들었다. 바클레이카드Barclaycard 자료에 따르면 2017년 한 해 동안 영국에서는 엔터테인먼트와 식음료 분야 지출이 각각 두 자리 수 성장을 한 반면 여성 의류는 3퍼센트 감소했다. 경기가 호황일 때 의류에 재량적 소비를 하게 되는데, 빡빡한 가처분 소득과 소비자의 우선순위 변화가 합해져 의류 부문은 타격을 입게 되었다.

둘째, 반드시 따라가야 하는 새로운 패션 트랜드가 눈에 띄게 부재했다. 지난 10년간 스키니 진 하나로 버티는 데 아무런 문제가 없었다. 셋째, 노령화 인구가 증가하고 있다. 여성들은 보통 나이가 들수록 의류 구매를 덜 하는 경향이 있다. 이것은 주 고객층이 55세 이상인 영국 백화점 업체 막스앤스펜서가 당면한 여러 과제 중 하나다. 실제로 2016년 CEO 스티브 로우는 10년 전과 비교했을 때 여성 고객 60퍼센트의 의류 구매가 줄어들었다고 말했다.

소비자들 사이에서 재활용과 지속가능성에 대한 의식이 점점 높아지면서 패션 분야는 완전한 순환을 목표로 삼기 시작했다. 구매자들이 새로운 물건을 사기 전 한 번 더 고민하게 되면서 H&M사가 독일에서 진행하는 '테이크 케어Take Care'와 같은 서비스들이 등장했다. 이러한 서비스들은 무료로 수선을 해주거나 얼룩을 빼는 방법 등을 알려주며 고객이 옷의 수명을 연장하는 데 도움을 준다. 자라도 자체 재활용 프로그램 #조인라이프#joinlife를 운영 중이다. 환경에는 말할 것도 없고 소비자에게도 좋은 일이다. 하지만 의류 판매에는 별로 도움 되지 않는다.

마지막으로 오늘날 회사는 점점 더 캐주얼 복장을 허용하는 추세다. 구매자들은 블레이저와 양복 재킷을 버리고 이미 소지 하고 있는 옷을 섞어서 입는 게 가능해 졌다. 영국 셔츠업체 찰스 티릿Charles Tyrwhitt의 창업자 닉 휠러는 넥타이가 주류 패션에서 물러나는 현상을 애통해하면 이렇게 말하곤 했다. "마진이 좀 남는 건 겨우 그것 하나였는데 말이야!"

쇼핑몰, 백화점, 슈퍼스토어는 천천히 몰락하는 중?

새로운 옷에 대한 소비자들의 수요가 줄어들면서 특히 쇼핑몰의 우려가 높아지고 있다. 면적의 70퍼센트에 해당하는 공간을 전통적으로 의류가 차지하고 있기 때문이다. 최근 들어서는 약 50퍼센트에 해당하며 시간이 갈수록 더 줄어들 전망이다. 쇼핑센터 운영회사 GGP의 CEO 샌딥 매스라니는 2017년 블룸버그 인터뷰에서 이상적인 현대의 쇼핑몰은 백화점, 슈퍼마켓, 애플 스토어, 테슬라 스토어, 그리고 와비파커Warby Parker와 같은 온라인 스타트업을 중심으로 만들어질 것이라고 말했다. 우리는 여기에 아마존 반품 구역이 추가되어야 한다고 생각하지만 자세한 이야기는 뒤로 미루겠다.

쿠시먼 앤드 웨이크필드에 따르면 2010년과 2013년 사이 쇼핑몰을 방문하는 사람들의 숫자는 반으로 줄어들었으며 그 이후에도 계속 줄어들고 있다. 그러나 도심이나 관광지에 위치한 고급 'A급 쇼핑몰'은 예외다. 실제로 20퍼센트의 쇼핑몰이 전체 매출의 약 4분의 3을 담당하고 있다. 이렇게 실적이 좋은 쇼핑센터들은 향후 쇠퇴하지 않기 위해서라도 새롭게 거듭나는 것을 최대 과제로 삼아야 한다. 그 외의 경우에는 경영 합리화가 필수다. 2022년까지 20퍼센트에서 25퍼센트의 쇼핑몰이 문 닫게 될 것이기 때문이다.

물론 포화상태인데다 관련성이 부족한 것은 비단 쇼핑몰뿐만이 아니다. 카테고리 킬러가 몰락한 뒤, 교외에 위치한 슈퍼스토어Superstore와 백화점들이 오늘날 위험군에 속한 리테일 형태라고 생각한다. 물론 슈퍼스토어와 백화점은 차이점이 많지만 '원스톱 쇼핑'이라는 점에서 대 전제는 동일하다고 볼 수 있다. 과거에는 약 9,300제곱미터(약 2,800평) 이상의 공간에 수많은 브랜드가 한 지붕 아래에 입점한 '소비의 궁전'에 온전히 투자하는 게 이상할 것이 없었다. 메이시스 백화점의 뉴욕 본점은 약 23만 제곱미터(약 7만평)에 이르는 '세계에서 가장 큰 백화점'으로 유명하다. (실제로 거리 한 블록을 전부 차지하고 있다.) 유럽의 일부 까르푸와 테스코의 하이퍼마켓hypermarket은 너무 거대한 나머지 직원들이 롤러스케이트를 타고 매장 안을 누볐다. 물건을 산처럼 쌓아놓는 일은 과거에는 통했을지 모르지만 오늘날에는 아마존 하나가 수백만 가지의 프라임 상품을 보유하고 있는 상황에서 오프라인 매장이 '한 지붕 아래에서 모든 것'을 제공할 수 있다는 개념은 이제 웃음거리로 전락했다.

그러나 리테일 사업은 빠르게 움직인다. 월마트가 자사 슈퍼센터가 리테일의 미래가 될 것이라고 자신한 지 불과 20년 밖에 지나지 않았다. 그리고 그것이 당시에는 놀라울 정도로 혁신적인 아이디어였음을 잊어서는 안 된다. 고객들은 더 이상 여러 곳의 전문 소매점을 전전하지 않아도 됐다. 원스톱 쇼핑의 편리함과 저렴한 가격은 성공할 수밖에 없는 조합이었다. 1997년 당시 월마트 CEO 데이비드 글래스는 '할인점이 지난 10년간 번성했듯이 슈퍼센터도 장차 10년간 번성할 것'이라고 예측했다. 여기서 짚고 넘어갈 것은 이 당시 월마트는 대부분의 다른 소매업체와 마찬가지로 '인터넷 쇼핑이라는 먼 미래의 개념'에 대해서 탐색 초기였다는 점이다.

글래스의 예측은 엇나가지 않았다. (이제 베조스가 똑같이 '슈퍼스토어가 지난 10년간 번성했듯이 전자상거래도 장차 10년간 번성할 것'이라고 주장할 수 있다고 확신한다.) 1996년에서 2016년 사이 월마트는 매년 평균 156개의 슈퍼센터를 오픈했다. 매장 대부분은 새로 짓는 대신 현존하는 디스카운트 스토어를 개조했는데, 미 역사상 가장 중요한 식료품 리테일의 변화가 이루어지고 있었다. 과거 서비스 취약 지역에도 월마트의 저렴한 가격과 광범위한 제품이라는 성공 공식이 적용될 수 있었다.

2012년 이 책의 공동 저자 나탈리와 유명 리테일 분석가이자 작가인 브라이언 로버츠는 2020년까지 슈퍼센터의 형태는 포화점에 도달할 것이라고 예상했다. 여기에는 세 가지 근거가 있었다. 디스카운트 스토어를 개조하는 기회가 줄어들고, 인구증가 속도가 늦고, 오프라인 매장이 온라인 소매업체에 의해 잠식당하고 있다는 점이다.

오늘날 슈퍼스토어 매장은 세계 곳곳에서 한물간 취급을 받으며 심각한 위기에 직면했다. 지난 20년간 매년 빠짐없이 수백 개의 대형 할인 매장을 오픈하던 월마트가 2017년에 문을 연 매장의 개수는 40개도 채 되지 않았다. 아직까지 매장 개수 측면에서 하락 일로를 걷는 것은 아니지만 매우 가까운 시일 내 포화점에 이를 것이라는 우리의 예상에는 변화가 없다. '하이퍼마켓의 몰락' 현상은 영국과 같이 리테일 분야가 온라인과 할인점에 크게 영향 받는 시장에서 더욱 두드러진다. 영국에서 온라인 구매는 슈퍼스토어를 가장 위협하는 요소로 떠오르고 있다. 이 글을 쓰고 있는 2018년 현재 영국 통계청의 발표에 따르면 전자상거래는 영국 내 전체 리테일 사업의 17퍼센트를 차지하고 있다. 미국의 약 2배에 이르는 수치다. 한편 칸타르Kantar 자료에 따르면 알디와 리들이 단독으로 식료품 부문에서 12퍼센트를 차지하고 있다. 지난 10년간 온라인과 할인점의 폭발적인 성장으로 소비자들의 구매 행동과 기대에는 커다란 변화가 있었다. 그 중 가장 눈여겨 볼 것은 주간 장보기가 사라졌다는 점이다.

'50년에서 60년 사이에 한 번 찾아오는 변화가 일어나고 있다.

마지막 변화는 (1950년대의) 슈퍼마켓의 출현이었다. 지금도 그 때만큼이나 본질적인 변화다.'

― 2014년, 전 웨이트로즈 대표이사
로드 마크 프라이스Lord Mark Price

 웨이트로즈의 2017년 식음료 보고서에 따르면 놀랍게도 오늘날 영국인의 65퍼센트가 하루에 한 번 이상 슈퍼마켓에 들른다. 하지만 소비자들은 더 이상 저렴한 가격과 광범위한 물품 때문에 외곽의 슈퍼스토어를 찾지 않는다. 온라인 소매업체는 슈퍼스토어를 완전히 부식시키고 있다. 근거리에 위치한 업체들도 더 이상 고가 정책을 고수하지 않는다. 오늘날 구매자들은 조금씩 자주 산다. '오늘밤에 필요한 만큼' 사기 때문에 결과적으로 다양한 브랜드를 이용하게 되었다.

 근본적으로 변화된 구매 습관을 보여주는 가장 확실한 증거는 슈퍼마켓 입구에 있다. 같은 보고서에서 웨이트로즈는 슈퍼마켓은 전통적으로 '일일 쇼핑객'을 위해 평균 200개의 대형 카트와 150개의 중형 카트를 구비해 놓는다고 밝혔다. 2017년에는 상황이 역전됐다. 이제는 250개의 중형 카트와 70개의 대형 카트가 마련되어 있다. '카트를 밀고 다니면서 한 주어치 장을 본다는 개념은 이제 과거 이야기가 돼버렸다.'라고 프라이스는 말한다.

 백화점이라고 다를 것이 없다. 2000년 이래 미 전역에서 백화점 매출은 40퍼센트 하락했다. 주요 백화점조차도 지난 10년간 거의 대부분 실적이 줄어들었다. 시어즈는 ― 한 때 상징적인 존재였으나 지금은 천천히 죽어가고 있다 — 가장 극적인 하락세를 경험하고 있다. 1제곱피트 당 판매가 56퍼센트씩 줄어, 2006년 218달러에서 2016년 97달러가 됐다. 이 문제의 결과는 뻔하다. 더 많은 업체들이 문 닫기 시작할 것이다. 시어즈, 메이시스, JC페니 3사는 다 합쳐 총 500개 이상의 점포에 대한 폐업 절차를 밟고 있다.

"우리는 수백 년간 적과 맞서 싸워왔다. 상대는 하이퍼마켓, 슈퍼마켓, 전문 매장이었다가 이제는 퓨어 플레이pure play*다."

— 2018년, 엘 꼬르떼 잉글레스El Corte Ingles 회장 디마스 히메노Dimas Gimeno

리테일 사업의 기본 법칙은 고객과 연관성을 가지는 일이다. 이 법칙은 호황기 때 필수적이지만, 리테일 시장이 과잉되고, 소비자들의 우선순위가 변하고 있는 상황에서는 더욱 중요하다. 모든 사람에게 모든 것을 제공하는 시절은 지났다. 실제로 아마존만이 모든 사람에게 모든 것을 제공하는 것이 가능한 세계 유일의 소매업체라고 할 수 있다. 재정적, 물류적 관점에서, 어떤 경쟁사도 따라갈 수 없는 물품과 용이한 접근성을 보유하고 있기 때문이다. 아마존을 제외한 나머지 업체들은 수많은 경쟁자들 사이에서 돋보이기 위해서 명확한 고객 비전을 가지고 진정으로

* 특정 제품 혹은 활동 하나에 집중하는 기업

차별화된 전략을 세워야만 한다.

전통적인 백화점은 오늘날 본질적인 이유로 연관성이 떨어진다,

① 온라인 장악. 아마존은 품목별로 정확한 수치를 공개하지 않지만 미국에서 가장 규모가 큰 의류 소매업체 중 하나로 알려져 있다. 의류와 식료품과 같은 부문에서 온라인 리테일이 물리적인 매장에서 할 수 있는 경험을 완전히 대처할 수 있을 것이라고 생각하지 않지만, 그렇다고 해서 시도조차 하지 않을 것이라는 뜻이 아니다. 신속한 배송, 수월한 반품 정책과 사이즈 문제 개선을 통해 온라인으로 의류를 구매하려는 소비자들에게 더욱 자신감을 불어넣고 있다.

초반에서 언급했듯이 온라인 리테일은 '원스탑 쇼핑'이라는 백화점의 핵심 전제를 잠식하고 있다. 미국 투자은행 코웬 앤 컴퍼니Cowen and Company의 조사에 따르면 현재 미국 백화점들의 전체 매출 중 약 15퍼센트에서 25퍼센트가 온라인 판매에서 발생하고 있다. 하지만 많은 전문가들은 온라인 의류판매가 최대로 침투할 수 있는 수준이 35~40퍼센트라고 예상하고 있다. 따라서 백화점들은 온라인 판매를 더 성장시킬 수 있는 여지가 있지만, 매장 내 비어 있는 공간이 더 늘어나게 될 것임은 틀림없다. 긍정적인 점은 백화점은 이러한 공간들을 창의적인 방법으로 채울 수 있다는 점인데, 이에 대해서는 이후 설명하기로 하겠다.

한때 구매자들이 지식을 겸비하고 도움을 주는 직원들 때문에 백화점을 이용했다는 사실에 주목해야 한다. 백화점은 또한 새로운 제품을 발견하고 영향을 받을 수 있는 장소였다. 하지만 오늘날에는 그 연관성은 많이 떨어진다. 구매자들이 모바일 폰을 통해 얻는 조언을 신뢰하고, 매장에 오기 전 온라인에서 해당 상품을 먼저 찾아볼 수 있기 때문이다. 그렇긴 하지만 우리는 백화점이 퍼스널 쇼핑과 피팅룸 경험을 더욱 광범위하게 활용할 수 있을 것이라고 생각한다.

② 동일한 제품과 중간 시장이라는 위치. 백화점의 위기는 제품의 '다양성'이라는 문제 너머에 있다. 상품 자체도 차별성이 떨어지고 큰 관심을 이끌어내지 못하고 있다. 실제로 알릭스파트너스AlixPartners의 컨설턴트들은 전통 백화점들 사이에서 약 40%의 제품이 상충하고 있다고 밝혔다. 그러나 백화점들이 언제나 이렇게 동질성을 띄고 있었던 것은 아니다. 시어즈 위시북Sears Wish Book[*]은 최다 장난감 종류를 보유하고 있었고, JC페니는 1980년대까지 가전제품과 자동차 용품을 팔았다. 이후 월마트와 타겟 같은 빅박스형 할인점들이 부상하면서 주요 백화점 체인점들은 팔고 있던 일반상품을 합리화한 뒤 패션 상품 쪽으로 방향전환 했다. 수십 년 전

---

[*] 시어즈 홀딩스가 매년 8월에 발간한 크리스마스 물품 카달로그. 1933년 첫 발간됨

만해도 약 50퍼센트에 지나지 않던 의류, 신발, 액세서리 제품 판매는 오늘날 백화점 총 매출의 80퍼센트를 담당하고 있다.

패션에 집중함으로써 한때 슈퍼스토어의 위협에서 차별화되기도 했지만 오늘날 백화점들은 독점 상품 판매와 타 브랜드와의 협업 등에 투자하고 있지만 위태로워 보인다. 소위 '패스트 패션'이라고 불리는 자라 같은 업체들은 25일만에 패션쇼에 올라온 코트를 매장 안에 내놓는다. 그 사이 할인 소매업체들은 전통 백화점보다 최대 70퍼센트 싼 가격에 제품을 판매하고 있다. 이러한 형태의 오프라인 파괴자들이 부상하면서 백화점은 더 이상 가장 저렴하지도, 그렇다고 유행을 가장 선도하지도, 편리하지도 않게 되어버렸다. 보편적으로 알려진 것처럼, 소매업에서 중간자의 위치에 자리 잡는 것은 아주 위험한 일이다.

새로운 경쟁자들의 위협에 제일 처음 반사적으로 튀어나온 반응은 끝이 없는 것처럼 보이는 세일기간이었다. 그러나 저가 경쟁은 이익률을 낮추고, 브랜드에 대한 인식을 떨어뜨리고, 구매자들이 세일 때만 구매하도록 훈련시키는 역할에 그쳤다. 이제 백화점은 고유한 할인 전략을 펼치며, 좀 더 지속가능한, '그들을 이길 수 없다면 그들처럼 하자'라는 방식을 택하고 있다. 실제로 2018년 이 글을 쓰는 현재, 정가 제품을 파는 매장보다 아웃렛과 할인 매장을 더 많이 소유한 전통 백화점 체인의 수가 점점 늘어나고 있다. 기존 매장의 매출이 감소한다는 위험이 존재하지만 오히려 이러한 형태의 매장이 현대 소비자와 더욱 연관성이 높다.

백화점은 재창조에도 익숙하다. 백화점이 아마존과 그 밖의 온라인 소매업체들과 공존할 수 있는 법에 대해서는 이후 자세히 설명하겠다. 하지만 현재로서 확실한 사실은 향후 백화점의 수는 점점 줄어들 것이라는 점이다.

밀레니얼 세대, 미니멀리즘, 그리고 의식 있는 소비

1955년 〈리테일 저널〉에 기고한 글에서 경제학자이자 소매분석가안 빅터 르보Victor Lebow는 다음과 같이 말했다.

대단히 생산적인 지금의 경제는 우리의 생활방식에서 소비를 하도록, 물건을 사고 쓰는 행위를 의식으로 바꾸도록, 영적인 만족감과 자아 만족감을 소비에서 찾도록 요구하고 있다. 이제 사회적 지위, 사회적 인정, 위신은 소비 패턴 안에서 발견된다. 오늘날 삶의 의미와 중요성은 소비의 개념 안에서 표현된다······. 우리는 소비하고, 태우고, 닳아 없애고, 대체하고, 버릴 물건을 그 어느 때보다 빠른 속도로 필요로 한다.

지난 100년간의 미국 문화는 소배로 정의될 수 있다. 하지만 사정이 변하고 있다. 퓨 리서치Pew Research 발표에 따르면 1980

년과 1996년 사이에 출생한 밀레니얼 세대 인구는 1946년과 1964년 사이 태어난 베이비부머 세대를 초과해 미국에서 현존하는 세대 중 그 규모가 가장 크다. 물론 Z세대 등 그 이후에 눈 여겨 볼만한 많은 집단이 탄생했지만 소비 연령의 절정에 다다른 밀레니얼 세대가 집중적인 관심을 받고 있다. 하지만 이들의 소비 습관은 그 이전의 세대에 비해 현격하게 다르다.

2016년 모건 스탠리의 보고서에도 이 같은 내용이 담겨있다.

밀레니얼 세대에게 교육비는 베이비부머 세대에게 차고 2개 딸린 집이 상징하는 바와 같다.
평균적으로 25세 미만 밀레니얼 세대의 총 교육비 지출액은 과거 부모 세대보다 2배 더 많다. 이것은 곧 갚아야 할 학자금 대출금이 늘어나고, 소비에 찬물을 끼얹는 것을 의미한다.

실제로 모건 스탠리에 따르면 2005년부터 2012년까지 30세 미만 미국인들의 평균 학자 대출금은 13,340달러에서 24,897달러로 거의 2배 가까이 상승했다. 교육 수준은 높지만 빚에 짓눌린 밀레니얼 세대들은 점점 간소하면서도 의미 있고, 사회적으로 의식 있는 생활방식을 추구하게 되었다. 구매 습관에 세대적 변화가 찾아왔고 앞으로 수십 년간 리테일 부문에 큰 영향을 미치게 될 것이다.

디지털 원주민인 밀레니얼 세대가 소비자 집단에서 우위를 차지하게 되고, 물질 구매에서 여행, 엔터테인먼트, 외식과 같은 경험을 중시하는, 세대를 뛰어넘는 변화가 계속되면서 업체 간의 경쟁은 더욱 치열해질 것이다. 마스터카드 수석부사장 세라 퀸란은 2017년 샵토크Shoptalk 콘퍼런스에서 2016년도 크리스마스 선물 1위가 비행기 티켓이었다고 말했다. 바로 그 다음은 호텔 상품권이었다. 한편 이케아는 우리가 마침내 '물질의 정점'에 도달했다고 믿고 있으며, 현 부츠Boots CEO(전 딕슨스 카폰Dixons Carphone CEO)인 세바스찬 제임스는 '구매자들은 이제 소유를 맛만 본다'라고 말했다. 후반부에서 소매업체들이 매장을 부상하는 공유 및 경험의 경제에 맞춰 변화시킬 수 있는 방법에 대해 알아볼 것이다.

자산이 부족한 밀레니얼 세대가 경험에 높은 가치를 두는 것은 부정할 수 없지만 ― 특히 소셜미디어에서 FOMO(소외될지 모른다는 두려움Fear of Missing Out) 요인이 이 현상을 더욱 부추기고 있는 상황에서 ― 경험적 소비가 부각되는 것은 단지 밀레니얼 세대에서만 적용되는 것은 아니다. 마스터카드의 세라 퀸란은 2017년 기업 인터뷰에서 이렇게 마무리 지었다.

과거에는 물질이 많으면 많을수록 사회적 지위가 높아졌다. 지금은…… 우리는 다시 가족,친구들과 가까워졌고 더 많은 시간을 함께 보내길 원한다. 그렇기 때문에 여행경비, 호텔비, 비행기표, 기차표, 콘서트 티켓 같은 곳에서 지출이 늘어났다. 사람들이 소중하게 생각하는 것이란 바로 이런 것이다. 이제 가족 및 친구들과 함께 하는 식사냐, 아니면 물건을 사느냐의 대결이 될 것이다.

2015년, 미 연방인구통계국 기록상 처음으로 미국인들의 소비가 슈퍼마켓이 아닌 식당과 술집에서 더 높은 것으로 나타났다. 2015년 '집이 아닌 곳에서 식사'와 '엔터테인먼트'와 같은 재량 지출은 각각 8퍼센트와 4퍼센트씩 상승했는데 그 다음 해에도 계속해서 상승세를 이어나가 각각 5퍼센트와 3퍼센트씩 더 늘어났다.

따라서 소매업체들이 광적으로 오프라인 매장을 재창조해서 매매보다 경험에 집중하는 존재로 부각되고자 하는 것은 놀랄 일이 아니다. 이 주제에 대해서는 이후 자세히 설명하겠다. "물건을 갖고 있는 것만으로 충분하지 않다." 데번햄스의 회장인 이안 체셔는 말한다. "그것을 일련의 경험으로 포장해야만 한다."

또 한 가지 중요한 점은 소비자들은 연금뿐만 아니라 의료 서비스, 보험 같은 필수품에는 더 많이 투자한다는 점이다. 딜로이트에 따르면 의료 서비스가 전체 개인 소비자 지출에서 차지하는 비율은 2005년 15.3퍼센트에서 2016년 21.6퍼센트로 늘었다.

결론은 물질적인 것에 대한 소비자 지출이 줄어드는 상황에서 소매업체들은 자연스럽게 소유하고 있는 매장을 영구적으로 변한 소비 패턴에 맞춰나가야 할 것이다.

한마디로, 일부에게는 종말이지만, 대부분에게는 변혁이다.

05 순수 전자상거래의 꿈

오프라인 소매업체로 변신

"순수한 전자상거래를 하는 업체는 예전에 비해 고유성을 잃었다. 경쟁은 더욱 심화됐고 소비자는 점점 더 온라인, 오프라인 여부를 따지지 않는다. 그저 리테일을 생각할 뿐이다."

— 전 테스코 CEO 테리 리히 Sir Terry Leahy

지금까지 구매 습관 변화에 적응하기 위해 많은 매장들이 문을 닫아야 한다는 사실을 설명했기 때문에 왜 매장의 종말이 아니라 전자상거래의 종말에 대해서 이야기 하는지 의아하게 느껴질 수도 있다.

간단히 말해 온라인 리테일이 폭발적으로 증가했지만 전 세계적으로 리테일 산업 매출의 90퍼센트가 오프라인 매장에서 이뤄지기 때문이다. 물리적인 매장은 진화를 겪어야 하지만 죽어가고 있는 것은 확실히 아니다. 실적이 좋지 못한 업체들은 자멸하고 차별화된 업체는 돋보이게 될 것이다. 과잉 공급 현상도 해결 방안이 생길 것이다. 오해해서는 안 된다. 오프라인 매장은 앞으로 수십 년 동안 업계에서 중요한 역할을 계속해 나갈 것이다.

"물리적 매장이 사라지는 것은 아니다. 전자상거래는 모든 것의 일부가 되겠지만 전부를 대신할 수는 없다."

— 2018년, 제프 베조스

오늘날 기술로 인해 온라인과 오프라인의 경계가 계속 허물어져 가면서, 물리적 매장이 없는 소매업체들이 오히려 불안해 보인다. 순수 온라인 소매업체가 앞서 말한 물리적 공간의 요건과 무관하기 때문에 상대적으로 낮은 간접비용 — 결과적으로 더 저렴한 가격 — 이 가능하다고 뽐낼 수 있는 시절은 끝났다. '온라인 온리' 업체들이 구조면에서 누린 경제적 이점은 사라졌다.

2015년 나탈리는 한 보고서에서 순수 전자상거래는 2020년까지 대부분 사라질 것이라고 예측했다. 보고서가 나왔을 때 회의론이 존재했는데 그 중 가장 기억에 남는 것은 업계의 존경을 받는 당시 숍 디렉트Shop Direct CEO 알렉스 볼독이 '리테일 위크' 컨퍼런스에서 공개적으로 우리의 주장을 반박했다는 사실이다. 그러나 순수 전자상거래 업체의 수장이 순수 전자상거래를 두둔하는 것 외에 달리 방법이 있었을까?

이제는 '온라인에서 오프라인으로' 움직이는 개념은 정당화된 추세가 되어 O2O online to offline라는 말까지 생겨났다. 나탈리의 보고서가 발표된 이래 유명한 디지털 원조 격인 브랜드 수십 개가 물리적인 영역으로 진입했다. 가장 눈에 띄는 업체는 유통괴물 아마존과 알리바바다. 이 두 업체는 기술이 접목된 서점부터 계산대 없는 슈퍼마켓까지 새로운 리테일 개념을 도입함으로써 자사의 미래 비전에 물리적인 매장이 포함되어 있다는 사실을 명백히 했다. 이러한 추세로 특색 있는 플래그십 스토어를 여는 것보다 더한 일이 일어나기도 하는데 온라인 소매업체 징둥닷컴은 중국에서 하루만에 1천 개 매장의 개장 계획을 세우고 있다.

알리바바 설립자 잭 마는 우리의 예측에서 한 단계 더 나아갔다. 잭 마의 신념은 이러했다 "순수 전자상거래는 전통적인 사업으로 축소되고, 온라인, 오프라인, 물류, 데이터가 하나의 가치 체인으로 융합되는 '신소매'의 개념으로 대체될 것이다."

5장에서는 O2O의 동향을 이끄는 요인과 아마존이 오프라인 소매로 진출하기 위해 어떻게 움직이는지, 그리고 가속화되고 있는 물리적 세계와 디지털 세계의 통합으로 인해 소매업체들이 어떻게 자사의 사업 모델을 조정해 나가야 하는지 살펴볼 것이다.

차세대 소매: 옴니채널 Omnichannel에 대한 탐구

본격적으로 O2O의 동향에 대해 알아보기 앞서 더욱 광범위해진 물리적 리테일과 디지털 리테일의 통합에 대해 먼저 이해해야 한다. 요즘 소비자들은 채널과 기기에 매이지 않는다. "소비자들은 온라인이던 오프라인이던 신경 쓰지 않는다." 알리바바 유럽지사장 테리 폰 비브라는 말한다. "세상에 아침에 일어나서 '온라인에서 신발을 사야지'라고 하거나 전자기기 매장에 가서 '오프라인에서 냉장고를 사야지'라고 말하는 소비자는 없다. 그걸 신경쓰는 사람은 오직 신발이나 냉장고를 파는 사람들뿐이다."

"채널(온라인이던 매장이던)의 시대는 끝났다. 소비자를 위해 채널이 완전히 병합된 세상이 도래하였고, 우리도 이제 그러한 관점에서 생각해야만 한다."
― 2017년, 존 루이스John Lewis 사장 폴라 니콜스Paula Nickolds

소비자가 원하는 것은 매끄러운 경험이다. 이제는 채널의 개수와 물품을 검색, 열람, 구매, 수령하는 데 사용되는 장치와 별개로 소비자들에게 끊김 없는 쇼핑에 대한 기대가 깊게 자리잡혀 있다. 이러한 요구를 맞추기란 쉬운 일이 아니다. 실제로 우리가 계산해 본 바에 의하면 오늘날 쇼핑할 수 있는 방법은 2,500가지가 넘는다. 구매까지의 과정은 더 이상 일직선이 아니다. 소비자와의 새로운 접점들이 전통적인 리테일 채널 밖에 산재하며, 배달 서비스 확산과 더해지면 구매자들이 할 수 있는 선택은 더 많이 늘어난다.

따라서 옴니채널, 연결된, 끊김 없고 매끄러운 리테일, 그리고 ― 끔찍한 혼성어인 ― '피지털phygital*'이 지난 10년간 업계의 화두로 떠오른 것이 놀랄 일이 아니다. 유행어 집합으로 보이지만 이들의 목적은 유효하다. 오프라인 기업은 디지털 영역에 대한 투자뿐만 아니라 진정으로 통합된 온라인과 오프라인의 경험이 가능하게 만들어야 한다. 즉, 소매업체는 구매자처럼 생각하기 시작해야 한다.

> "상품을 만지고, 느끼고, 보는 것은 대체 불가능하다. 앞으로 더 많은 병합이 이뤄질 것이다."
> — 2018년, 아마존 영국 지사장 더그 거Doug Gurr

그렇다면 옴니채널 리테일은 실생활에서 어떤 모습일까? 한 엄마가 아들에게 새 신발 한 켤레를 사주려고 한다고 가정해보자. 온라인 — 데스크톱, 모바일, 혹은 태블릿을 사용해 — 에서 검색을 한 뒤 아들의 발 치수를 재기 위해 매장을 방문한다. 엄마가 찾던 신발은 재고가 떨어졌다. 그래서 직원이 다른 매장에 재고가 남아있는지 확인해 보거나 고객의 집으로 배송해 줄 것을 제안한다. 이런 경우, 비록 사려고 했던 제품을 가지고 매장을 나서지 않았지만 고객은 만족해하며 떠난다. 업체는 훌륭한 고객 서비스를 제공했다. 기술 덕분에 가능했다.

오늘날 기준에서 꽤 간단한 것처럼 보이지만 놀랄 정도로 많은 소매업체들이 재고를 한눈에 파악하지 못하고, 많은 업체가 단순

---

* 물리적이라는 의미의 '피지컬physical'과 '디지털digital'의 합성어

히 이 정도 수준의 서비스도 가능한 체계를 갖추지 못했다. 통합된 고객 경험을 창조하는 데 집중하는 업계 전반적 모습과 달리 아직 많은 업체들의 온라인, 오프라인 부서가 별개의 목표를 가지고 따로따로 운영되고 있다.

하지만 소매업체가 구매자들이 더 저렴한 가격을 검색할까 조마조마해하며 무선 전파 차단기를 설치했다는 말이 떠돌던 스마트폰 초창기 시절부터 많은 세월이 흘렀다. 그때의 소매업체들은 이후 '쇼루밍'으로 불리는 이러한 행위의 출현이 쇼핑에 심대한 영향을 줄 것이라고, 즉, 전자상거래가 성장할 것이라고 짐작조차 하지 못했다.

이와 동일하게 전자상거래 초창기 시절에 소매업체 관리자들은 업체의 인터넷 홈페이지에서 원하지 않는 물품을 산 뒤 매장에서 반품을 원하는 사람들이 많아졌다며 불평을 늘어놓았다. 구매자의 관점에서는 재포장 하는 수고와 배송료가 들지 않는 가장 손쉬운 방법이었다. 소비자들이 드나드는 지역으로부터 수 미터 안에 업체의 매장이 위치하는데 무엇 하러 우체국까지 가는 수고를 할 것인가?

하지만 많은 소매업체들이 아직 역물류reverse logistics 체계의 영향력에 대해 아무런 준비가 없었다. 그 때문에 초창기에 매장 관리자들이 온라인에서 산 물건에 대한 반품을 거절하기도 했다. 그러나 얼마 지나지 않아 소매업체들은 해당 서비스가 주는 편리함에 대한 가치를 깨닫고 매장 내 온라인 주문처리 공간을 마련했다. 그곳에서 '주문 후 직접 수령Click & collect'도 가능해졌다.

요즘에는 구매자가 온라인에서 고르고 배송 받은 신발이 마음에 들지 않는다면 무료 우편으로 반품을 진행하거나 매장으로 가지고 가서 반품할 수 있다. 한편 매장은 보통 어디서 주문이 이뤄지고, 대금이 치러졌는지에 따라 판매(혹은 반품) 실적을 인정받았다.

아마존 효과와 '쇼루밍'의 이중고에서 자사의 사업 모델이 타격을 받을 위기에 처한 소매업체에게 디지털 매장으로 통합 혹은 탈바꿈하는 것은 반드시 시행해야 할 중요한 전략이 되었다. 이는 아마도 반직관적으로, 안전하고 무료인 고객 와이파이를 제공하며(특히 모바일 데이터 신호가 닿지 않는 곳에) 쇼루밍을 허용하는 것뿐만 아니라, 그런 관계를 이용해 드나드는 고객 수, 트래픽 흐름, 머무는 시간, 구매 성향과 같은 세부적인 정보를 수집해 고객 경험과 매장에서 제공하는 서비스를 개선하는 것을 의미한다.

기술이 온라인과 오프라인 경계를 무너뜨리면서 소매업체들은 만족스러운 고객 경험으로 이어지는 더욱 연결된 리테일 경험을 제공하라는 압박을 받고 있다. 그렇다면 이러한 변화를 몰고 온 특정 기술과 혁신에 대해서 알아보도록 하자.

물리적 리테일과 디지털 리테일을 통합하는 핵심 요인

모바일의 중추적인 역할

앞에서 논의한 것처럼, 모바일은 끝없는 쇼핑 기회를 창조하고 온라인과 오프라인 리테일에서 꼭 필요한 다리 역할을 하며 우리가 쇼핑하는 방식을 완전하게 바꿔놓았다.

아는 것이 힘이다

개인 쇼핑 도우미로 무장한 소비자들은 매장 안과 밖에서 정보를 토대로 한 더욱 현명한 판단을 내릴 수 있게 되었다. 그렇다면 이것은 오프라인 매장에서의 구매 경험에 어떤 영향을 끼쳤을까? 간단하게 말하면, 고객에게 더 높은 권한이 부여되었다. 모바일 폰은 매장 내 경험을 접근, 속도, 편리함의 측면에서 크게 개선시켰다 (그 과정에서 기대도 덩달아 높아졌다). 오늘날 판매의 대부분은 디지털의 영향을 받는다. 가격을 비교하기 위해 여러 곳의 매장을 직접 방문하던 시대는 끝났다. 그리고 오늘날에는 제품에 대해 더욱 궁금한 점이 생기면 점원의 도움을 받는 것보다 스마트폰에서 검색을 하는 것이 더 빠른 경우가 많다.

온라인상에서 제품 검색을 할 때 사람들이 가장 많이 찾는 사이트는 구글이 아니다. 심지어 검색 엔진도 아니다. 바로 아마존이다. 아마존의 대적 할 수 없을 만큼 다양한 상품과 보물 같은 고객 후기의 조합은 제품 정보를 얻으려는 소비자에게 신뢰가 가고 편리한 수단이다. 실제로 미국 내 온라인 구매자 절반 이상이 가장 유용한 제품정보 사이트로 아마존을 꼽았다. 이 결과 하나만으로 전체 리테일 종사자들이 충분히 두려움에 떨게 되었지만, 그 중에서도 오프라인 매장은 가격 투명성과 재고 관리라는 두 가지 문제점에 직면하게 되었다는 사실을 시사했다. 제품의 재고가 부족하거나 가격이 올바르지 않다면, 아마존이 모바일 거래라는 형태를 내세워 해당 제품의 판매를 싹쓸이 해버릴 것이다.

"많은 사람들이 우리의 주 경쟁자가 빙Bing이나 야후라고 생각한다. 하지만 검색 분야에서 우리의 가장 큰 경쟁자는 아마존이 확실하다."
— 2014년, 전 구글 회장 에릭 슈미트Eric Schmidt

심지어 매장 내 모바일 사용은 이제 소비자들이 식료품을 구매할 때도 정보를 근거로 한 결정을 내릴 수 있도록 도움을 준다. 예를 들면, 월마트는 미래에 쇼핑객들이 전화기를 과일에 가까이 대면 신선도를 체크할 수 있길 바라고 있다.

마찰 없고 개별 맞춤화된 경험 — 모바일과 그 너머

모바일 기기는 소매업체가 고객을 위해 편리하고 개개인에게 특화된 경험을 창조할 수 있는 무궁무진한 기회를 제공한다. 하지만 소매업체들은 매장으로 들어오기도 전에, 온라인상에서 구미를 당기는 조건을 제시해 '검색, 열람, 발견' 단계를 성공적으로 넘어야 한다. 이 단계를 무사히 넘기고 나면, 업체는 고객에게 물리적 매장을 방문할 이유를 제시해야 한다. 이미 많은 업체들이 매장 내에서 적용 가능한 할인, 특별 이벤트, 지역 내 프로모션을 제공하고, 더불어 위시리스트를 보여주고 레시피 혹은 쇼핑 목록을 전송하는 방법을 통해 고객을 매장으로 불러들이는 시도를 하고 있다.

하지만 막상 고객이 매장을 방문하면, 소매업체는 골칫거리 두 가지 (특히 식료품 매장에서)를 해결해야 할 의무가 있다. 제품을 찾는 일과 계산대에 줄 서는 일이다. 모바일은 이 두 가지 문제에서 큰 역할을 해왔다. 첫째로, 물건의 위치 찾기를 개선하는 측면에서 소매업체는 무선 인터넷, 블루투스, 오디오, 영상 및 마그네틱을 이용한 위치인식, 증강현실AR, 3D 가상현실 등 다양한 기술이 접목된 매핑Mapping 체계를 매장 내 도입해 고객들이 모바일 기기를 사용해 원하는 물건을 더욱 빠르게 찾을 수 있도록 만들었다. 앞으로는 더 많은 업체들이 매장 내 위치 찾기 서비스를 제공하고, 개별 맞춤화된 할인 정보를 실시간으로 전송하여 전통적으로 온라인에서만 체험할 수 있었던 개개인에게 특화된 경험을 복제하게 될 것이다. 모바일로 접근하는 비콘 기술과 증강현실은 업체들이 매장 내 구매자를 대상으로 새로운 기회를 창조할 수 있게 만들었다. 기술을 통해 업체들은 언제나 편리함과 당혹감의 경계 사이에서 아슬아슬한 줄타기를 하고 있지만, 연구 결과에 따르면 구매자 대부분은 개인 맞춤형 할인 정보를 실시간으로 받는 것에 대해 거부감이 없었다. 앞서 언급한대로 포인트 위주의 로열티 카드는 과거의 산물이 되고, 업체들은 로열티 체계를 디지털화 하게 될 것이다. 그리고 이 때에도 모바일은 자연스럽게 핵심 역할을 맡게 될 것이다.

그 다음으로, 계산대에서 마찰을 줄이는 것에 업계의 관심이 집중이 집중되어 있다. 그 중에서 계산대는 고사하고 결제 절차를 아예 건너뛰는 시도를 선보이는 아마존고Amazon Go 편의점이 가장 유명한 예다. 이후 더 상세하게 설명하겠지만, 한 가지 중요한 사실은 디지털 통합과 현금 없는 거래를 향한 더욱 실용적인 시도가 매장에서 적용되고 있다는 점이다. 이는 곧 인증 절차와 결과적으로 줄을 서는 과정을 간소화하기 위함이다. 일례로 식품점에서는 고객이 직접 스캔을 하여 봉투에 담고 계산하는 '셀프 체크아웃'이 상용화되어 있다. 점원이 계산하는 것보다 처리 속도가 더 빠른 것이 특징이다. 심지어 줄 선 상태에서 결재가 가능한 '큐 버스팅 시스템queue-busting system'이나 비접촉식 혹은 전자지갑 결제 방식인 '탭앤고tap and go'를 도입함으로써 고객은 계산대 앞에서 생기는 마찰을 피할 수 있다.

그에 더해, 기존의 종이로 된 가격표와 포스터를 대체할 수 있는 디지털 디스플레이는 고객이 정보를 얻을 수 있는 편리한 접속 지점이 된다. 고객은 전자가격표시기 자체에서 혹은 모바일 기기를 연결하거나 앱을 통해 정보를 확인할 수 있다. 모바일이 매장 경험을 디지털화하는 데 핵심적인 역할을 하는 동안 온라인과 오프라인 리테일의 경계를 허무는 데 도움을 주는 또 다른 기술에 주목할 필요가 있다. 예를 들어, 디지털 디스플레이는 업체가 가격과 판촉 행사를 역동적으로 바꿔 온라인과 경쟁이 가능하게 한다. 의류 소매업체는 스마트 미러 혹은 '매직 미러'로 불리는 기술을 도입해 고객에게 어울리거나 대체할 수 있는 상품을 추천하고, 고객이 소셜 네트워크에서 상품을 공유하고 심지어 직원에게 전화를 해 사이즈 교환 요청을 가능하게 할 수 있다. 또한 무한 매대endless aisles와 모바일 키오스크를 통해 업체는 전통적이고, 물리적이라는 한계를 넘어 무한정으로 상품을 제공할 수 있다.

디지털 기술을 매장에 접목시키는 데 앞서나가는 업체들은 그러한 노력으로 접근성과 재고 측면에서 온라인이 가진 최고의 장점과, 온라인에서는 복제할 수 없고 물리적인 매장에서만 가능한 요소, 즉, '제품을 직접 느껴보고 만질 수 있다'는 이점을 모두 취할 수 있다는 사실을 익히 알고 있다. 일부 매장에서는 이미 직원들이 고객과 동일하게 제품에 접근해 가격과 재고에 대한 정보를 파악할 수 있게 준비시켰다. 재고가 없을 시, 다른 매장에서 배송 받아서 고객에게 전달하거나, 업체의 온라인 쇼핑몰에서 주문해서 고객의 집으로 배송하거나 직접 수령할 수 있게 해 판매가 이뤄지도록 노력하고 있다. 예를 들어 한눈에 파악할 수 있는 제화업체 듄Dune의 재고 현황 시스템은 매주 수천 켤레의 신발을 이동시키고, 시즌 막바지 재고정리 세일 기간 동안 제품이 올바른 매장으로 정확하게 배송되었는지 확인할 수 있게 만들었다. 결정적으로, 어떤 경로로 주문이 들어와도 마지막 한 켤레까지 파악해 신속하게 대처할 수 있게 되었다.

증강현실AR과 가장현실VR이 온라인과 오프라인의 경계를 더욱 허무는 데 일조하고 있다. 패션 브랜드 자라는 아소스와 부후Boohoo와 같은 순수 온라인 업체와의 심화된 경쟁 속에서 2018

년 AR을 처음 시행했다. 매장 내 진열장이나 센서를 향해 휴대 전화를 들고 있으면 화면에 모델의 모습이 중첩되어 보여 진다. 이 기술은 고객이 매장 내에서 해당 제품을 클릭해 구매할 수 있게 할 뿐만 아니라, 온라인 쇼핑몰 구매자들도 자라에서 배송된 상자 위에 휴대 전화를 대면 사용이 가능하도록 만들었다. 모바일 기기는 진정 혼합된 구매 경험을 가능하게 하며 이러한 양상은 앞으로 더욱 빠르게 진행될 것이다.

주문, 수령, 그리고 반품

주문 이행 과정에서도 온라인과 오프라인의 경계가 허물어지고 있다. 오늘날 구매자들은 온라인 쇼핑몰에서 구매한 물품을 수령하고 반품할 때 물리적인 매장을 방문하는 것을 선호한다. 소매업체도 물리적 매장을 수령 거점으로 삼는 것이 고객의 집으로 배송하는 하는 것보다 비용 면에서도 훨씬 효율적이고, 보통 매장 내에서 추가적으로 소비가 이뤄지기 때문에 이를 장려하고 있다. 타겟의 온라인 쇼핑몰에서 주문한 뒤 매장에서 수령하는 고객의 3분의 1이 다른 물품을 추가적으로 구매하고, 메이시스 고객은 보통 주문을 수령하며 매장 내에서 25퍼센트를 추가로 소비한다.

5년도 채 걸리지 않아 '주문 후 수령' 시스템은 과거 영국 유통업체 아고스Argos(본의 아니게 시대를 앞서나간 회사)가 연상되는 독특한 사업 모델에서 리테일 사업의 필수로 변모했다. 오늘날 성숙한 리테일 시장에서 고객들이 온라인에서 주문한 상품을 매장에서 수령하지 못하게 하는 업체는 상상하기 힘들다. 주문 후 수령 시스템의 폭발적인 성장은 구매자들이 온라인 쇼핑의 장점(다양한 종류와 편리함)과 매장 수령의 용이성을 결합하길 원한다는 증거다. 어쨌든 미국인의 90퍼센트는 월마트 매장과 최대 16킬로미터 떨어진 곳에 살고 있고, 프랑스에서는 자동차로 8분 이내에 까르푸 매장을 발견할 수 있다. 대규모 다국적 기업들의 물리적 인프라가 가진 이점을 과소평가 할 수 없다.

소매업체들은 또한 자사 점포가 늘어나는 반품을 처리할 수 있게 재정비하고 있다. 역사상 리테일 업계의 반품률은 전체 판매의 10퍼센트 바로 아래였다. 오늘날 전자상거래의 성장과 고객의 기대치 상승으로 인해 반품률은 약 30퍼센트에 육박하고, 의류와 같은 품목에서는 40퍼센트까지 치솟는다. 오늘날 구매자들은 온라인에서 구매한 물품 중 원하지 않는 물품을 반품하는 것을 당연하게 생각한다. 그것도 물품을 구매한 경로와 무관하게 자신에게 가장 편리한 방식을 통해서다.

다시 한 번 말하지만, 이러한 방식은 물리적 매장의 역할이 진화하고, 더욱 커졌다는 사실을 의미한다. 홈디포의 경우, 반품되는 온라인 주문건 중 85퍼센트가 매장에서 이뤄진다. '온라인 주문, 매장 반품Buy Online Return In Store'을 뜻하는 BORIS는 다수의 구매 경로를 보유한 업체들이 온라인 리테일의 성장에 업혀가는 데 자사의 매장을 활용할 수 있는 기회를 제공하는데, 오늘날의 매우 까다로운 고객을 만족시키기 위해서 뿐만 아니라, 주문 후 수령 시스템으로 파생되는 고객들의 소비 증가로 업체들도 혜택을 받을 가능성이 높다. UPS의 조사에 따르면 온라인에서 주문한 물건을 물리적인 매장에서 반품하는 사람들의 3분의 2가 매장을 방문하면서 추가적인 구매를 한다.

구매자 60퍼센트가 온라인 주문을 통해 받은 물품을 오프라인 매장에서 반품하는 것을 선호하는 가운데 BORIS의 유행으로 순수 온라인 소매업체의 단점이 다시 한 번 드러났다. 아마존의 오프라인 시장 진출이 — 그리고 인수 후 홀푸드에 가장 먼저 일어난 변화가 — 소비자들이 우체국에 가지 않고도 온라인에서 주문한 물품을 수령하고 반품 할 수 있는 아마존 락커Amazon Lockers의 시행이라는 점은 우연이라고 할 수 없다.

순수 전자상거래 업체들도 고객에게 제공하는 선택지와 편리성을 늘이기 위해 오프라인 업체와 협력하고 있다. 영국에서는 월마트가 소유한 슈퍼마켓 체인 아스다Asda는 아소스, 위글, 에이오닷컴과 같은 온라인 업체에서 주문한 상품들을 자사 매장에서 수령하는 것을 허용했다. 한편 일부 업체들은 심지어 경쟁사들과도 힘을 합쳤다. 2017년 후반 아마존은 백화점 업체인 콜스와 협력 관계를 구축해 매장 반품을 진행하기로 했고, 스위스 대표 마트인 미그로스Migros와 온라인 소매업체 브락Brack도 고객 서비스 질을 향상하고, 더욱 통합된 물리적 리테일과 디지털 리테일 경험을 창조한다는 일념으로, 비슷한 '주문 후 수령' 관련 협약을 맺었다.

보편적 컴퓨팅: 매장과 기기 없이 구매

마지막으로, 사물인터넷을 언급하지 않고 혼합된 온라인 쇼핑과 오프라인 쇼핑 경험에 대해말할 수 없다. 소비자의 집 안에서도 이미 음성인식 기술과 간소화된 자동 주문 기능에 더불어 AR과 VR 등 혼합된 양상의 구매가 이뤄지고 있다. 이러한 기술은 온라인으로 이미 높아진 고객들의 기대감을 속도, 편의성, 가치, 개별 맞춤화 측면에서도 증폭시키는 역할을 하며, 오늘날 소비자들의 결정에 영향을 미치는 혼합된 현실을 이용하고 있다.

예를 들어 VR 기술은 특별한 헤드셋을 끼고 볼 수 있는 디지털 화면을 통해 매장을 통째로 집 안으로 옮겨올 수 있게 했다. 알리바바의 VR 쇼핑몰 바이플러스Buy+에서는 단지 고개를 끄덕이는 것만으로 구매가 가능하다. 아직까지는 공상과학소설처럼 들릴 수 있지만 2018년 월마트가 론칭한 3D 가상 구매는 해당 기술을 대중화하는 데 기여할 것이다. 이와 마찬가지로 매장 안에서 소비자들의 집 내부를 불러올 수 있다. 이케아, 메이시스, 로우스Lowe's같은 업체들은 무한한 선택을 보여주기 위해 매장 내에서 VR 기술을 사용하고 있다.

"가상현실은 빠르게 발전하고 있으며 5년에서 10년 사이 우리 삶의 일부가 될 것이다."
― 2018년 이케아 생산공급부문 대표 제스퍼 브로딘Jesper Brodin

그 사이 아마존은 오프라인 리테일 매장을 소비자 가정으로 통째로 옮기는 것이 가능하다는 것을 업계에 보여줬다. 가볍게 터치하는 것으로 소비자들이 원하는 상품이 재주문이 되는 대시 버튼Dash Buttons부터, 알렉사를 통해 상품을 쇼핑 목록에 추가할 수 있게 한 에코 기기, 그리고 우리가 생각하는 매끄러운 상거래의 마지막 단계이자 소비자가 구매 행위로부터 완전히 해방되는 자동 주문 서비스까지 다양한 가능성을 제시했다. 이 서비스들의 공통점은 하나다. 구매자와 소매업체를 연결하는 수단이 되어 키보드, 마우스, 심지어 터치스크린보다 더욱 보편적인 컴퓨팅 인터페이스를 이용해 서서히 배경의 일부가 되는 일이다.

따라서 온라인과 오프라인 리테일은 더 이상 상호 배타적인 관계가 아니다. 따라서 디지털화에 투자가 시급하다는 것을 알아채는 동시에 물리적 매장이 골칫거리가 아닌 자산이라는 근본적인 시각을 가지고 재정비에 나서는 업체가 가장 성공적인 업체로 남게 될 것이다. 오프라인 매장은 미래의 소매가 더욱 편리하고, 연결되고 고객 중심적인 산업으로 거듭나는 데 중요한 역할을 하게 될 것이다.

그렇다면 매장을 소유하지 않은 업체는 어떻게 될까?

온라인에서 오프라인으로: 온라인 쇼핑의 끝

"이것은 경주와 같다고 생각한다. 우리와 같은 온라인 업체가 오프라인 리테일을 이해하는 것이 빠를까, 오프라인 소매업체들이 온라인을 이해하는 것이 빠를까?"

— 2018년, 박스드Boxed 설립자 겸 CEO 치에 황Chieh Huang

020: 오프라인으로 가서 얻는 혜택

지금까지 디지털 리테일과 물리적 리테일의 통합을 야기하는 요소들에 대해서 알아보았다. 이제 이것이 순수 전자상거래 업체들에게 어떤 영향을 끼치는지 알아보자.

한마디로, '온라인 온리'는 더 이상 충분하지 않다.

구색 측면에서 온라인 리테일을 이길 수는 없다. 하지만 지금까지 말해온 대로 오프라인 소매업체들은 물리적 공간이 주는 제약을 떠나 더욱 융합된 고객 경험을 제공하기 위해 점점 더 기술을 활용하고 있으며, 그로 인해 전통적으로 온라인 리테일에 국한되었던 요소 — 편의성, 개별 맞춤화, 투명한 정보 — 를 잠식해나가고 있다.

한편, 상승하는 배송비와 고객확보 비용을 감당해야 하는 온라인-온리 업체들은 오프라인 공간을 마련해야 하는 이유가 경제, 물류, 마케팅 측면에서 점점 늘어나고 있다.

리테일 사업가들 사이에서 전자상거래가 점점 더 큰 비중을 차지하고 있지만, 온라인 거래에는 종종 드러나지 않은 비용들이 존재한다. 글로벌 컨설팅 회사 알릭스파트너스에 따르면 그 비용은 다음과 같다.

① 배송 및 취급 수수료: 무료 및/또는 특급 배송과 포장에 드는 비용
② 점점 늘어나는 반품 및 재입고, 역물류, 지정된 판매 경로가 아

닌 곳에 반품되어 SKU*에서 발생되는 손해와 연계된 모든 비용

③ 전자상거래 부서를 지원하기 위한 본사 내 인력 상승 (판촉, 계획, 마케팅, 콘텐츠 개발, 웹 개발, IT 등 포함)

④ 기존 비용에서 추가적으로 드는 온라인 마케팅 비용

⑤ 집품 과정으로 인해 기하급수적으로 늘어나는 유통 및 물류 창고 비용

⑥ 매장의 자산 가치 하락과 희석되는 매장 노동력

⑦ 옴니채널 역량(매장에서 배송, 온라인 구매, 매장 수령, 매장에서 주문 등)과 연계된 인건비 및 기술 비용

⑧ 재고 관리와 연계된 문제: 온라인과 매장의 재고를 공유할 것인지에 대한 여부와 어떤 결과에서든 발생되는 비용

상기 비용들이 오프라인 소매업체에서 발생되는 비용과 비교하면 어떨까? 의류를 예로 들어보자. 알릭스파트너스에 따르면 아울렛 매장에서 보통 100달러짜리 옷이 판매될 때 원가는 40달러가 발생하고, 임차료, 간접비, 인건비와 같은 운영비가 28달러가 소요된다. 그렇게 되면 업체의 이윤은 32퍼센트가 된다.

똑같은 100달러짜리 옷이 온라인에서 팔려 고객의 집까지 배송된다고 가정했을 때, 원가는 동일하게 40달러가 발생한다. 그러나 해당 주문을 처리하는 데 소요되는 비용은 물리적인 매장

---

* Stock Keeping Unit. 재고관리단위를 뜻함

에서 판매됐을 때보다 약간 더 높다. 개별 주문이 물류센터를 통해 구매자의 집까지 집품, 포장, 배송되는 것은, 물류센터에서 매장으로 트럭 한가득 물품을 실어 나르는 것보다 자연스럽게 더 많은 비용이 든다. 운영비는 약 30달러 소요되고 업체 이윤은 30퍼센트 혹은 같은 물품이 매장에서 팔렸을 때보다 조금 더 적게 발생한다.

운송비

물론 소매라는 것은 위 사례처럼 흑백 논리로 설명할 수는 없다. 물품 종류, 점포 유형, 공급망 내 효율성 등 비용에 영향을 미치는 다양한 변수들이 존재한다. 하지만 비용을 줄이고자 하는 순수 온라인 업체들이 물리적인 공간에 점점 더 많은 관심을 가지고 있다는 점은 주목할 만하다. 앞으로 온라인 주문량이 ― 그에 따른 비용 역시 ― 줄어들 기미는 보이지 않는다. UPS는 2019년까지 전자상거래에서 파생되는 배송 양이 전체 배송의 반 이상을 차지할 것으로 내다보고 있는데 이는 10년 전에 비해 36퍼센트 상승한 수치다.

미국인이 온라인에서 지출하는 1달러 당 약 40센트를 가져가는 아마존은 공급망 최적화와 운송료 절감에 특히 노력을 기울이고 있다. 단 3년 만에(2014~2017) 물품을 선별하여 고객에게 배달하는 비용이 약 2배 가까이 증가해 220억 달러가 소요된다.

게다가 프라임 생태계의 가치를 강화해야 하는 아마존은 계속해서 무료 및 급행 배송으로 고객의 기대를 상승시키며 변화를 일으키고 있다. 처음부터 온라인-온리 기업으로서 오프라인 업체들과의 경쟁을 위해서는 신속함이 무엇보다 중요했다. 하지만 이미 물은 엎어졌다. 오늘날 다른 업체들까지도 익일 배송 및 당일 배송에 가세할 수밖에 없는 상황이 되면서 즉각적인 만족은 고객 기대에 깊숙이 박힌 미덕이 되어버렸다.

여기에는 어떤 문제가 있을까? 지속가능하기 힘들다는 점이다. 이미 부작용이 나타나기 시작했다. 아마존은 음료수, 기저귀 등 운송비용이 많이 드는 무거운 물품을 공급하는 이들에게 운송비를 올리는 동시에 구매자들이 살 수 있는 단일 저가품(예를 들면 비누, 칫솔 등)의 개수를 제한하기 시작했다. 이전에 설명한 것과 같이 아마존은 다양한 정기구독 유형 ― 연간, 월간 및 학생 회원 ― 을 통해 프라임 가격을 상승했고, 프라임 나우의 한두 시간 내 배송 수수료와 최소 구매가격을 상향 조정했다. 앞으로 가격 상승이 계속 일어날 것은 자명한 일이며 구매자들은 '무료' 배송을 위해 더 많이 지불하게 될 것이다.

여기서 아마존은 투자자들에게 매우 투명하게 밝힌 셈이다. 전 세계적으로 프라임 회원이 늘어나고, 배송료를 인하하고, 더 비싼 배송 방법을 사용하고 추가적인 서비스를 제공하면서 운송비용이 계속해서 늘어날 것이라고 말했기 때문이다. 그사이 비용 절감을 위한 라스트마일last mile* 장악을 위한 연구에도 매진하고 있다. 드론, 로봇 공학, 상대적으로 느린 배송을 선택하는 구

---

* 배송 단계 중 소비자와 만나는 최종 단계

매자에게 보상하기, 아마존 플렉스, 아마존 상품 배달 창업을 지원하는 딜리버리 서비스 파트너Delivery Service Partner 프로그램 등 방법은 무궁무진하다. 물리적인 공간 — 아마존 락커, 임대 매장 공간, 쇼핑몰 팝업 혹은 아마존 자체 매장 — 을 마련하는 것이 원활한 주문 이행 문제를 해결할 열쇠가 될 수 있다. 물리적인 공간은 아마존 구매자들이 온라인 주문을 수령하는 데 있어 잠정적으로는 더욱 편리하고, 비용 절감에 있어서는 확실한 방안을 제시할 것이다. 이 주제에 대해서는 차후 더욱 자세히 설명하겠다.

고객 확보 비용

문제는 운송비용만이 아니다. 새로운 고객을 유치하는 비용도 매장이 없으면 더욱 늘어난다. 실제로 '온라인 판매, 물류창고 발송' 모델에서 고객 확보비용은 IT와 마케팅 간접비용을 포함시켜 매장 판매에 비해 유통 경비가 4배 늘어 난 것을 알 수 있다.

오프라인 매장의 경우 지나가던 사람이 구경하기 위해 들어오기도 하지만 온라인에서는 이러한 우연한 외부 유입은 드물다. 특히 중·소형 업체일 경우 더욱 그렇다. 더욱이 디지털 세계는 점점 더 붐비고 비싸지고 있다. 단 하나의 포털, 구글에서 백만 개에 가까운 소매업체들이 고객들의 관심을 받기 위해 고군분투 중에 있다 리서치 회사 가트너 L2의 보고서에 따르면 온라인 마케팅에 수백만 달러가 지출되지만, 구글 검색 결과에서 유료 인터넷 검색 광고를 클릭하는 비율은 고작 10퍼센트에 그쳤다. '나머지 90퍼센트는 자연 검색 결과를 클릭했다. 이것은 모든 소매업체들이 온라인 트래픽과 전자상거래 시장 점유율을 유지하기 위해 자연 검색 최적화를 필수로 여겨야 한다는 의미다.'

또한, 소비자의 단 6퍼센트만이 구글 검색 결과에서 두 번째 페이지로 넘어간다. 그렇다고 해서 첫 장에 표시된다고 해서 클릭이 보장되지 않는다. 첫 장의 상위 다섯 개 사이트가 전체 클릭의 68퍼센트를 가져간다.

이와 비교해서 오프라인 매장은 브랜드의 광고판 역할을 하며 화면상에서는 불가능한 방식으로 업체와 구매자 사이를 연결한다. 아이러니하게도 이로 인해 온라인 판매도 더 늘어난다. 영국 부동산투자신탁업체 브리티시랜드의 2017년 보고서를 살펴보면, 소매업체가 새로운 매장을 열었을 시 6주 내에 매장 주변 지역에서 유입되는 트래픽이 50퍼센트 이상 증가하는 것으로 확인되었다. 재미있는 사실은 매장이 30개 이하인 소매업체가 가장 큰 영향을 받아 온라인 트래픽이 최대 84퍼센트까지 상승했다.

온라인 소매업체가 더 이상 온라인상에서만 존립할 수 없다는 사실은 이제 확실하게 밝혀졌다. 상승하는 운송비와 고객 확보 비용을 상쇄하는 수단으로서의 물리적 공간 가치를 깨달았을 것이다.

020: 누가, 어떻게

'온라인-온리에는 문제점이 있다. 옷을 사기 전에 입어볼 수 없

다면 그것은 훌륭한 서비스 경험이라고 할 수 없다. 그것을 원하는 고객이 있지 않는 한.'

— 2016년, 보노보스Bonobos CEO, 앤디 던Andy Dunn

누군가는 업계에서 '가장 멍청한 두문자어'라고 부르고 다른 누군가는 '1조 달러의 기회'로 부른다. 어느 쪽이든 'O2O'의 추세는 아마존과 알리바바와 같은 전자상거래 거물들이 물리적 영역으로 이동할 것이라고 공표한 이후 더 활기를 띄고 있다.

온라인에서 오프라인으로 옮겨가는 시도를 업계에서 가장 먼저 시도한 소매업체 중에서는 미국의 안경 판매업체 와비파커Warby Parker가 가장 유명하다. 뉴욕에 근거지를 둔 와비파커는 2010년 온라인에서 처음 사업을 시작했다. 3년 뒤 첫 번째 매장을 오픈했고 이 글을 쓰는 시점 기준, 약 70개의 매장을 운영하고 있다. 아이러니한 사실은 물리적 매장에서 많은 수익을 내고 있지만, 온라인 판매도 증가했다는 점이다. 공동 창업자 데이브 길보아는 이렇게 말했다. "매장이 우리 브랜드를 인식하게 만들고, 웹 사이트에 트래픽을 증가시키고, 그것이 전자상거래 매출 상승으로 이어지는 후광효과를 보고 있다."

와비파커의 오프라인 매장 진출 이후 전 세계의 순수 전자상거래 업체 수십 곳이 같은 시도를 하고 있다. 아마존, 알리바바, 징둥닷컴, 보노보스, 인도치노Indochino, 버치박스Birchbox, 잘란도Zalando, 파페치Farfetch, 미스가이디드Missguided, 보덴Boden, 길트Gilt, 디팝Depop, 에버레인Everlane, 브랜들리스Brandless, 스운에디션스Swoon Editions, 블루 나일Blue Nile, 렌트 더 런웨이Rent the Runway 등이다.

그 모든 브랜드들이 팝업, 쇼룸, 임대 매장 공간 혹은 상설 매장 등 그 어떤 형태로든 물리적인 공간이 주는 가치를 알아차리기 시작했다. 이중 일부 브랜드는 디지털 영역으로 진출하고자 하는 기존 소매업체의 눈에 띄기도 했다.

2018년 연간 전자상거래 컨퍼런스인 이테일 웨스트eTail West에서 월마트가 인수한 모드클로스Modcloth의 CEO 매튜 카네스는 다음과 같이 말했다.

2010년에서 2014년, 전자상거래가 오프라인 리테일을 능가할지도 모른다는 위기감이 들 정도로 확장하던 시기가 있었다. 많은 이들이 절대 매장을 열지 않을 것이며, 매장은 죽었다고 말하며 유명세를 탔다……. 매년 트래픽이 증가하고 더욱 효율적으로 고객을 확보하는 게 당연시되었다.

그러나 2015년 페이스북과 구글이 알고리즘을 바꾸면서 자연적으로 소비자에게 도달하는 일은 더욱 어려워졌다. 카네스는 이어서 말했다.

새로운 고객을 확보하는 일은 더욱 힘들어졌다. 범주 내에서 벤처캐피탈을 양성하는 일도 더욱 힘들어졌다……. 이러한 상황들이 판매의 측면에서 자극제가 됐다. 주주들, 이사진들, 설립자들, 투자자들 모두가 지속하고 성장하는 브랜드를 만들기 위해서는, 대부분의 경우, 다양한 경로를 통해야 한다는 사실을 깨닫게 되었다.

2015년 모드클로스는 미국 전역에서 팝업 매장을 시범 운영한 뒤 이듬해 텍사스주 오스틴에 첫 상설 매장을 개장했다. 2017년 월마트에 인수되었고, 2018년까지 미 전역에 13곳의 제품 없는 매장을 열 계획을 발표했다. (해당 추세에 대해서 뒤에 더 자세히 설명하겠다.)

모드클로스는 월마트의 첫 목표물이 아니었다. 세계 최대 소매업체는 담대한 인수 전략을 이용해 디지털 변혁에 접근했다. 그중 가장 대표적인 사례는 2016년 아마존의 경쟁업체 제트닷컴 Jet.com 인수다. 그 뒤 아마존 출신의 제트닷컴의 설립자 마크 로어는 월마트에 합류해 글로벌 전자상거래 사업을 총괄하며 모드클로스를 포함하여 남성복 전문점 보노보스, 신발 쇼핑몰 슈바이, 인테리어 가구 업체 헤이니들, 아웃도어 의류업체 무스조를 차례로 인수했다.

"편집증적인 성향이 우리를 규정하는 데 있어 큰 부분을 차지한다. 우리는 강한 적수를 만났을 적에 최고의 실력을 발휘한다."

— 2017년, 월마트 회장 그렉 페너 Greg Penner

로어의 진두지휘 아래 월마트닷컴은 디지털 인수를 진행하며 다음 두 가지 형태의 업체를 목표로 삼았다. 첫째, 판촉 경험이 풍부하고, 강력한 제품 콘텐츠를 보유하고 있으며 공급자와의 관계가 구축된 전문 소매업체. 둘째, 경쟁업체와의 차별화를 가져다 줄 디지털 네이티브 버티컬 브랜드Digitally native vertical brand, DNVB*. 여기서 경쟁업체는 아마존을 지칭한다.

아마존이 만드는 변화

2012년 제프 베조스는 한 인터뷰에서 오프라인 매장을 열 계획이 있느냐는 질문에 이렇게 답했다. "진정으로 차별화되는 아이디어가 있다면 정말 그렇게 하고 싶다. 아마존이 별로 잘하지 못하는 일 중 하나가 미투me-too 제품을 만드는 일이다."

그리고는 이어서 말했다. "……물리적 매장을 보면 잘 해나가고 있다. 물리적 매장을 운영하는 사람들은 정말 탁월한 운영을 하고 있다. 우리가 그 분야에 진출하기 위해서는 항상 자문해야 할 것이다. 아이디어는 무엇인가? 우리가 한다면 무엇이 다를까? 어떤 점이 더 나을까?"

이 인터뷰가 있은 뒤 베조스는 다음을 선보였다.

---

* 보노보스 CEO 앤디 던이 처음 사용한 말로서 광적으로 고객 경험에 집중하고 주로 웹상에서 소비자와 소통, 거래 및 스토리 텔링을 하는 브랜드를 총칭함

① 미국 전역의 쇼핑센터 내 아마존 브랜드 키오스크
② 상점, 쇼핑몰, 도서관, 대학교, 심지어 아파트 단지 내 물품 수령 락커
③ LA에서 런던까지 스캔할 수 있는 바코드로 가격표가 바뀐 팝업 매장
④ 책 판매가 진짜 목적이 아닌 서점
⑤ 미국 내 첫 무인계산대 슈퍼마켓
⑥ 경쟁사 매장 내 알렉사 매대 및 아마존 물품 반품 처리 구역
⑦ 트레저 트럭 Treasure Truck(블랙 프라이데이 상품 배달용)
⑧ 온라인 평점이 높은 상품만 판매하는 포-스타 4-star 매장
⑨ 드라이브 스루 슈퍼마켓 2곳

그렇다, 아마존은 미투 업체가 아니었다.

지금까지 아마존의 물리적 공간은 기기를 진열하거나 온라인에서 주문한 물건을 수령하거나, 둘 중 하나만을 충족시키기 위해 고안되었다. 표 5.1에서 보이는 것처럼 아마존은 맨 처음 락커, 대학 캠퍼스 내 반품 및 수령 지점, 쇼핑몰 팝업을 통해 오프라인 영역으로 첫발을 들였다.

그러나 2015년 아이러니한 물리적 서점 론칭이 전략상에서 중요한 변화가 일어난 사건으로 여겨진다. 디지털상의 판촉 행위와 가격 체계를 물리적 공간에서 처음 구현해냈기 때문이다. "오프라인과 온라인 도서 구매의 혜택을 집약시킨 서점을 만들기 위해 20년간 온라인에서 쌓은 도서 판매 노하우를 쏟아 부었다.' 라고

표 5.1 아마존의 오프라인 매장

출시 연도	종류	주요 기능	설명	프라임 회원 단독 혜택 여부
2011	아마존 락커	주문 이행	소매 매장, 쇼핑몰, 오피스, 도서관, 체육관등지에 설치된 택배 수령 락커. 온라인 쇼핑에서 가장 큰 두 가지 문제점으로 꼽히는 부재중 배송과 반품 문제를 해결	×
2014	아마존 팝업	기술	구매자들이 킨들, 파이어 태블릿, 에코와 같은 아마존 기기들과 직접 상호작용할 수 있도록 마련된 약 28~46제곱미터 공간. 쇼핑몰에서 시작해 현재 홀푸드와 콜스 매장에서도 운영 중 (미국의 베스트 바이와 인도의 쇼퍼스 스톱에서 소형 알렉사 매장 운영 중)	×
2015	캠퍼스 픽업 지점	주문 이행	미국 내 대학생들을 위해 마련된 직접픽업이 상주하는 아마존의 첫 수령 및 반품 지점2017년 주문 한지 2분 만에 근처 락커에서 물건을 수령할 수 있는 '인스턴트 픽업'으로 진화 (서비스 중단)	×
2015	아마존 북스	소매/기술	고유한 디지털 기술이 적용된 서점. 책표지가 보이도록 진열되어 있으며 프라임 멤버에게 할인 적용. 공간의 75%를 도서에 할애. 프라임 회원을 모객하고 평판과 마찬가지로 구매자들이 물리적인 매장에서 아마존 기기들과 상호작용할 수 있는 기회 제공	×
2016	트레저 트럭	소매	아마존이 매일 할인 상품을 선별한 뒤 고객에게 문자로 전송. 그 뒤 트럭의 위치를 전달받은 고객이 직접 찾아가 구매. 그 즉시 구매해야하는 환경 조성 및 기능에 한정된 구매 경험에 재미 요소가 더해진 형태	×

05 순수 전자상거래의 끝 137

출시 연도	종류	주요 기능	설명	프라임 회원 단독 혜택 여부
2017	아마존 프레시 픽업	주문 이행	프랑스의 '드라이브'와 유사한 온라인 식품 수령 서비스. 대기 시간 단축을 위해 차량 변호판 인식 기술 적용. 물품이 구매자의 차 트렁크로 바로 옮겨지는 형태	○
2017	더 허브	주문 이행	아파트 건물에 설치된 택배 수령 락커. 아마존 락커와 마찬가지로 셀프 서비스 기반이며 연중무휴 이용가능. 모든 택배사 이용가능.	×
2017	홀푸드 마켓	소매	북미와 영국에서 450개 이상의 슈퍼마켓 도시체인 도지체인. 홀푸드의 신선식품 인수. 홀푸드의 신선식품(매출의 67%) 서비스, 튼튼한 자체상표, 도심지 매장, 프라임 고객 기반과의 중복에 이끌려 인수 결정. 이로써 아마존은 순수 온라인 소매업체에서 탈피	×
2017	아마존 리턴	주문 이행	아마존 고객이 인근 콜스 매장을 방문해 아마존에서 구입한 물건을 반품할 수 있도록 콜스와 협의. 아마존은 온라인 상품 반품이라는 문제를 해결하고 콜스는 고객 방문율이 증가. 비슷한 향식이 세계적으로 확대될 것으로 예상	×
2018	아마존고	소매	첫 계산대 없는 최첨단 편의점. 구매자는 아마존 앱을 스캔하고 입장. 컴퓨터 비전, 센서 사용함. 딥러닝을 이용해 매끄러운 고객 경험 창조	×
2019~	패션 혹은 가구 매장이 다음 중추가 될 것			

그림 5.1 2015년 처음 문을 연 아마존의 첫 오프라인 소매 매장, 아마존 북스

아마존 북스 부사장 제니퍼 캐스트는 말했다.

진열장에는 전체 평점과 상품평 개수와 더불어 고객에게 가장 도움이 되는 후기가 적혀있다. 온라인에서의 '이 상품을 좋아한다면 이건 어때요?' 형태의 도서 추천도 물리적 책장으로 옮겨왔다. 온라인에서처럼 책 표지가 보이도록 진열되어 있고, 적어도 별점 4개 이상을 받은 도서만 진열했다. 까다로운 선별이 이뤄진다는 의미다. 또한, 약 1미터 길이의 선반에는 오직 5권의 책만이 진열되었는데, 다른 서점의 약 3분의 1 수준이었다. 매장의 25퍼

센트는 비도서 판매에 활용됐는데, 보스 스피커, 커피 추출용 프렌치 프레스 외에도 킨들, 에코 스피커, 파이어 태블릿, 자체 브랜드인 베이식스Basics가 제조한 다양한 전자 부품 등 아마존 자체 기기들을 판매했다.

그러나 아마존 북스에서 가장 흥미진진한 부분은 가격 책정에 대한 담대한 접근이다. 책에는 가격표가 부착되어있지 않다. 대신 구매자들은 원하는 책을 스캔해야하는데 — 프라임 회원일 경우 — 아마존 웹 사이트에서 팔고 있는 가격이 제시되고, 회원이 아닌 경우 정가를 지불해야 한다. 아마존 북스 서점은 명백하게 프라임 회원을 모객 하고, 아마존 팝업과 마찬가지로 소비자들과 아마존 기기의 상호 작용을 촉진하도록 고안되었다. 결국 더 광범위한 생태계를 강화시키기 위해서다. 도서 판매는 그 다음인 것이다.

다음 2년간 소매업체로서 그리고 기술 기업으로서 아마존은 계속해서 오프라인 매장에서 실험을 진행했다. 다음 장에서 자세히 알아볼 아마존프레시 픽업과 아마존 고와 같은 새로운 식료품 관련 서비스를 시작하는 한편, 콜스, 베스트 바이, 상대적으로 덜 알려진 매트리스 스타트업 터프트앤니들Tuft & Needle 등과 같은 기존의 오프라인 소매업체들과 협업을 성사시켰다.

또 다른 온라인 신생회사 터프트앤니들은 물리적 리테일의 영역으로 진출하며 고객 경험을 향상시키기 위해 아마존과 손잡았다. 시애틀에 위치한 매장에는 소비자들이 상품평을 읽을 수 있는 태블릿과 질문을 할 수 있는 에코 기기, 아마존 앱을 통해 원클릭 구매를 할 수 있는 QR코드가 설치되어 있다. 터프트앤니들 공동 창업자 박대희 씨는 아마존과 정면 대결하는 방법에 대해 내부에서 많은 논쟁이 있었지만, 완전히 반대로 방향전환을 했다고 밝혔다. "'아마존을 그냥 포용하자. 그 자체가 소매와 전자상거래의 미래아닌가…….'라고 결정 내렸다. 우리가 잘하는 것에 집중하고 나머지는 아마존의 기술에 편승하기로 했다."

터프트앤니들의 사례는 이미 아마존 웹 사이트상의 판매 실적에 의지하고 있는 다른 브랜드 에게 좋은 예가 될 것이다. (터프트앤니들의 전체 판매 약 25퍼센트가 아마존을 통해 이뤄진다.) 마찬가지로 아마존도 온라인 반품이라는 터지기 직전의 폭탄과 같은 문제를 해결하기 위한 수단으로 더욱 더 많은 소매업체들과 협업을 이룰 것이다. 2017년 아마존은 콜스와 손잡고 시카고와 LA지점에 아마존 반품 처리 구역을 지정했다. 아마존이 자체적으로 패션 브랜드라는 무기를 비축하고 있는 가운데 이러한 전략은 트로이의 목마와 다를 바가 없다는 지적도 있지만, 이것은 가장 위험도가 낮은 '경쟁적 협력' 관계를 구축하는 일이다. 막대한 양의 고객 정보를 내주지 않으면서 꼭 필요한 트래픽을 매장으로 불러올 수 있는 특별한 방법인 것이다. 고객들의 편의를 위해 매장 정문 근처에는 아마존 고객 지정 주차구역이 마련되어 있고 콜스는 반품한 물건을 포장해 아마존으로 무료로 배송한다. 아마존은 앞으로 시내 중심가에 위치하고 있지만 고객 수를 늘이기 위한 고민을 하고 있는 막스앤스펜서와 데번햄스와 같은 글로벌 백화점들과 비슷한 협업을 진행할 수 있을 것이다. 경쟁적 협력은 미래의 핵심 주제가 될 것이다. 하지만 모든 업체들이 이 같은 행보를 걸을 지는 미지수다.

아마존의 물리적 영역 진출 목표에 일부 사람들이 품은 의구심은 2017년 아마존의 중대 발표로 자취를 감추게 되었다. 바로 홀푸드 마켓 인수 소식이었다. 하룻밤 만에 아마존은 약 195만 제곱미터(약 59만 평)의 리테일 공간을 확보하며 순수 전자상거래와 영영 이별했다.

06

아마존의 식료품 야망
모든 것을 팔기 위한
콜래쥴을 창조하다

'2천억 달러 가치의 회사가 되기 위해서는 의류와 식료품을 파는 법을 배워야 한다.'

— 2007년 제프 베조스

  디지털 변혁은 리테일 사업 전반에 몰아쳤지만 지금까지 가구, 패션, 음식이라는 세 가지 항목은 비교적 안전했다. 영향권에는 들었지만 파괴당하지는 않았다.
  이 세 가지 항목에는 '상품의 질이 주관적이고 언제나 스크린을 통해 결정하기 어렵다'는 공통점이 있다. 또 제품을 직접 보고 만져야 한다는 생각이 전통적으로 온라인 구매의 편리함보다 앞선다. 따라서 지금까지 이 세 가지 범주에 있는 상품을 온라인으로 구매해서 실패할 확률은, DVD와 같이, 소비자들이 구매처와 무관하게 어떤 물건인지 예상 가능한 제품을 살 때보다 높았다.

하지만 이러한 현상에는 변화가 일어날 조짐이 보인다.

칸타르에 따르면, 2021년까지 미국 내 의류 및 신발 판매의 28퍼센트와 가구와 인테리어 제품 판매의 18퍼센트가 온라인 구매로 이뤄 질 것이다 (10년 전과 비교해 각각 9퍼센트와 6퍼센트 상승한 수치다) 증강현실, 시각 검색, 3D 신체 스캔과 같은 기술들이 온라인 구매를 막고 있는 벽을 허물고, 의류 구매 시 원하는 상품을 발견하고 올바른 사이즈를 찾는데서 오는 마찰을 줄이고, 가구와 같이 값비싼 상품을 살 때 더욱 안심할 수 있도록 만들고 있다. 그사이 구매 전 입어보기가 가능한 의류 정기구독 서비스와 더욱 관대해진 반품 정책이 온라인에서 의류를 구매하고자하는 사람들에게 더욱 깊은 신뢰를 형성하고 있다.

미국의 온라인 식료품 2.0

"앞으로 오랫동안 대부분의 식료품은 매장을 찾는 고객들에게 팔릴 것이다."

— 2017년, 월마트 CEO 더그 맥밀런 Doug McMillon

그렇다면 식료품은 어떨까. 슈퍼마켓 영역은 높은 고정비, 분열된 공급 기반, 부패될 수 있는 제품의 특성으로 인해 이윤이 낮은 데다 복잡한 것으로 악명이 높다. 거기에 배송 서비스를 추가하면 더 복잡해진다. 골드만 삭스에 따르면, 슈퍼마켓이 주문 한건을 처리하기 위해 식료품을 보관, 집품, 포장, 배송하는 데 23불이라는 어마어마한 비용이 소요되는데 안 그래도 적은 이윤을 더 갉아먹는 셈이다.

품목별로 상이한 취급 및 온도 기준, 대체된 상품 거부 및 부재중 고객도 큰 골칫거리다. 구매자들의 여정도 간단명료하지 않다. 다수의 고객들이 집품 단계 바로 직전까지 장바구니를 채울 수 있기 때문이다. 이와 비교하면 도서 배송은 식은 죽 먹기다.

높은 인구밀도는 모든 전자상거래 업체에게 이상적인 조건이지만, 온라인 식료품 분야에서는 필수적으로 동반되어야 한다. 세계에서 식료품 전자상거래가 가장 활발한 시장인 한국과 영국만 봐도 알 수 있다. 인구의 83퍼센트가 도시에 거주하고 있는 한국에서는 온라인 식료품 시장 침투율은 자그마치 20퍼센트에 달한다. 같은 기간 미국의 침투율은 2퍼센트였다. 인구밀도가 높고 연결이 잘 되어있는 대도시야말로 공급망의 효율성과 고객의 수용도 측면에서 온라인 식료품 업체가 성장할 수 있는 최적의 장소다. (한국은 세계에서 인터넷이 가장 빠른 나라다.)

미국과 같이 농촌 인구가 많은 국가에서는 밀집된 보급망을 가지기 힘들다. 한국에는 1제곱킬로미터 당 522명이 거주한다. 미국은 겨우 88명이다. 따라서 인구가 뿔뿔이 흩어진 방대한 미국에서 슈퍼마켓 업체들은 온라인 식료품 모델이 지속하는 데 필요한 규모의 경제를 만들어내기 힘들었다. 지금까지 소매업체들은 식료품 배송을 아예 시작조차 하지 않거나, 돈은 많지만 시간이 부족한 도시 주민들에게만 서비스(피포드Peapod와 프레시디렉트

FreshDirect 등)를 제공해 왔다.

크레디트 스위스는 온라인 식료품 사업과 수익성에 관계있는 독립적인 요소로 다음의 13가지를 꼽았다.

① 브로드밴드 보급률
② 태블릿/스마트폰 보급률
③ 소매 지출에서 온라인이 차지하는 비율
④ 아마존 침투율
⑤ 스타트업/독립적인 문화
⑥ 도시 내 도로 인프라
⑦ 거주민 1백만 명 이상의 도시(매장 집품 방식에 적절)
⑧ 거주민 5백만 명 이상의 도시(중앙 유통 방식에 적절)
⑨ 1인당 GDP
⑩ 자동차 소유 여부
⑪ 맞벌이 가구 비율
⑫ 슈퍼마켓 공간 밀도
⑬ 계절에 따른 궂은 날씨

거기에 더해 미국의 온라인 식료품 사업은 높은 배송비로 인해 일부 소비자들의 부담이 가중되면서 더욱 속도를 내지 못했다. 2018년 현재 월마트는 주문 한 건당 10달러나 되는 배송료를 부과하고 있다. 또한 온라인 구매의 장점인 '무한매대'는 식료품과는 연관성이 떨어지고 아직 많은 미국인들이 타인 — 혹은 로봇 ― 이 신선식품을 선택하는 것에 주저하는 경향이 있다. 농산물을 보고, 만지고, 심지어 냄새를 맡을 수 있다는 점은 물리적 매장의 핵심 동인이다. 습관은 단단히 뿌리박혀있고, 사방에 장애물들이 산재해 있다.

그렇기 때문에 식료품이 온라인 리테일에서 가장 성장이 부진한 범주 중 하나로 남은 것은 놀랄 일이 아니다. 이러한 추세는 심지어 아마존의 고정팬들 사이에서도 확연하다. 2018년 미국의 대표적인 공영방송인 NPR과 여론조사업체 마리스트Marist의 조사에 의하면 미국의 아마존 프라임 회원 중 18퍼센트만이 온라인에서 신선식품을 구매한 이력이 있고, 8퍼센트가 프라임 팬트리 서비스를 사용한 경험이 있었다. 가장 많은 수의 응답자들이 프라임 팬트리를 이용하지 않은 이유로 단지 매장 경험을 더 선호하기 때문이라고 답했다.

따라서 아마존이 식료품 범주로 진출하고 싶다면, 매장이 필요하다. 특정 소비자 집단(Z세대, 밀레니얼 세대, 바쁜 가족, 도시거주자)에서 온라인 식료품에 대한 수요가 증가하고 있을 수도 있지만, 많은 이들이 아직 차에 올라타 슈퍼마켓으로 가는 것을 더 편리하다고 ― 혹은 경우에 따라 더 재미있다고 ― 생각한다. 그렇다고 오해하면 안 된다. 식료품 전자상거래 시대는 열릴 것이다. 그것도 아주 빠른 시일 내에, 그러나 언제나 슈퍼마켓을 위한 자리는 남아있을 것이다.

이러한 우리의 예측이 미국 최대 식료품 소매업체와 다르지 않다는 사실은 놀랄 것도 없다. 2017년 투자 공동체 모임에서 월마트 CEO 더그 맥밀런은 미국 내 온라인 식료품 사업을 성장시키기는 위해서는 '신선식품을 신선하게 유지하고, 언제든지 구비해 놓고, 적당한 가격에 제공할 수 있어야 하며, 그러기 위해서는 신선식품 공급망이 고객 인근 매장을 지원할 수 있어야 한다.'라고 말했다.

물리적 매장을 소유하는 것과 더불어 성공한 식료품 전자상거래 업체는 '수익 균형을 맞추는 데 도움을 주는 다량의 잡화와 의류', 그리고 '가격 하락과 폐기 처리를 줄여주는 다량 판매'가 필수라고 맥밀런은 역설했다. 아마존은 이미 이러한 시도들을 시작했고 빠른 속도로 의류 부문을 잠식해 나가고 있다. 이 책 초반에서 아마존의 상품 카테고리나 벌이고 있는 다양한 사업들을 각각 따로 놓고 볼 수 없으며 모든 서비스들이 각자 플라이휠 바큇살을 담당하고 있다고 말한 것을 기억하는가? 이윤이 많이 남는 의류를 판매하며 ― 특히 자체 브랜드를 통해 ― 식료품 운송에 들어가는 높은 비용을 어느 정도는 상쇄할 수 있을 것이다.

그 외 아마존이 식료품 매장이 필요한 이유는 무엇일까? 식료품 매장은 주문 후 수령 및 당일 배송과 서비스로 온라인 사업 전반에 후광효과를 만들어 낼 것이기 때문이다. 그리고 이를 통해 전 채널에서 끊김 없는 쇼핑 경험에 대한 필요성을 강화하게 된다. 여러 가지 면에서 홀푸드 인수는 식료품이라는 부문이 언제나 물리적 리테일 공간이라는 요소가 동반되어야 한다는 사실을 인정한 것과 다름없다. 비록 그것이 식료품이 갖고 있는 다양한 성질 중 하나에 지나지 않지만.

　동시에 다른 분야에서와 마찬가지로, 기술로 인해 전통적으로 온라인 식료품 구매와 연계된 장애물들을 제거되고, 계속되는 도시화로 수요를 늘고 가격을 인하 될 것이다. 물류창고 로봇 가동부터 무인 배달 트럭까지 자동화는 공급망의 효율성을 개선시킬 것이며, 3자 배송 서비스(인스타카트Instacrt와 시프트Shipt 등)의 부상은 더 많은 슈퍼마켓이 인프라나 시스템에 대한 막대한 투자 없이도 신속한 배송을 제공할 수 있도록 만들 것이다.

　그사이 온라인 식료품에 대한 고객 가치는 폭발적으로 증가하고 있다. 오늘날 소비자들은 발전된 휴대폰 인터페이스, 통합 인증Single sign-on, 더욱 세심해진 개별 맞춤화 및 홈 페이지 탐색 경로, 자동화된 목록, 레시피 추천, 무료 배송, 음성 가동 주문, 간소화된 자동 주문 서비스, 당일 배송과 더불어 주문 후 수령 혹은 자동화된 락커와 같이 다양해진 수령 방식의 혜택을 받고 있다.

　온라인에서 식료품 쇼핑이 가능해지면서 소비자들은 자신이 원하는 방식으로 구매가 가능해지고 시간을 최대로 활용할 수 있게 되었다. 이러한 추세는 앞으로 디지털로 연결된 가정에서 일상용품의 구매가 자동화됨에 따라 더욱 강화될 전망이다. 기술이 식료품 구매에서 잡무적인 부분을 제거하게 될 것이다.

식품: 최후의 전선과 빈도수의 중요성

"식료품은 온라인상의 미국 개척시대 황량한 서부와 같다. 상금의 크기는 어마어마하다. 그리고 계속 성장하고 있다."

— 2018년 피파드Peapod 마케팅최고책임자
캐리 비엔코우스키Carrie Bienkowski

오랜 습관은 버리기 힘들지만 결국 없어진다. 행동을 바꾸는 데 조금도 주저하지 않는 기업이 있다면 바로 아마존일 것이다. 식품 리테일은 특히 아마존의 눈길을 끌었는데, 가장 비재량적non-discretio-nary분야 즉, 파괴할 수 있는 분야이기 때문이다. 또한 아마존이 마침내 높은 빈도수 시장에 진출할 수 있는 매개체가 될 것이기 때문이다.

2022년, 과연 온라인 식료품 사업의 분기점일까?

2018년을 기준으로 미국 내 일반 리테일 시장에서 지출되는 금액의 20퍼센트를 식품이 차지하고 있지만 그 중 고작 2퍼센트만이 온라인 거래로 이뤄진다. 앞에서 열거한 것과 같은 기술의 발전으로 온라인 거래는 더 늘어날 것이며, 그 선봉에 아마존이 있을 것이다. 2017년 아마존은 미국 온라인 식료품 시장의 18퍼센트를 차지했는데 원클릭 리테일 조사에 따르면 가장 강력한 라이벌 월마트의 2배에 해당한다.

아마존은 가장 잘하는 일을 계속 해나갈 것이다. 변화의 기폭제가 되어 다른 슈퍼마켓이 온라인 식료품 분야에서 역량을 키워나가게 하고, 궁극적으로는 고객 경험이 개선되는 데 이바지

할 것이다.

"과거에 아마존은 식료품 시장에 아무런 영향력을 행사하지 않았다. 그래서 식료품상들은 편하게 앉아서 식품은 다르다고 생각했다. 사람들은 이제 온라인 거래가 더 이상 시장의 1, 2, 3 퍼센트를 차지하지 않는다는 사실을 깨달았다. 앞으로 10, 20, 30, 심지어 60퍼센트를 차지하게 될 것이다."

— 2018년, 오카도 CEO 팀 스타이너Tim Steiner

그에 따라 온라인에서 식음료를 사는 미국의 소비자가 2016년 23퍼센트에서 2024년 70퍼센트까지 늘며 전자상거래로 식료품을 구매 비율이 고공행진할 것이라는 식품마케팅 연구소FMI와 닐슨의 공동 연구 조사 결과가 있다. 같은 연구에 따르면 2025년까지 미국의 온라인 식품 판매는 1천억 달러, 혹은 전체 식료품 리테일 시장의 20퍼센트를 차지하게 된다. 또한 아마존이 온라인 식료품 판매를 주류로 등극시키며 20퍼센트의 티핑 포인트는 2022년까지 앞당겨 질 수도 있을 것이다.

빈도수: 리테일 장악에 한 발 더 가까이 가다

식품 없이는 아마존은 '에브리싱 스토어'가 될 수 없다. 식품은 소비자들의 지출 항목 중에서 큰 폭을 차지하고 있을 뿐만 아니라, 빈도수(FMI에 따르면 미국의 평균 구매자는 일주일에 1~2번 슈퍼마켓을 방문한다.)가 크게 차지하는 영역이기 때문에 습관(구매자들이 카트 안에 담는 물품 중 85퍼센트는 매주 똑같다)에도 많은 영향을 받는다. 이처럼 고객과 연결될 수 있는 놀라운 기회를 제공하는 영역은 어디에도 없다.

"(식료품은) 사람들의 삶에 일상적으로 침투할 수 있는 방법이다. 그것 외에 그렇게 할 수 있는 방법은 없다."

― 2018년, 홀푸드 마켓 전 공동 CEO 월터 롭Walter Robb

정보 수집을 제외하고, 아마존이 프라임 회원에게만 자사 온라인 식료품을 살 수 있도록 하는 데는 그만한 이유가 있다. 식료품을 통해 아마존은 빈도수를 얻는다. 소비자가 아마존에서 매주 하는 식품 구매를 하게 된다면, 먼저 그들은 프라임 회원이 틀림없을 것이며, 다음으로 그들이 식품 외 다른 물품이 필요할 때도 아마존을 가장 먼저 찾을 확률이 매우 높아진다. 홀푸드 마켓 전 공동 CEO 월터 롭이 말대로 '식품은 그 외 모든 것을 팔기 위한 플랫폼'인 것이다.

따라서 슈퍼마켓뿐 아니라 전체 리테일 업계가 아마존의 식료품 영역 진출을 우려해야 한다. 식료품으로 고객들의 기본 구매처가 되고자 하는 아마존의 목표는 성공할 것이다. 글로벌 컨설팅 업체 PwC의 '2018 글로벌 소비자 인사이트 보고서'가 밝힌 것처럼, 이미 전 세계 소비자 14퍼센트가 아마존에서만 쇼핑을 하고 있다. 만약 아마존이 식품 사업에 진출할 수 있다면 그 비율은 더 높아질 가능성이 많다(비록 정부의 면밀한 조사가 동반되겠지만).

아마존이 식료품 분야에 본격적으로 뛰어들기 전, 혜택을 계속 늘이고, 콘텐츠를 강화하는 등 수년 간 프라임에 투자한 데는 다 이유가 있다. 아마존을 통한 수월한 구매와 프라임이 가진 매력은 경쟁사가 쉽게 따라할 수 없다. 거기에 더해 아마존은 음성비서voice assistant부터 영상 스트리밍까지 구매자들의 일상과 일과 속에 깊숙이 파고드는 서비스를 제공해 필수불가결한 요소가 되길 바라고 있다.

아마존의 식품 전쟁: 홀푸드 마켓 인수 전까지

사실 식품으로 소비자를 끌어들인 뒤 수익이 큰 일반 상품을 사게끔 하는 방식은 전혀 새로운 것이 아니다. 하이퍼마켓과 슈퍼스토어 모델이 바로 이러한 방식을 전제로 하고 있다. 80년대 후반 월마트는 본래 상품에서 식품을 팔기 시작했고, 10년이 조금 지난 뒤 미국에서 가장 큰 소매업체가 되었다. 영국의 테스코는 식료품점으로 시작했다가 이후 일반 상품을 추가한 뒤 이후 영국에서 가장 큰 소매점으로 성장했다. "아마존의 원칙은 거의 똑같다고 볼 수 있다." 과거 월마트 미국지사의 식료품 부서에 몸담았던 99센트 온리99Cents Only CEO 잭 싱클레어는 말한다.

홀푸드 인수는 아마존에 있어 변곡점이었다. 그리고 그 동기를 이해하기 위해서는 처음으로 돌아가서 살펴봐야 한다.

사례 연구 **무리한 확장의 위험: 웹밴**Webvan**과 닷컴 붕괴**

닷컴 붕괴 사상 가장 극적인 실패를 맛본 기업은 온라인 식료품 서비스 공급자인 웹밴이다. 1996년 루이스 보더스 Louis Borders(맞다, 지금은 사라진 서점 체인의 설립자와 동일인이다)가 공동 창업한 첫 주류 온라인 식료품 배달 전문 기업이다. 그 당시 모든 기업이 그러하듯 '빠르게 성장해서 규모를 키우자Get Big Fast'가 신조였다. 그리고 3년도 안 되는 시간 안에 현금 8억 달러를 쏟아 붓고, 회사를 공개하고, 파산 신청을 하고, 영업을 중단했다. 신성처럼 나타났다 사라진 웹밴은 닷컴 기업의 거품을 상징하는 사례로 남았다.

웹밴이 시대를 앞서갔다고 주장하는 사람도 있다. 1990년대 후반의 느려터진 전화 접속 연결은 신속한 온라인 식료품 구매에 전혀 도움이 되지 않았다. 아마존처럼 웹밴도 구매 습관을 바꿀 기술의 미래에 큰 기대를 걸었다. 그러나 문제는 이보다 심각했다. 가장 근본적인 실수는 충분한 고객의 요구가 있기도 전에 무리한 확장을 한 것이다.

웹밴은 온라인 식료품 배달 사업에서 중앙 집중식 접근 모델을 선호하며 전통적인 매장 집품 방식을 차단했다. 오늘날의 오카도와 다르지 않게 웹밴도 30분 이내에 고객의 집으로 식료품을 배달한다는 목표를 세우고 자동화된 최신식 주문이행 센터를 지었다. 회사의 고유한 기술이 생산성을 높이고, 온라인과 오프라인 경쟁사 모두를 제압할 수 있을 것이라 믿었다.

그와 같은 개념이 잘못된 것이 아니었다. 문제는 실행에 있었다. 웹밴은 가진 것이 전무한 상태에서 브랜드와 고객 기반을 동시에 구축하려 시도하며, 그사이 이미 정착된 분야의 인프라를 재설계 하려고 했다. 자본집약적인 웹벤의 사업 계획으로 각각의 최첨단 물류창고에 3천만 달러 이상의 자금이 들어가게 됐지만, 수요 부족 사태로 물류창고가 풀가동되는 일은 거의 없었다. 애널리스트들은 감가상각, 마케팅 비용, 그 밖의 간접비를 감안하면웹밴은 매 주문 마다 130달러 이상을 손해보고 있을 것이라고 분석했다.

2013년, 마이웹그로서MyWebGrocer CEO 리차드 태런트는 웹밴에 대해 다음과 같이 말했다.

> 미국인 누구나 3마일만 가면 구매가 가능한 물건을 판매하는, 수익이 적은 이러한 사업을 위해 그들은 물류창고를 새로 짓고, 배송 트럭, 노동력 등 모든 것을 갖춘 유통 체계를 통째로 건설하기로 했다. 하지만 미국의 주요 도로마다 편리하게 위치해 있는 3만 6,000개의 식료품점들은 이미 이러한 요소를 모두 갖추고 있었다.

뿔난 투자자들을 달래야 한다는 압박 속에서 너무나 빠르게 확장이 진행되었다. 1999년 월스트리트저널에는 캘리포니아 주 오클랜드에서 개장한 웹밴의 첫 거대 물류창고에 대한 기사가 실렸다.

> (거대 물류창고가) 성공한다면, 혹은 성공하지 못하더라도 보더스는 수개월 내 애틀랜타에 또 다른 대규모 식료품 물류창고를 연다는 계획을 세우고 있다. 앞으로 미 전역, 특히 그 중에서도 메이저리크 스포츠 팀을 보유할 정도로 큰 도시에 비슷한 시설 적어도 20여 개가 지어질 예정이다.

웹밴은 자사 사업 모델에서 초기에 발견된 문제점들을 보완하지 않은 채로 공격적이고 결국 파멸을 초래할 사업 확장에 뛰어들었다. 18개월도 채 되지 않아 미국 전역의 주요 대도시 10곳에서 서비스를 시작했다. 이해하기 쉽게 비교하자면, 오카도의 두 번째 물류창고가 열리기까지 10년 이상이 소요됐다. 웹벤은 "첫 번째 시장에서 성공을 거두기도 전에 새로운 영역, 우리 회사의 경우 새로운 영역들로 확장한다는 소매업의 대죄를 저질렀다." 웹밴의 이사 마이크 모리츠는 이렇게 말했다. "사실 우리는 다른 지역으로 확장하면서 샌프란시스코 일대에서는 실패하느라 바빴다."

웹밴은 규모의 경제를 달성하기 위해 2000년에 경쟁사 홈그로서HomeGrocer를 인수했다. 우연의 일치로 아마존은 그 당시 홈그로서의 지분 35퍼센트를 보유하고 있었는데, 여기서 베조스의 식료품 분야에 대한 비전을 처음 엿볼 수 있다. 그것은 바로 경험에서 '고된 노동'을 빼버리는 것이었다.

> 1999년, 베조스는 홈그로서가 '고객 경험에 대해 열광적인 감각을 지니고 있다'고 추켜세우며 '그들은 내가 직접 고르는 것보다 더 신선한 농산물을 선별한다……. 홈그로서는 세심한 주의를 기울이는 데 정말 탁월하다.'고 말했다.
>
> 그러나 홈그로서 인수만으로 회사를 구하기에는 역부족이었고 1년 내에 웹밴은 파산하고 만다. 이 사건은 업계에 오랫동안 영향을 미쳐 향후 수 년 간, 심지어 수십 년 간 아무도 온라인 식료품 사업에 함부로 나서지 못했다.

아마존 프레시: 웹벤의 실패에서 재탄생하다

아마존의 자체 온라인 식료품 배송 서비스인 아마존프레시는 2007년에 처음 개시되었다. 하지만 시애틀에 사는 사람들에게는 전혀 새로울 것이 없었다. 미국 내 다른 도시에 적용하기 전 5년 간 그곳에서 시험 운영을 했기 때문이다. 웹밴의 추락에서 아마존이 배운 것이 있다면, 사업 모델의 성공을 확신하기 전까지 어떠한 식으로든 확장은 금물이라는 점이다.

처음 아마존프레시를 계획한 사람들은 전직 웹벤의 중역이었던 더그 헤링턴, 피터 햄, 믹 마운츠, 마크 마스탄드리였다. 특히 믹 마운츠는 또한 아마존이 2012년 인수한 로봇 제조회사 키바 시스템즈Kiva Systems의 설립자라는 사실을 기억할 필요가 있다. 키바는 웹벤이 처음 개발 중이던 기술을 기반으로 탄생했으며 그 뒤 아마존프레시 전략의 핵심이 되었다. 재미있는 사실은 아마존이 웹밴의 도메인 주소를 사들이면서 웹밴도 부활했었다는 사실이다. 지금은 운영이 중단되었지만 한 때 아마존은 해당 도메인에서는 부패하지 않는 식품류를 판매했다.

"우리들 중에는 웹벤 출신 인사들이 많았고, 웹벤에서의 경험이 많은 도움이 됐다." 더그 헤링턴과 피터 햄을 도와 아마존프레시 서비스를 탄생시킨 톰 퍼피가 말했다. "경험은 책임 있는 사업 구축에 필요한 좋은 공식이 되어주었다."

하지만 그들이 할 일은 많이 줄어들었다. 일반 상품을 취급하는 아마존의 웹 사이트는 ― 지금도 그러하지만 ― 검색을 목적으로 구축 되어 있었지만, 식료품을 구매하는 사람들은 상품을 쭉 훑어보는 경향이 있었다. 그리고 대다수의 온라인 거래는 2~4개 물품들로 이뤄진 반면, 식료품 주문은 평균 50개의 물품으로 구성되어 있었다. 복잡한 공급망과 서로 다른 사용자 경험을 잘 다루는 것이 온라인 식료품 사업 진출에서 중요한 열쇠였다.

속도는 느렸지만 아마존이 점점 자리를 잡아가는 데 유리하게 작용한 요소가 있었는데, 바로 타이밍과 단단한 고객 기반이었다. 2000년대 중반까지 브로드밴드 연결이 빨라지고, 스마트폰 보급률이 높아지면서 온라인 식료품 구매에 대한 수요가 상승했고, 웹밴과는 다르게 아마존은 이미 존재하는 고객 풀을 활용할 수 있었다. 하지만 아마존프레시가 론칭했을 때 프라임 서비스는 출시된 지 2년 밖에 되지 않았다. 이것은 온라인 식료품 사업이 더욱 느린 속도로 진행되어야만 하는 이유였다. 본격적으로 식료품 사업을 진행하기 전 프라임 서비스가 충분히 성숙하고 주목을 받아서 충성심 높고, 어느 정도 규모가 되는 고객 기반이 먼저 형성되어야만 했다.

2013년 아마존프레시는 드디어 시애틀 외 지역으로 확장을 시작했고, 몇 년 만에 시카고, 댈러스, 볼티모어, 시애틀, 캘리포니아 일부 지역(LA, 리버사이드, 세크라멘토, 샌디에이고, 샌프란시스코, 산호세, 스톡턴), 뉴욕, 북부 뉴저지, 필라델피아, 북부 버지니아, 코네티컷, 그리고 미국 밖 런던으로까지 퍼져나갔다.

오랫동안 아마존은 신선식품 배달 사업이 수익을 낼 수 있도록 브랜드와 가격 체계를 연구했다. 한동안은 '프라임 프레시 Prime Fresh'라는 브랜드로 프라임 회원제에 연계된 번들형 서비스로, 일반 프라임 회비의 3배에 이르는 연회비 299달러를 책정했다. 하지만 온라인 식료품 주문에 아직 완전히 적응되지 않은 많은 구매자들에게 이 가격은 부담스러웠고 2016년에 이르러 아마존프레시 가격 모델에 변화가 생겼다. 프라임 회원들만 이용할 수 있다는 사실에는 변화가 없었지만 훨씬 합리적으로 매달 14.99달러인 애드온 add-on으로 이용 가능해 졌다.

시장 상황은 훨씬 좋아지긴 했지만 온라인으로 신선 식품을 판매하는 일은 쉽지 않았다. 그래서 아마존은 훨씬 익숙한 '부패하지 않는' 물품에 대한 연구도 병행했다.

구독&절약: 간소화된 자동 주문 기능 맛보기

아마존은 2007년 사상 첫 아마존프레시 배송을 시작하기 몇 달 전 '구독&절약Subscribe & Save' 서비스를 출범시켰다. 오늘날까지 이어지고 있는 정기구독 서비스는 최대 15퍼센트 할인된 가격으로 생필품이 자동으로(1~6개월 간격으로) 주문되는 것을 말한다. 첫 출시되었을 당시 아마존프레시와는 별개로 운영되었던 아마존 온라인 쇼핑몰은 2만 2천 개 이상의 부패하지 않는 물품이 구비되어 있었다. 그 중에는 켈로그, 세븐스 제너레이션, 하기스와 같은 유명 브랜드와 다량의 자연 및 유기농 제품이 포함되어 있었다.

구독&절약 서비스는 잡화 구매자를 가둬두기 위한 첫 번째 단계로, 아마존은 이를 통해 소비자들의 브랜드 선호도와 가격탄력성에 대한 방대한 정보를 얻을 수 있었다. 그러나 해당 프로그램은 할인에도 불구, 아마존의 역동적인 가격 책정 방식으로 인해 정기구독으로 얻을 수 있는 비용 절약 효과가 없다는 비판도 존재했다.

구독&절약 서비스는 아마존이 잡화 부문을 어떻게 파괴시킬 것인지에 대한 단서를 일찌감치 제공했다. 바로 장보기에서 '잡무'라는 요소를 제거하는 것이다. 바로 이것이 베조스가 수년 전, 홈그로서의 소수 지분을 획득했을 당시 해당 회사를 극찬한 부분이다. 구독&절약은 간소화된 자동 주문 기능의 첫 번째 해석이었던 것이다. 이후 아마존은 완전히 새로운, 고객과의 물리적, 디지털적 접점들을 만들어내는데, 그 목적은 생활 용품들이 가능한 한 끊김 없이 재주문 되도록 하기 위함이었다.

① **대시 버튼:** 고객의 집에 와이파이로 연결된 원클릭one-click 재주문 버튼

② **대시 자동 주문 서비스:** 기기 위주의 자동 주문 기능 (필터를 자동으로 재주문하는 스마트 브리타Brita 정수기, 건전지가 닳으면 재주문하는 오거스트August 현관 잠금장치 등)

③ **알렉사:** 에코를 통해 음성작동 쇼핑이 가능한 인공지능AI이 가상 비서

④ **대시 완드Wand:** 바코드 스캔과 음성작동 재주문이 가능한 소형 기기

⑤ **대시 가상 버튼:** 명칭에서 알 수 있듯, 아마존 앱과 웹 사이트 내 원클릭 재주문 버튼

경쟁사가 선보이는 다양하고 새로운 위협에 주도권을 뺏기지 않기 위해 2017년 월마트는 IoT(사물 인터넷)를 물품 자체에 결합시키는 특허를 출원했다. 이 역시 아마존의 대시 자동 주문 기능과 마찬가지로 소비자의 개입 없이도 물품이 자동 재주문되는 방식이다. 그러나 월마트의 특허는 기기 위주가 아닌 물품 위주의 자동 주문 기능이라는 점에서 차이가 있고, 더 널리 활용될 수 있으며 이러한 추세를 가속한다는 특징이 있다.

"아마존은 수백만 명의 사람과 수많은 품목을 대상으로 재빠르고 비밀스럽게 습관적 구매를 강화해 나갈 것이다."

— 2018년, 시러큐스대학 광고학과 교수

브라이언 시한Brian Sheehan

  자동주문 기능이 활발해지는 추세는 리테일의 미래를 결정하는 데 중요한 역할을 하게 될 것이다. 이러한 대안적 접점을 통해 아마존은 1999년 특허 받은 원클릭1-Click 구매 때와 마찬가지로 마찰을 없애고 빠른 구매가 이어지길 바라고 있다. 이미 매장에 가거나 기기를 통하지 않고도 주문하는 것이 가능해졌다. 부엌에서 일하며 알렉사에게 장바구니에 물품을 추가하도록 시키거나 대시 버튼을 누르면 된다. 그리고 미래에는 끊김 없는 구매가 더욱 발전해 구매자들은 구매 결정에서 완전히 해방될 것이다. 진정 원클릭에서 '노클릭no-click'으로 가게 되는 것이다.

> "일용품 분야에서 스마트 홈, 스마트 부엌, 스마트 가전제품의 영향력은 지대할 것이다. 가정 내 사물인터넷을 놓고 스마트 허브 전쟁이 시작됐다."
>
> — 2016년, 오카도 최고기술책임자 폴 클라크Paul Clarke

  결과적으로 소비자들은 향후 필수 용품을 사는 데 시간을 절약하게 된다. 이 현상이 특히 물리적 매장에 미치는 영향과 관련해 이후 더 자세히 설명하겠다. 지금 기억할 것은 이러한 기술이 제공하는 과도한 편리함 덕분에 구매가 아마존 플랫폼으로 직접적으로 연결된다는 점이다. 지금까지 소비자 집안에 침투하는 데 아마존보다 탁월한 업체는 없었다.

표 6.1 아마존의 식료품 분야 내 주요 사건 연표

연도	아마존의 식료품 분야 내 주요 사건	구분
1999	홈그로서 지분 35% 인수	온라인 식료품
2000	웹벤, 홈그로서 인수	온라인 식료품
2001	웹벤 파산 신청. 웹벤 웹 사이트 아마존닷컴에 흡수	온라인 식료품
2007	아마존프레시 출시	온라인 식료품
2007	구독&절약 출시	온라인 식료품
2011	쿼드시 인수	온라인 식료품
2012	키바 로보틱스 인수	온라인 식료품
2013	아마존프레시 시애틀 외 지역으로 확장	온라인 식료품
2014	대시 완드 출시	홈 네크워크
2014	프라임 팬트리 출시	온라인 식료품
2014	프라임 나우 출시	온라인 식료품
2015	대시 버튼 출시	홈 네트워크
2015	대시 자동주문 서비스 출시	홈 네트워크
2015	음성작동 쇼핑 가능한 에코/알렉사 출시	홈 네트워크
2015	아마존 레스토랑 출시	온라인 식료품
2016	아마존프레시 해외 진출, 모리슨즈 및 디아와 잉크공급 계약 체결	온라인 식료품
2016	첫 자체상표 잡화 출시	온라인 식료품
2017	아마존프레시 픽업 출시	오프라인 매장
2017	홀푸드 마켓 인수	오프라인 매장
2017	아마존프레시 사업 9개 주로 축소	온라인 식료품
2017	아마존 가상 대시버튼 출시	온라인 식료품
2017	밀 키트 출시	온라인 식료품
2018	아마존고 출시	오프라인 매장

몇 년 간 운영 끝에 '구독&절약' 서비스는 2010년 아마존맘 Amazon Mom(현재는 더 적절하게 아마존 패밀리Amazon Family로 바뀌었다) 출시와 퀴드시Quidsi 인수로 더욱 개선되었다. 아마존맘은 인생의 중요한 단계에 위치한 엄마 고객에게 월 배송 프로그램에 가입하면 기저귀 값을 할인해 주었다. 한편 경쟁사 퀴드시는 육아용품 사이트 다이퍼스닷컴Diapers.com, 잡화 쇼핑몰 솝닷컴 Soap.com, 화장품 쇼핑몰 뷰티바닷컴BeautyBar.com의 모회사다. 여담으로 퀴드시의 공동 창업자 마크 로어는 인수 후에도 몇 년 간 아마존에 잔류했는데 그 뒤 온라인 마켓플레이스 제트닷컴 Jet.com을 만들었다. 5장에서 언급한 대로 제트닷컴은 2016년 월마트가 인수했는데, 역대 미국 전자상거래 스타트업 인수 중 가장 높은 금액인 33억 달러를 지불했다. 월마트가 아마존을 근본적인 위협으로 간주한다는 사실을 적나라하게 보여준 사례로써, 해당 인수로 아마존은 경쟁자와 인재를 동시에 영입했다. 글을 쓰고 있는 시점인 2018년 기준으로 마크 로어는 월마트 온라인 사업부 총 책임자로 남아있다.

프라임이 온다: 팬트리와 나우

2014년 주요 서비스 2개가 론칭한다. 프라임 팬트리와 프라임 나우다. 월 단위로 이뤄지는 부피가 큰 물품 위주의 쇼핑에 적용하기 위해 처음 고안된 프라임 팬트리는 사용자들이 5.99 달러의 수수료로 내면 약 100리터 크기의 상자 안에 부패하는 식품을 제외한 일용품을 최대 20킬로그램까지 채울 수 있도록 한 서비스다. 구매자들이 장바구니에 물건을 채울 때마다 박스 안에 몇 퍼센트가 찼는지 알 수 있다. 이 서비스는 획기적이고 상대적으로 위험성이 낮았다. 시리얼과 세탁 세제를 배달하는 일이 실패할 수는 있지만 신선식품을 배달하는 것보다는 경제적으로 훨씬 더 성공 가능성이 높았다. 아마존 프레시 서비스가 시애틀 너머로 확장하기 까지 5년이 걸렸지만, 프라임 팬트리는 미국 48개 주에 동시에 출시되었다.

'치리오스 한 박스와 책 한 권은 크게 다르지 않다. 근본적으로 수정하거나 완전히 새로운 인프라를 구축할 필요가 없기 때문이다."

— 2018년, 전 아마존 임원 이언 클라크슨Ian Clarkson

프라임 팬트리로 아마존은 무료로 발송하기에 엄청난 비용이 소용되는 물품들에 대한 수요를 시험해 볼 수 있었다. 미국의 소비자들에게 있어 신선식품의 부재는 성공 장애 요인이 아니었다. 지금까지도 많은 이들이 온라인상으로 부패성 식품 구매를 주저한다는 사실을 기억하면 이해가 쉬울 것이다. 그러나 프라임 팬트리는 영국과 같은 해외시장에서는 그만큼 압도적이지 못할 것으로 사료된다. 영국의 소비자들은 온라인에서 전부 구매하는데다가 슈퍼마켓의 공급이 많고 미국 가정과 비교해 상대적으로 보관 공간이 좁아 미국 소비자와 달리 대량 구매를 하지 않기 때문이다.

하지만 무료 배송에 길들여진 미국의 프라임 회원들이 자신의 집 문 앞에서 가사용품 박스를 받기 위해 (게다가 일부 상품은 이미 아마존 마켓플레이스에서 구할 수 있는 것을 감안하면) 추가로 6달러를 지불할까? 또한 프라임 회원들은 2일 배송을 당연하게 여기고 있지만 팬트리 배송은 최대 4일이 소요되었다. 획기적이기는 하나 소비자 입장에서 진정한 가치가 있다고 보기에는 무리가 있었다.

2018년 팬트리 모델은 수정을 거쳐 매번 배송료를 지불하는 방식에서 프라임 연회비에 5달러가 추가되는 방식으로 바뀌었다. 정기구독 서비스로 이동한 것은 프라임 회원제 혜택을 늘인다는 아마존의 더 큰 전략의 일부로서 사용 및 고객 유지를 촉진하게 될 것이다.

프라임 팬트리가 월 단위 쇼핑을, 아마존 프레시가 주 단위 쇼핑을 충족시키는 가운데 아마존의 또 다른 임무를 수행하기로 결심한다. '편의성'을 정복하기로 한 것이다. 프라임 회원에게 제공되는 무료 2시간 배송 (혹은 7.99달러를 지불하면 한 시간 이내에 배송 가능한) 서비스는 온라인 쇼핑의 역사를 새로 썼다. 그 당시 당일 배송에 여전히 배송비가 부과되고 있었다는 사실을 잊지 말자 (프라임 회원은 5.99달러, 그 밖의 경우 8.99달러). 프라임 나우로 아마존은 특정 쇼핑의 계기 ― 그리고 거기에 따르는 지갑점유율 Share of wallet까지 ― 를 더욱 효과적으로 목표 삼을 수 있게 되었으며, 그 과정에서 해당 영역을 완전히 파괴시켰다.

아무리 애를 써도 프라임 나우보다 광범위한 물품 ― 식료품과 일반 상품을 통틀어 2만 개의 SKU(상품단위) — 을 한두 시간이라는 짧은 시간 내에 배송할 수 있는 서구의 경쟁자는 없다. 게다가 무료 배송은 상상조차 할 수 없다.

2017년 영국에서 시작한 테스코의 테스코 나우Tesco Now서비스가 그 중 가장 근접하다고 할 수 있다. 외부 배송 업체 퀵업Quiqup을 통해 한두 시간 내에 식료품 배송이 가능하지만 1천 가지 물품 중에서 20개 종류만이 최소 주문액 5.99파운드에 주문 가능하다. 아마존은 그보다 20배나 많은 물품을 추가 비용 없이 고객에게 배달한다.

2017년 샵톡 컨퍼러스에 연사로 참석한 아마존 프라임 나우 책임자 마리안젤라 마르세글리아는 아마존이 프라임 나우를 창조한 이유를 다음과 같이 설명했다. "우리의 고객에게 마법을 느끼게 하기 위해서다……. 떨어진 물품을 사러 매장에 들리기 위해 밖에서 헤매는 대신 삶을 살아갈 시간을 주기 위해서다."

아마존 특유의 방식으로 프라임 나우는 기획 단계에서 출시까지 4개월이 채 걸리지 않았다. 출시 당시 맨해튼 시내 우편번호 한 개 구역 내에서만 실시되었는데 전 지역으로 확대하기 전 완벽한 고객 경험을 만들기 위해서였다. 게다가 마르세글리아는 프라임 나우가 맨해튼에서 성공한다면 다른 어떤 도시에서도 성공할 것이라고 확신했다. 2014년 12월, 오전 8시 51분에 프라임 나우의 첫 주문이 접수되었다. 적절하게도 '러시*'라는 비디오 게임이었는데 9시에 집품과 포장을 끝내고 10시 01분에 고객에게 배달되었다.

크리스마스 이브는 '혼돈'에 가까운 쇼핑을 무사히 마치게 도와줄 수 있는 프라임 나우가 가장 바쁜 시기다. 영국 맨체스터의 한 고객은 크리스마스 이브 저녁 10시에 장신구, 여성 향수, 플레이스테이션 게임기를 주문한 뒤 11시에 받을 수 있었다. 아마존은 고객을 만족시킬 뿐 아니라 그 과정에서 결혼 생활을 유지시키고 있는지도 모른다!

가 밖에도 프라임 나우는 선물하기와 소량 구매라는 임무에도 적절하다. 특히 소량 구매는 영국과 같은 시장에서 점점 더 유행하고 있다. 영국 아마존프레시 및 프라임 나우 대표 제이슨 웨스트먼은 '오늘 밤에 필요한' 쇼핑을 하는 사람들을 위해 주문 마감시간을 오후로 연장했다고 밝혔다. 영국의 일부 지역에서는 늦게는 오후 4시까지 주문을 마치면 당일 저녁에 배송 받을 수 있다. 웨스트먼 대표는 2018년, '시간은 모든 사람들에게 점점 더 중요한 상품이 되고 있다'고 말했다.

프라임 나우의 기술적인 면에 대해서는 이후에 설명하겠지만 그 전에 프라임 나우가 아마존과 그보다 더 넓은 시장에 즉각적으로 미친 영향에 대해 이해할 필요가 있다. 맨해튼에서 아마존 나우 서비스가 시작된 지 1년 내에 30개 도시로 확대되었다. 대부분 북미 지역이었지만 런던, 밀라노, 도쿄도 포함되었다. 2016년까지 프라임 나우는 9개국 총 50개의 도시에서 운영되며 새로

* '빠르게 움직이다'라는 의미

운 시장으로 진입하는 수단으로도 사용되었다. 2017년, 아마존은 프라임 나우와 함께 싱가포르 시장에 진출한 것이다.

지금까지 아마존이 출범시킨 식료품 서비스 중 프라임 나우가 단연 가장 파괴적이다 가격 전쟁은 시간 전쟁으로 대체되었으며, 전 세계 많은 슈퍼마켓이 당일 배송을 제공하기 위해 서두르고 있다. 이러한 현상은 영국처럼 온라인 식료품 시장이 가장 발전된 곳에까지도 영향을 미치고 있다. 글을 쓰고 있는 시점 기준, 아마존은 영국 식료품 시장에서 2퍼센트에도 채 차지하지 못하고 있지만, 배송 속도에 변화를 몰고 온 놀라운 기폭제 역할을 해왔다. 프라임 나우 론칭 이후 나타난 변화는 다음과 같다.

① 테스코가 (퀵업을 통한) 테스코 나우 출시와 더불어 영국 전역에 당일 배송 서비스를 시작했다.
② 세인스버리Sainsburys가 1시간 배송 서비스 찹찹Chop Chop을 선보이고, 2018년 현재 영국 내 당일 배송 서비스 40퍼센트를 책임지고 있다(2017년에는 불과 11퍼센트였다).
③ 막스앤스펜서가 고퍼Gophr와 손잡고 2시간 배송 서비스를 시범적으로 실시했다.
④ 쿱Co-op은 딜리버루Deliveroo와 연계해 간식, 과자, 주류에 빠른 배송을 적용했다.
⑤ 모리슨Morrisons과 부스Booths도 프라임 나우에 편승했다.

아마존의 등장 이전까지 영국의 슈퍼마켓은 대체적으로 소비자들의 요구가 그다지 높지 않고 불필요한 비용과 복잡성이 추가된다는 이유로 당일 배송을 주저했다. 하지만 아마존에 의해 변화가 시작됐고 이제 이런 추세를 되돌리기란 불가능하다.

또한 아마존은 당일 배송에 '음성 쇼핑'이라는 새로운 트렌드를 접목시켜 구매 행동과 기대를 바꾸면서 일부 경쟁사들마저 연관성을 유지하기 위해 아마존의 인프라에 의지하는 진풍경을 만들어 냈다. 프라임 나우를 통해 물품을 판매하는 영국 업체는 모리슨과 부스뿐만이 아니다. 아마존은 전 세계 국영 및 독립 식료품 업체와 비슷한 공급 계약을 맺었다. 몇 개를 예로 들면, 스페인의 디아Dia, 프랑스의 포숑Fauchon과 모노프리Monoprix, 독일의 로스만Rossmann과 페네베르크Feneberg등이 있다. 한편, 홀푸드 인수 이후, 오랜 기간 유지했던 미국 자연식품 소매업체 스프라우트Sprouts와의 공급 계약이 모두가 예상한 가운데 2018년 종료됐다. 그 뒤 스프라우트는 인스타카트와 협업을 시작했다.

현재로서 이러한 외부 업체와의 협업은 아마존에게 반드시 필요하다. 수많은 혁신에도 불구하고 아직까지 식품 공급 업체로서 신뢰가 부족하기 때문이다. 놀랄 만큼 많은 종류의 물건을 구비해 놓고 있지 못한다면 인프라는 아무 소용이 없다. 외부 업체와의 공급 계약과 홀푸드 인수로 아마존은 경쟁 심한 식료품 분야에서 즉각적인 브랜드 인지도와 신뢰를 얻게 되며, 무엇보다 온라인에서 식품을 파는 법에 대해 배우게 된다.

그러나 이는 중요한 점을 시사한다. 만약 아마존이 비식품 부문에서 해온 것과 같이 식료품 부문에서 차별화를 시도하고자

한다면 — 제품 선택과 편의성의 방면에서 — 주도적인 위치에 있어야 한다. 다른 소매업체와 브랜드가 지나는 관문이 되어야만 한다. 바로 마켓플레이스, 인프라다. 비식품 부문에서 점점 더 많은 업체들이 아마존의 부정할 수 없는 광범위한 고객층 때문에 아마존의 플랫폼에 편승하고 있다. 수년간의 저항 끝에 나이키와 같은 브랜드가 아마존에 항복했다. 이론적으로, 아마존은 식료품 사업도 비식료품 부문에서처럼 할 수도 있었다. 그러나 그 대신 홀푸드 마켓을 인수했다. 언젠가 아마존은 슈퍼마켓이 될 것인지 마켓플레이스가 될 것인지 결정해야 할 날을 맞게 될 것이다.

07

아마존 그래서 마켓
놀라운 신세계

"여기서 어떤 변화도 일어나지 않을 것이라고 짐작하며 사람들이 떠나는 걸 원치 않는다. 변화는 있을 것이고, 그것은 의심의 여지가 없는 사실이다."
　　　　2017년, 홀푸드 마켓 CEO 겸 공동 설립자 존 매키John Mackey

온라인과 오프라인이 더 이상 상호 배타적인 관계가 아닌 것을 깨달으면서 소매업체들은 이제 균형을 놓고 경쟁하고 있다. 문제는 누가 먼저 성공할 것 인가다. 기존 오프라인 체인이 전자상거래 영역에서 먼저 성공할까, 아니면 순수 온라인 브랜드가 물리적 매장을 운영하는 법을 먼저 터득할까? 시간은 흐르고 있다.

"우리는 미래의 소매업에서 승리할 지점에 있고, 그 누구와도

이 자리를 바꿀 생각이 없다."

— 2017년, 월마트 CEO 더그 맥밀런 Doug McMillon

온라인과 오프라인 리테일의 통합을 가장 잘 보여 주는 예는 2017년 6월 16일에 발표된 두 가지 소식이다. 월마트가 온라인 남성복 브랜드 보노보스 인수하겠다며 1년도 안 된 시점에서 네 번째 인수 계획을 알린 것이다. 하지만 더욱 중요한 발표는 같은 날 이뤄진 아마존의 오프라인 체인 매입 소식이다. 홀푸드 마켓 인수를 깜짝 발표한 것이다.

그 날은 리테일의 운명을 바꿔놓았다. 물리적 리테일의 영역에서 몇 번의 시도 끝에 블록버스터 급 거래를 성사시키며 아마존은 오프라인 리테일에 대한 의지를 확고하게 드러냈다. 업계의 즉각적인 반응은 가지각색이었다. 일각에서는 아마존의 슈퍼마켓 진출은 파괴적인 행보로서 기존 식료품점의 수준을 끌어 올리고 그 과정에서 자연스럽게 낙오자가 발생할 것이라고 예견했다. 해당 인수는 오프라인 매장에도 미래, 어쩌면 밝은 미래가 있다는 것을 보여준 가장 확실한 증거라는 의견도 있었다.

투자자들도 동의한 것 같다. 발표 뒤 아마존의 시가총액이 156억 달러 증가했는데 홀푸드 인수 금액보다 20억 달러 많았다. 결국 아마존은 홀푸드를 거저 가져간 셈이 됐고 그사이 나머지 슈퍼마켓 영역의 시장가치는 370억 달러를 상실했다. 이 사건은 식료품 산업의 최대 분수령이었다고 할 수 있다.

7장에서는 홀푸드 인수 배경과 더불어 아마존이 21세기 구매

그림 7.1 '온라인 온니'로는 이제 부족하다.
아마존은 2017년 홀푸드 마켓을 인수했다.

자들을 위해 어떻게 슈퍼마켓을 재정의하고 또 그것이 업계에 어떤 영향을 미치는지 자세히 알아볼 것이다.

발명에 대한 갈증을 슈퍼마켓 영역에서 풀다

우리가 이 책에서 지금까지 다뤄온 내용을 상기해 보면 식료품

그림 7.2 아마존의 첫 계산대 없는 매장 아마존고는 2018년에 처음 문을 열었다.

매장을 운영하는 홀푸드 마켓의 인수는 놀랄 일이 아니다. 인수 발표 바로 직전인 2017년 5월 나탈리는 다음과 같이 기술한 바 있다. '아마존이 물리적 영역과 디지털 영역에서 식료품 사업을 하기 위해 노력하는 것은 너무나 당연한 일이다. 하지만 적극적으로 또 다른 소매업체를 인수하지 않으면 적어도 앞으로 5년간 식료품 분야에서 의미 있는 성과를 거두지 못할 것이다.' 몇 주 후 아마존의 홀푸드 인수 소식이 들려왔다.

인수 전 매우 명확한 3가지 요소가 있었다. 첫째, 아마존은 오프라인 매장에 대해 점점 더 큰 관심을 두었다. 둘째, 물리적 매장 없이는 아마존은 식료품 영역에서 언제나 과소평가 될 것이다. 셋째, 아마존은 고객 경험에 대변혁을 일으킬 수 있는 가능성을 보유하고 있었다.

그 당시 아마존은 본사가 있는 시애틀에서 '아마존고'와 '아마존프레시 픽업'이라는 새로운 형태 두 가지를 조용히 시험하고 있었다. 뒤에서 아마존 고에 대해 상세하게 다룰 것이다. 그러나 한 가지 밝히고 넘어갈 사실은 편의점 형태의 아마존고에는 근본적으로 있어야 할 요소 중 없는 것이 있다. 바로 계산대다.

한편, 아마존 프레시픽업 서비스는 프라임 회원들이 슈퍼마켓에서 떨어진 지정 장소로 차를 몰고 가면 주문한 식료품이 차로 배달된다. 세계적으로 볼 때 획기적이라고는 할 수 없었다. 프랑스에서는 이미 이러한 '차량 배달' 개념이 수년째 상용화되어 있었다. (이에 대해서는 13장에서 더 자세히 알아볼 것이다.) 그러나 미국에서는 여전히 새로운 개념으로, 같은 시기에 그런 서비스를 적극적으로 시험하고 있는 업체는 월마트뿐이 없었다.

오프라인 매장 개념과 관련해서는 향후 아마존고가 아마 모든 영광을 차지하겠지만 아마존프레시 픽업이야 말로 아마존이 매장을 근거로 하는 소매업으로 확장하는 데 가장 타당한 수단이었다. 거기에다 아마존의 신속한 주문 이행 능력과 확립된 지불 체계가 적용되었다. 심지어 대기 시간을 줄이기 위해 자동차 번호표를 인식하는 기술까지 동원되었다. 구매자들은 주문하고 최소 15분 내에 물품을 수령할 수 있다.

비록 아마존은 언제나 물리적 매장으로 반드시 확장했어야 했지만 평범해빠진 슈퍼마켓 체인에 자사 로고를 넣을 생각은 없었다. 아마존의 고객 집착과 발명에 대한 갈증이 합해져 슈퍼마켓 영역은 곧 심하게 파괴될 것이다. 아마존이 언제나 현재의 상황을 타파하기 위해 도전하고, 고객 경험을 대폭 개선하고 할 것이라고 믿어도 좋다. 그것이 차량으로 식료품을 배달하는 것이던, 혹은 줄서기를 아예 없애버리는 것이던지 간에 아직은 그저 시작일 뿐이다.

왜 홀푸드 마켓인가

아마존이 벌인 식료품 게임의 결말은 다음과 같을 것이다.

① 일반 상품을 구매할 때와 마찬가지로, 다른 무엇보다 고객이 자기 방식대로 구매할 수 있도록 온라인 식료품 업계 전반이 민주화된다.
② 기술을 사용해 식료품 구매에서 단순적 요소를 제거한다. 아마존은 기능적, 일상 반복적인 소모품 범주에서 자동 주문 기능을 현실화 할 수 있는 고유한 위치에 있다. 이로 말미암아 자체상표 물품도 늘여나가는 계기가 될 것이다.
③ 매장 경험을 바탕으로 고객이 쇼핑 동선과 결제 부분에서 마찰을 최소화하는 데 기술이 사용되고, 초개인화된 추천과

보상 정보가 실시간으로 고객에게 전달된다. 아마존 가족이 된다는 것은, 홀푸드 CEO 존 매키의 말을 빌리자면, 홀푸드가 '학업 부진아'에서 '수석 졸업생'으로 거듭나게 하는 것을 의미한다.

④ 물리적 매장에서 전체 품목이 사라지고 빈 공간이 다음을 위해 활용된다. ⓐ신선한 식품, 준비된 식품 등 감정을 자극하는 품목 ⓑ요리 수업부터 공동 작업 공간까지 혼합된 경험 ⓒ주문 후 수령 및/또는 반품 카운터 ⓓ당일 배송을 위한 온라인 식료품 주문 이행

⑤ 앞서 언급한 대로 프라임이 아마존 식료품 사업의 버팀목이 된다. 결국 아마존이 식료품 사업에 진출해서 얻을 수 있는 가장 큰 이점은 주 단위로 고객을 접촉해 그들을 더 광범위한 생태계에 가두는 것이다.

특히 신선도와 매장을 소형 유통지원 센터의 거점을 삼는다는 부분을 상기해 보면 아마존이 왜 홀푸드에 매력을 느꼈는지 알 수 있다. 전체 판매 3분의 2 이상을 차지하는 신선식품, 이목을 끄는 제품 전시, 명성 있는 자체 상표 — 탐내 마지않던 신선식품 내에서도 — 가 강조되면서 상대적인 아마존의 약점이 보완될 것이다. 한때 아마존이 타겟이나 비제이스 홀세일 클럽 같은 대형 소매업체를 인수할 것이라는 소문이 돌았다. 하지만 아마존은 식품 업체를 필요로 했다. 신선식품 분야에서 신뢰를 쌓을 수 있을 뿐 아니라, 홀푸드에 비식품류의 비중이 적다는 사실은 잠정

적인 제품 중복 위험까지 최소화 할 수 있었다.

게다가 자연스럽게 양사가 공략하는 고객층이 일치한다는 점도 이점으로 작용했다. 아마존과 홀푸드는 둘 다 풍족하고, 교육 수준이 높고, 자주 시간에 쫓기는 소비자가 주 고객층이라는 공통점이 있었다. 실제로 이러한 현상은 홀푸드에서 너무나 확연해서, 아마존의 첫 번째 과제는 홀푸드가 너무 비싸다는 인식을 깨기 위해 저가 상품에 투자하는 일이었다. 이는 전체 매장에 적용됐지만 3장에서 언급한 대로, 특히 프라임 회원에게 더 큰 혜택이 돌아가게 만들었다. 실제로 아마존은 5년에서 10년 사이에 프라임 회원들에게 경제적인 혜택을 주는 전략만으로 홀푸드 고객층을 2배 늘릴 수 있을 것이라고 RBC 캐피털 애널리스트 마크 머해니는 내다봤다.

홀푸드는 전국적으로 매장을 소유하고 있으면서도 과잉되어 있지 않아 아마존에게 안성맞춤이었다. 수천 개의 매장을 원한 것은 아니었기 때문이다. 이 사실은 중요한 의미를 가진다. 아마존은 식료품 전자상거래 판매를 신장시키기를 원하지만 그렇게 하기 위해서는 물리적 매장에 대한 수요가 줄어야 했다. 또한 홀푸는 아마존의 거대한 실험실이 될 수 있었다. 정형화된 형식이 갖춰질 때까지 아마존은 홀푸드에서 가격 정책, 판촉, 배치에 대한 실험을 반복 진행해 더욱 상품 구성을 더욱 집중적으로 효율성 있게 만들 수 있었다.

무엇보다 홀푸드가 도시 지역에서 많이 분포되어 있다는 사실은 중요한 요소로 작용했다. 아마존의 라스트마일 인프라에 추가적이고 상호보완적인 자원, 즉 2시간 내 식료품 배송을 수행할 또 다른 플랫폼이 생기는 것이다. 6장에서 논의한 대로, 프라임 나우는 식료품 사업 내 아마존의 고유한 경쟁 우위 중 하나다. 따라서 프라임 나우를 전국의 홀마트 매장에서 운영하기 위해 2018년 대부분의 시간을 보낸 것은 놀랄 일이 아니다. 아마존이 홀푸드를 인수했을 때 그저 460개의 매장이 생긴 것이 아니다. 460개의 소형 물류창고가 생긴 것이다.

그러나 전 세계 다른 업체들과 비교해 보면 아마존은 이 방면에서 선두라고 할 수 없다. 중국에서는 알리바바의 허마Hema나 징둥닷컴의 세븐프레시7fresh와 같은 O2O 서비스들이 3킬로미터 반경 내에 있는 고객에게 30분 내 배송을 약속하고 있다. 그리고 아마존과 달리 아시아의 유통 공룡들은 현대화된 고객의 니즈에 맞춰 직접 슈퍼마켓을 짓는 장식으로 자연스럽게 물리적 리테일로 진출하고 있다.

경종을 울리다

"아마존의 홀푸드 인수는 전체 식료품 및 리테일 업계에 '아마존이 간다'는 신호를 준 것이나 다름없다."

— 2017년, 인스타카트 CEO 아푸르바 메타Apoorva Mehta

이 글을 쓰는 지금, 인수한 지 1년의 시간이 지났음에도 홀푸드는 그전과 크게 달라진 게 없다. 물론 물품을 수령할 수 있는 락커가 생기고, 에코 기기가 매장 내 진열되고, 홀푸드 상품이 아마존 웹 사이트에 등재되는 것과 같은 눈에 보이는 변화들이 있었다. 가격정책은 개선되고 프라임 혜택들이 조금씩 매장으로 진입했다. 그러나 지각변동은 일어나지 않았다.

아마존은 혁신의 속도 면에서는 가혹할 정도이지만 — 매주 새로운 한 개의 영역을 파괴시키는 것으로 보인다 — 시행 측면에서는 꼼꼼하기로 악명 높다. 업계 전체가 숨을 죽이고 유통 거인이 리테일의 가장 기본인 매장 운영을 잘 해 낼 수 있을지 지켜보고 있다. 아마존은 자신만의 속도로 식료품이라는 까다로운 분야를 정복하기 위해 다양한 오프라인 매장 형태를 묵묵히 실험하고 개선해 나갈 것이다. 매장 안에서 큰 변화가 생기는 것을 볼 수 있을 때까지 아마 몇 년이 걸릴 것이다.

홀푸드는 인수 이래 급격한 변화를 겪지 않았지만 그 외 모든 이들은 변화를 겪었다. 아마존의 홀푸드 인수는 효과는 대체로 심리적으로서, 슈퍼마켓 운영 업체들은 전자상거래 역량 키우고 동시에 매장에도 디지털적인 요소를 개선시키라는 경종으로 받아들였다. 그러기 위해서는 대부분의 업체들은 외부로 눈을 돌려야만했다.

오카도가 기다리던 자극제

홀푸드 인수가 성사된 뒤 2주 후 런던에서 열린 상반기 결과보고회에 나타난 오카도의 CEO 팀 스타이너의 얼굴에는 웃음이 만연했다. 가장 큰 위기가 가장 큰 기회인 것이다. 아마존과 홀푸드의 계약에 관한 그의 의견을 물었을 때 그저 자사 사업에도 도움이 되는 온라인 식료품의 수요가 늘어날 것이라고 답했다. "식료품 리테일은 변화하고 있으며, 우리는 다른 업체들이 온라인 사업에서 성공해도 끄떡없는 이상적인 위치에 있다." 스타이너의 메시지는 아마존의 행보를 '가면 뒤에 숨겨진 축복'이라고 부른 인스타카트의 CEO 아푸르바 메타의 생각과 일치한다.

오카도는 수년 간 자사의 식료품 배달 기술 '오카도 스마트 플랫폼'의 해외 협력 업체를 확보할 것이라고 투자자들에게 약속해 왔다. 스스로가 정한 기한인 2015년이 지나가고 몇 달, 몇 년이 흐르자 투자자들은 참을성을 잃기 시작했다. 소매업체에서 글로벌 기술 제공사가 되겠다는 오카도의 포부는 허황된 것이었을까?

마침내 2017년 오카도는 프랑스의 카지노 그룹과 학수고대하던 첫 번째 계약을 성사시켰다. 아마존이 홀푸드를 인수한지 6개월도 안된 시점이었다. 이 계약으로 카지노 그룹은 프랑스에서 오카도의 로봇공학, 온라인 기술, 배달 소프트웨어를 독점적으로 사용할 수 있게 되었다. 그 뒤 오카도는 다양한 글로벌 유통업체들과의 계약을 성사시켰는데, 그 중에는 소베이Sobeys(캐나다), ICA(스웨덴)와 더불어 현재까지 가장 주목받은 미국의 크로거가 포함되어 있다. 이러한 저명한 업체들이 아마존에 대응해 보인 행보에는 홀푸드가 자극제가 되었다고 말하는 데 무리가 없을 것이다.

사례 연구 아마존의 도전에 반응하다

브리튼 래드 Brittain Ladd

2017년 6월 16일 아마존의 홀푸드 인수 발표로 식료품 업계가 받은 충격은 '진주만 공격'에 비할 수 있다. 아마존이 온라인에서 식료품 사업을 전개하는 데 집중할 것이라고 굳건히 믿고 있던 식료품 업체 간부들은 얼마지 않아 아마존과 정면승부 해야 한다는 사실에 적잖이 충격을 받았다.

다가올 경쟁에 대비해 많은 경영진들은 식료품 배달 및 주문 이행 전문 기업 인스타카트에 손을 내밀었다. 인스타카드와 협업 계약을 맺어 고객에게 온라인 식료품 주문 서비스, 주문 이행, 라스트마일 배송을 제공할 수 있게 되어 급한 불을 껐다. 하지만 거기에는 위험이 도사리고 있다. 인스타카트를 활용하기 위해서는 식료품 업체가 자사 데이터, 매장, 고객에 인스타카트의 접근을 허용해야 했기 때문이다.

나는 업체들에게 해당 계약은 사실상 인스타카트에게 그들의 사업에 대해 친절히 알려주고, 강점과 약점이 고스란히 드러나는 데이터를 넘겨주는 것과 다를 바가 없다고 처음부터 경고했었다. 만약 인스타카트가 향후 사업 모델을 확장해서 직접 매장을 열기로 결정하거나 월마트와 같은 경쟁사에 인수되기라도 한다면 인스타카트는 그 데이터를 자사에 이득이 되는 용도로 사용할 수 있기 때문이다.

나는 2018년 미국에서 두 번째로 큰 리테일 기업이자 최대의 식료품 취급 업체인 크로거의 의뢰를 받고 아마존과 더 잘 경쟁할 수 있는 전략을 짰다.

내가 가지고 있는 아마존과 전 세계 식료품 산업에 관한 지식들을 동원해 크로거의 영업활동에 대한 심층적인 평가를 마친 끝에 크로거가 할 수 있는 최적의 선택은 오카도를 인수하는 것이라고 결론을 내렸다. 크로거는 약 2,800개의 매장에 납품하기 위해 42개의 유통센터를 운영하고 있었지만 전자상거래 수요에 대응하기 위한 공급망이 없었다. 오카도를 인수하게 되면 현재 업계에서 가장 우수한 식료품 주문 이행 소프트웨어에 접근이 가능해지고, 사업 모델을 완전히 탈바꿈 할 기회를 얻게 되는 것이다. 크로거는 오카도와 논의 끝에 오카도의 '고객 주문 이행 센터Customer Fulfilment Centre, CFC' 기술을 이용하면 회사의 공급망을 변형할 수 있을 것이라고 결론 내렸다. 그러나 20억 달러에 가까운 비용 때문에 크로거는 인수대신 2억 4,700달러에 이르는 오카도 지분 5퍼센트를 갖기로 결정했다.

2018년 5월 15일, 크로거는 오카도와의 협의 사항에 대해 공식 발표했다. 보도자료에 따르면 오카도는 크로거의 물류창고 관리를 도와줄 다양한 시스템을 제공하고, 자동화 도입을 돕고, 물류와 배송 경로 계획에 고도의 솔루션을 제공하기로 했다. 이러한 오카도의 노력의 핵심은, 크로거가 온라인 식료품 주문을 더울 효율적으로 이행하고, 고객의 차로 주문한 식료품을 가져다주는 크로거의 클릭리스트ClickList

서비스 주문을 접수하는 것이었다. 2018년을 기점으로 3년간 총 20개의 CFC가 구축될 예정이다.

일부 애널리스트와 식료품 업체 경영진들은 오카도의 모델이 미국 시장에는 맞지 않는다고 생각한다. 영국은 온라인 식료품 사업과 라스트마일 배송에 적합하도록 인구가 밀집되어 있지만 미국의 경우 적은 인구가 소도시와 교외로 퍼져있기 때문이다. 대도시 이외의 지역에서는 고도 기술의 자동화된 물류창고를 짓는 것보다 고객들이 매장에서 장을 보도록 집중하는 게 더 타당하다고 많은 애널리스트들은 주장한다.

나 역시 크로거의 경영진을 만나 오카도의 영국 내 효율성과 미국 시장에서 맞닥뜨릴 현실을 대비해 우려를 표명했다. 그리고 동시에 시행되기만 하면 오카도가 넘어야 할 장애물을 제거할 해결책을 제시했다. 그 해결책은 또한 오카도의 사업 모델을 완전히 바꿔 현재 서비스를 제공하지 않고 있는 경로에까지 확장이 가능했다. 크로거가 온라인 식료품 주문을 이행하기 위해 '보관소'로 일컬어지는 오카도의 물류창고를 활용하는 대신, 나는 크로거와 오카도에 다음을 제안했다.

①크로거 매장에 진열될 상품 팰릿을 만들 케이스 집품 기술과 로봇공학을 도입한다. 이 기술로 크로거 매장 내 모든 상품을 보충한다. 이 전략이 시행 되면 크로거는

기존 유통센터 42곳 중 대부분을 닫을 수 있다. 오카도 간부들은 이 제안에 동의하고 지지를 보냈다.
② 같은 보관소에서 온라인 주문과 클릭리스트 픽업 주문을 모두 처리할 모듈을 설치한다.

각각의 CFC가 상품 보충 및 주문 이행이라는 두 가지 임무를 수행하게 되면, 크로거는 전체 물류비용이 줄어들고, 수익성과 경쟁 우위도 높아지는 효과를 보게 된다. 또한 크로거는 오카도와 협력하며 서비스를 제공하지 않는 지역, 특히 대서양 연안 지역에 진출할 수 있게 된다. 크로거는 뉴욕, 필라델피아, 피츠버그, 마이애미 등 인구밀도가 높은 대도시와 그 인근에 CFC를 열 수 있다.

크로거와의 독점 계약으로 미국 내 다른 식료품 소매업체들은 오카도의 기술에 접근할 수 없다. 다른 업체들은 크로거의 사례를 따르거나 아니면 시류에 뒤처지던지 둘 중 하나를 선택할 수밖에 없다. 오카도 CFC와 유사한 방식의 식료품 유통 시설 전문 업체 커먼센스 로보틱스CommonSense Robotics가 크로거와 오카도 제휴의 가장 큰 수혜자가 될 것으로 예상된다.

브리튼 래드는 전략 및 공급망 관리 전문가로 활동하고 있다. 전직 아마존 경영진으로서 아마존 사업 모델이 물리적인 리테일의 영역으로 확장해야 한다는 필요성을 처음 제기한 것으로 유명하다. 2013년 '울워스Woolworths를 구할 멋진 방법'이라는 제목의 논문에서 아마존이 홀푸드나 텍사스주 최대 유통업체 에치이비HEB를 인수해야 한다고 주장했다. 래드는 2015년부터 2017년까지 아마존에서 근무하며 아마존 프레시, 팬트리, 그로서리를 세계로 확장하는 데 앞장섰다.

아마존이 식료품 업계에서 떨치는 맹위로 인해 특이한 조합들이 탄생했다. 업체끼리 제휴를 맺는 것이 유럽에서 새삼스러운 일은 아니지만, 2018년 세계 최대 식품 소매업체인 테스코와 까르푸의 제휴 소식은 많은 이들을 충격에 빠뜨렸다. 이와 비슷한 병합이 영국 식료품 업계에서 일어날 것으로 예상됐지만 향후 아마존의 행보에 위기를 느낀 아스다와 세인스버리의 합병을 예상한 사람은 드물었다.

기술 부문에서의 협력도 활발히 이뤄지고 있다. 특히 구글과 마이크로소프트가 반아마존 동맹을 주도하고 있다. 아마존에 발맞추기 위해 혹은 거리를 두기 위한 방편으로 소매업체를 인수하는 일도 잦아졌다. 일례로, 타겟과 시프트, 월마트와 플립카드Flipkart(인도), 크로거와 홈셰프 사례가 있다. 아마존의 공격을 받기 전 너도나도 동맹을 맺고 있다.

"많은 업체들이 그동안 잘 싸워왔음에도 불구하고 궁극적으로 아마존과 비슷한 업체와 협력하는 것이 디지털 공간을 차지할

표 7.1 경쟁적 협력: 아마존에 의존하는 리테일 브랜드가 늘어나고 있다

아마존 서비스	소매업체	과거 소매업체
아마존닷컴	나이키, 언더아머, 칠드런스 플레이스, 치코스 파스, 아디다스, 캘빈 클라인	라디오쉑 스테이플스
아마존 락커	라이트 에이드, 세븐일레븐, 세이프웨이, 그리스테드, 렙솔, 데엠, 에데카, 알디, 모리슨즈, 쿱	스프라우트 파머스 마켓
프라임 나우	모리슨즈, 부스, 디아, 모노프릭스, 비오쎄봉, 포숑, 로스만, 페네베르크	
알렉사 기능 통합	피포드, 오카도, 모리슨즈, 도미노, 구스토, 제이디스포츠, 에이오닷컴, 비앤에이치포토, 우트	
아마존 팝업	콜스	
아마존 기기 키오스크	베스트바이, 쇼퍼스 스톱	
아마존 리턴	콜스	
아마존 기반 상점	터프트앤니들, 캘빈 클라인	
독점 상품/ 서비스 협력	베스트 바이(독점 스마트 TV 라인), 시어즈 (오토 센터에서 아마존 타이어 설치)	
AWS	브룩스 브러더스, 이탈리, 길트, 메이드	

좋은 방법으로 사료된다."

— 2018년, 전 막스 앤 스펜서 이사 마커스 이스트Marcus East

일부 업체는 아예 아마존과의 협력을 선택했다. 이 책 전반에서 언급하고 있는 것처럼, 점점 더 많은 업체들이 자사의 디지털 판매 규모를 급속히 늘리기 위해 '트로이의 목마'와 비슷한 위험을 감수하며 아마존의 규모와 전문성에 의존하고 있다. 반면 그

밖의 다른 업체들은 아마존과 한 팀을 이루는 것을 완강하게 거부하고 있다. "우린 아마존이 싫다." 2018년 영국의 슈퍼마켓 체인 아이슬란드의 MD 타셈 달리왈은 말했다. "우리를 괴롭히고 아주 나쁜 짓을 저지를 것이다. 우리를 이용할 것이 틀림없다. 아마존과 아무런 관계도 맺고 싶지 않다."

> **사례 연구 패배를 인정할 시점을 파악하라**

테스코는 2018년 마켓플레이스인 테스코 디렉트의 서비스를 종료했다. 아마존과의 싸움에서 패했다는 것을 알리는 데 이보다 더 명확한 방법은 없었다. 테스코 디렉트는 처음부터 아마존과 정면승부를 위해 고안된 서비스였다. 테스코는 아마존의 마켓플레이스 형식을 그대로 본 따 자사 슈퍼스토어와 온라인 사이트에서 제공하는 물품보다 훨씬 다양한 물품을 선보였다. 그러나 오늘날 리테일 업계에서 통용되는, 아마존을 능가할 수 없다는 규칙이 적용되고 말았다.

고가의 물건을 구매해 로열티 포인트를 쌓는 것 외에는 아마존 대신 테스코 디렉트를 선택할 이유는 거의 없었다. 테스코의 웹 사이트는 상대적으로 매우 복잡하고 군데군데 마찰이 즐비했다. 가격은 일관성이 없고, 제품 추천과 사용 후기가 부족했으며, 물품의 종류가 방대하지도, 눈길을 끌만하지도 않아 일반 상품 구매 시 제일 첫 선택지가 되기 힘들었다. 오늘날 수많은 구매자들이 제품 검색을 할 때 구글이 아니라 아마존을 찾는다는 사실을 상기해 보자.

테스코 디렉트는 손실을 보고 있었으며 수익에 기여하는 바가 거의 없었다. '실패를 인정하고 빠르게 옮겨가라'는 아마존의 과거 경험과 동일한 교훈만 남겼다. 온라인에서 트레드밀 94종을 제공하는 것만으로 영국 최대 식료품 기업이라는 직위를 유지할 수 없었다. 아마존이 코 밑까지 추격했을 때 비용을 들이며 다른 곳에 정신을 팔 여유는 없다. 테스코는 일부 경쟁사들이 몇 년 전 이미 시작한 대로, 식료품과 비식품을 하나의 플랫폼으로 통합하고 고객이 매장에서 찾을 수 있는 것을 반영하는 품목 확대에 집중하는 것이 낫다.

디렉트 사업은 지라프Graffe, 유포리움Euphorium, 해리스+홀Harris+Hoole, 뉴트리센터Nutricentre, 허들Hudl, 블링크박스Blinkbox, 도비스Dobbies와 같이 줄줄이 실패한 테스코의 브랜드에 또 하나를 추가시킨 셈이 되었다. 한때 사업의 핵심으로 여겨지던 다양성이 이제는 값비싼 산만함으로 취급된다. 테스코가 식품 부문에 집중력을 강화하면서 비핵심 자산을 처분하게 됨에 따라 도태되는 서비스는 테스코 디렉트가 마지막이 아닐 것이다. 어쨌든 '에브리싱 스토어'를 위한 자리는 단 한 자리뿐이다.

홀푸드는 가고 프레임 프레시가 온다?

2017년, 아마존의 홀푸드 인수 발표 이후 며칠 뒤 나탈리는 다음과 같이 예견했다.

아마존이 신선식품 제공사로서 믿음과 신뢰를 쌓은 뒤에는 홀푸드 마켓의 브랜드가 현저하게 쓰임새가 줄거나 아예 사라질 것이다. 이러한 변화는 하룻밤 만에 이뤄지지는 않는다. 지금으로서 아마존은 여러 가지 이유로 홀푸드가 필요하다. 오프라인 매장을 포함해 신선식품 장악력, 브랜드 자산, 중복되는 고객 기반을 보유하고 있기 때문이다. 그러나 현재 아마존의 식료품 서비스(아마존 프레시, 프라임 팬트리, 구독&할인 프라임 나우)는 너무 복잡해지고 하나로 통합될 준비가 되어있다. 향후 아마존이 정말로 식료품 분야에서 한 획을 긋고 싶다면 온라인과 매장에서 하나의 단결된 메시지를 전달해야 한다. 그리고 그것은 아마존의 인기 서비스들의 관문인 프라임이 중심이 되어야 할 것이다.

나탈리의 예견이 있은 뒤 1년 이상이 흘렀지만 우리 저자들은 아직까지 이 주장에 동의한다. 물론 반대 의견도 있을 것이다. 어쨌든 아마존은 홀푸드란 브랜드 때문에 매입을 결정했기 때문이다! 우리는 2025년까지 아마존은 식료품 시장에 완전히 적응할 것으로 예상한다. 2025년까지 아마존의 식료품 판매 서비스는 온라인과 오프라인 채널에서 끊김 없이 연결될 것이다. 2025년까지 아마존은 확장 가능한 슈퍼마켓 개념을 정립한 뒤 전 세계로 수출해 전 세계 소비자들의 식품 구매 방식을 탈바꿈할 것이다.

그리고 우리가 예견한 대로 아마존의 식료품 전략은 프라임이 밑받침이 될 것이다. 미래에 홀푸드는 프라임 프레시로 재탄생할까? 아마존프레시와 프라임 팬트리는 역사의 뒤안길로 사라질까? 우리는 그럴 것이라고 생각한다. 한 가지 확실한 것은 아마존은 성장할 수 있는 모델을 찾을 때까지 식료품 사업 전략을 계속해서 정제해 나갈 것이라는 점이다.

그렇다면 2017년의 예견 이래 어떤 변화가 있었을까? 인수가 끝난 지 몇 달 뒤 9개의 주에서 아마존프레시 서비스의 규모가 줄어들었다. 대신 홀푸드 매장에서 공격적으로 개시하게 된 프라임 나우 서비스로 관심이 집중됐다. 홀푸드의 물리적 인프라와 2시간 내 배송이 가능한 프라임 나우의 배송 체계가 합해져 아마존은 현 상황을 진정 파괴시킬 수 있을 것으로 우리는 확신한다.

홀푸드 인수 후, 보이지 않는 곳에서 아마존프레시와 프라임 나우 부서는 통합을 이뤘다. 그러나 소비자의 관점에서 혼란스러운 점이 여전히 많다. 2018년 블룸버그 기자 시라 오비드는 '아마존은 아직까지 식료품 사업 전략을 모색하는 중'이라는 제목의 기사에서 버터와 같이 간단한 물품을 사는 것을 예로 들어 이러한 복잡성에 대해 설명했다.

만일 댈러스에 거주하는 프라임 정기구독자가 홀푸드 브랜드의 버터 한 덩이를 받고자 한다면, 홀푸드에서 주문한 뒤 아마존 택배기사를 통해 전달을 받으면 된다. 그러나 배송 수단이 따로 없는 콜라라도주 볼더에서 버터 구매자는 인스타카트에 계좌를 개설 하도록 연결된다.

한편 필라델피아에서는 같은 상품을 홀푸드나 아마존 프레시에서 배송받을 수 있고, 뉴욕에서는 프라임 나우를 통해 20종 이상의 버터 중에서 고를 수 있다(그 중에서 홀푸드 브랜드는 없다).

아마존 경영진들의 할 일이 줄어든 것은 확실하다. 단기적 복잡성 문제는 홀푸드를 통합하고 오프라인 매장을 어떻게 이끌어 나갈지 알아가는 과정에서 받아들여질 수 있다. 그러나 장기적인 관점에서 아마존은 지금보다 훨씬 더 일관성 있는 식료품 사업 전략이 필요할 것이다.

08 강력한 자체 개발 상품의 힘
비틀고 들어가기

아마존은 식료품과 패션과 같은 새로운 분야로 세를 넓혀가며 자사 브랜드 포트폴리오를 차곡차곡 채워나갔다. 그러나 이러한 브랜드를 아마존이 독점하고 있다는 사실을 구매자들은 잘 알지 못했다. 백 개가 넘는 자사 브랜드 중에서 소수만이 '아마존'이나 '프라임'이 명칭에 포함되어 있었다. 아마존 에코나 파이어 같은 기기는 예외다.

'당신의 수익이 곧 나의 기회'

— 제프 베조스

그렇다면 자가 상표에 대대적인 투자가 이뤄지는 이유는 무엇일까? 먼저 자가 상표를 보유함으로써 아마존은 지속가능한 수익 구조에 한 발 더 가까이 다가간다. 가격을 올리지 않고도 수익을 늘일 수 있게 된다. 또한 공급자를 상대로 영향력이 커지고, 자체 상표 독점 계약에 따라 프라임 회원들에게 더욱 저렴한 가격으로 공급할 수 있게 된다. 엄청난 양의 고객 정보를 보유한 아마존만큼 고객의 니즈를 파악하고 그것에 따라 품목을 늘여갈 수 있는 기업은 없다.

파괴자 아마존에게 자체 상표는 예외가 아니다. 선 트러스트 SunTrust는 아마존 자체 상표 판매 수익이 2022년까지 250억 달러를 돌파할 것으로 예상했다. 아마존의 전략에 대해 자세히 알아보기 전 미국의 자체 상표 성장 배경과 지금에 와서 유행하는 이유에 대해 알아볼 필요가 있다.

대침체기 이후의 사고방식

미국은 역사적으로 내셔널 브랜드*에 대한 애착이 매우 컸다. 미국 최대 소매업체 월마트는 주기적으로 스스로를 '브랜드 집합소House of Brands'라고 칭하고, 오늘날까지 많은 가정용품들이 브랜드 네임으로 통용된다. 클리넥스, 타파웨어, 큐팁스, 밴드에이드, 사란랩 등이 그 예다.

50년 전 리테일 분석가 빅터 르보는 제품 동일성의 위험에 대해 일찍이 경고했다. 1955년 〈저널오브리테일링Journal of Retailing〉

* 전국적인 시장수용성을 가지는 제조업자의 브랜드

에서 르보는 다음과 같이 말했다.

쇼핑객에게 비등비등한 체인점이나 슈퍼마켓 중 어디에서 구매했냐는 질문을 하자 대다수가 답변 하지 못했다는 연구 결과가 꽤 많이 존재한다. 쌍둥이처럼 보이는 매장 안에 동일한 제품들이 전시되어 있다는 사실은 결국 차별화되고, 개성 있고, 고유한 특징을 가진 다른 제품에게 기회가 주어진다는 것을 의미한다.

르보는 시대를 많이 앞서갔다. 그의 충고에 대한 효과가 나타나기까지 50년 이상이 걸렸기 때문이다. 미국 잡화 분야에서 자체 상표는 시장분열과 비교적 최근까지 할인 매장이 부족했던 현상이 합해져 뒤늦게 유행이 일었다. 자체 상표의 영향력은 대서양 건너 알디와 리들 매장으로 넘쳐나는 고도로 집중된 시장을 살펴보면 잘 알 수 있다. 영국과 스위스에서는 자체 브랜드의 비율이 전체 잡화 판매의 절반을 차지하기에 충분하다. 그러나 미국의 경우 자체 상표를 부착한 상품은 내셔널 브랜드를 흉내 낸 싸구려라는 인식이 강해 종종 진열장 맨 아래 칸을 차지했다. 저렴하지만 눈길을 끌지 못했다. 그에 따라 자체 상표 상품의 성장은 과거 경제가 불확실한 시기에 한정되어 있었다. 경제가 회복되면 구매자들은 곧장 자체 상표를 버리고 다시 내셔널 브랜드로 돌아섰다.

그런데 2009년 대침체기의 막바지에 재미있는 일이 벌어졌다.

많은 구매자들이 예전의 방식으로 돌아가지 않은 것이다. 습관이 영구적으로 변한 것처럼 보였다. 근검절약은 부끄러운 것에서 칭송받는 미덕으로 바뀌었고 '스마트 쇼핑'이라는 개념이 대중화되었다. 그렇다면 과거 침체기에 비교했을 때 무엇이 달라진 걸까? 바로 기술이다.

스마트 폰 시대가 막 오른 것이다. 모든 것을 아우르고, 많은 사람들에게 없어서는 안 될 기술 발전이 시작되었다. 대침체기가 끝날 무렵 소비자들은 정보를 손끝에서 바로 볼 수 있게 되어 전례 없는 수준의 가격 투명성이 이뤄졌으며 그에 따라 소비자들의 권리도 향상되었다.

한편, 미디어 파편화와 슈퍼마켓 합병의 조합으로 내셔널 브랜드는 영향력을 잃고 소비자와의 연결고리도 점점 더 약화됐다. 자체 상표가 성장하기 좋은 토양이 만들어진 것이다. 많은 슈퍼마켓이 이 상황을 고객과의 관계를 심화시킬 기회로 여기며, 싸구려 복제품을 자사 브랜드 상품으로 대체하며 질적 개선과 상품을 통한 메시지 전달에 노력을 기울였다. 동시에 상대적으로 브랜드 충성심이 덜한 밀레니얼 세대들이 대침체기를 지나는 동안 주류 세대로 성장해, 소매업체들은 유기농 제품과 밀키트Meal kit*와 같이 이윤이 높은 새로운 항목으로 확장할 수 있는 기회가 생겼다.

---

* 정량화된 식재료와 소스가 레시피와 함께 제공되는 패키지상품

자체상표를 향한 아마존의 야망

"우리는 자체 상표도 아마존에서 하는 모든 일과 동일한 방식으로 접근한다. 고객에서 시작해 거꾸로 해결해 나간다."

— 2018년, 아마존

구매자의 행동 변화를 눈치 챈 아마존은 2009년 아마존 베이직AmazonBasics을 출범시켰다. 그 당시 아마존은 이미 주방용품 브랜드 핀존Pinzon, 옥외가구 브랜드 스트래스우드Strathwood, 욕실 및 가정용품 브랜드 파이크 스트리트Pike Street, 공구 브랜드 디날리Denali와 같은 다양한 라인에서 자체 상품에 대한 실험을 시작했다. 그러나 아마존의 이름을 달고 출시되는 제품은 처음이었기에 (하드웨어를 제외하고) 위험 부담이 적은 물품, 즉 핵심 제품군을 보완하는 전자부품으로 출발했다.

유명 브랜드보다 약 30퍼센트 저렴하게 책정된 아마존 베이직 라인은 처음에는 전선, 충전기, 배터리에 한정되어 있었다. 그러나 몇 년 사이에 베이직 배터리가 전체 아마존 배터리 판매의 3분의 1을 차지하며 에너자이저, 듀라셀과 같은 내셔널 브랜드의 판매를 훌쩍 뛰어넘었다. 출시한 지 10년도 되지 않아 아마존 베이직은 수십 개의 품목 — 가정용품, 가구, 애완동물 물품, 여행 가방, 스포츠 등 — 으로 확장했으며, 원클릭 리테일에 따르면 2017년에 이르러 아마존닷컴에서 세 번째로 잘 팔리는 브랜드로 등극했다.

그러나 이것은 놀랄 일이 아니다. 계속해서 말해왔지만 아마존은 소비자들이 제품 검색을 할 때 제일 먼저 찾는 사이트라는 부러운 위치를 선점했기 때문이다. 제품 검색과 그에 따른 구매를 통해 아마존은 구매자들이 원하는 바를 알 수 있는 자료를 방대하게 수집해 특정 상품군에 자체 상표에 대한 투자를 우선적으로 할 수 있었다.

데이터 분석업체인 프로피테로의 전략기획 및 사업분석 담당 키이쓰 앤더슨은 이렇게 말한다.

온라인 소매업체의 웹사이트에서 하는 검색과 구글이나 그 외 전통적인 검색 엔진에서 하는 검색은 그 목적에서부터 큰 차이점이 있다. 우리는 종종 소매업체 사이트에서 검색할 때의 정황이 더욱 세부적이라는 사실을 발견할 수 있었다. 제품의 장점이나 특징에 집중되어 있는 경향이 있으며, 아마존은 사람들이 무엇을 검색하는지, 그리고 자사 웹 사이트에서 제공하는 상품 중에서 무엇을 찾고 혹은 그만큼 중요하게, 무엇을 못 찾는지를 분석할 수 있는 잠재력을 보유하고 있다.

(또 따른) 불공정한 게임

따라서 자체 상표 제작의 필요조건에서 아마존은 유리한 고지에 서 있다. 거기에 더해 어마어마한 비교우위 한 가지가 더 있다. 바로 가시성이다.

물리적 환경에서 소비자에게 노출되고자 한다면 브랜드는 진열장 공간을 사야 한다. 그런 뒤 슈퍼마켓은 '내셔널 브랜드와 맞먹는' 자체 상표를 브랜드 선두주자 옆에 나란히 진열하는 경향이 있다. 전환 가능성을 높이기 위해 이윤이 많이 남는 제품을 가장 효과적인 곳에 배치하는 것이다.

가상의 진열대에도 같은 원칙이 적용된다. 오늘날 많은 브랜드가 세계에서 가장 영향력 있는 리테일 플랫폼에서 가시성을 가장 중요한 요소로 꼽는다. 문제는 아마존 고객은 브랜드 네임을 검색하지 않는 경향이 있다는 것이다. 사이트상의 전체 검색어 약 70퍼센트는 포괄적인 물품이었다(예를 들어 질레트 대신에 면도 크림). 그리고 브랜드 네임과 관계없는, 제품 특성에 따른 검색으로 아마존은 고객을 자체상표 제품으로 이끄는 것이 점점 더 쉬워졌다.

물론 브랜드는 아마존에 배치에 따른 비용을 내고 자사 상품과 로고를 진열할 수 있으며, 이를 통해 아마존이 여기서 얻는 수익이 점점 늘어나고 있다. 뉴욕 타임스에 따르면 일부 대형 브랜드는 매달 광고비로 아마존에 수십만 달러를 지불하고 있다. 따라서 광고 부문이 아마존 내에서 가장 빠른 속도로 성장하고 있다는 사실은 전혀 놀랍지 않으며, 월 가의 애널리스트들은 현재 20~40억 달러에 이르는 광고 사업이 빠르게 성장해 2022년까지 260억으로 늘어날 것으로 내다봤다. 플라이휠의 또 다른 바큇살이 추가되는 것이다.

"제품의 관점에서도, 경제적으로도 광고는 계속해서 유망한 분야로 남을 것이다."

— 2018년, 아마존 최고재무책임자CFO
브라이언 올사브스키Brian Olsavsky

    지금 아마존에서 커피를 검색하면, 화면 제일 윗부분에 폴저스Folgers의 배너 광고가 보인다. 그러나 조금만 내리면 '아워 브랜드Our Brand* 최고 등급' 자체상표 배너와 더불어 아마존 프레시와 솔리모Solimo 상품이 검색 결과 첫 장에 노출되어 있다. 또한 아마존의 자체상표를 부착한 상품들이 베스트셀러, 스폰서 제품, '아마존 초이스'(프라임 회원에게 제공되며, 재고가 있고 적어도 평점 4.0을 기록한 제품이라는 의미)라는 표식을 달고 있는 것을 흔히 볼 수 있다.

    아마존은 유리한 고지에 서 있다. 디지털 광고 수익을 창출하면서도 자체상표 제품을 가장 적절한 곳에 배치하여 고객들이 자사 제품으로 전환하도록 효과적으로 유도하고 있다. 이러한 체계는 슈퍼마켓 진열장에 전시되기 위해 가격을 지불한 브랜드 옆에 자체상표 제품을 가져다 놓는 것과 다르지 않다. 그러나 아마존에서 다른 점은 고객의 평점이다. 구매자가 진열장 앞에 서서 하인즈나 코카콜라처럼 신뢰받는 내셔널 브랜드와 상대적으로 덜 알려진 자체상표 제품 사이에서 고민하고 있다고 상상해

---

* 아마존 자체상표 제품과 아마존이 선별한 독점 상품이 합쳐져 만들어진 브랜드

보자. 자체상표 상품이 가격 면에서 이득이라는 것을 알 수 있지만 상품의 질은 어떠할까? 내셔널 브랜드와 맛이 비슷할까? 아이들이 싫어하지는 않을까?

아마존은 온라인 고객 평점 덕분에 이 지점에서 구매자들을 끌어당길 수 있다. 만약 같은 구매자가 자체상표 제품에 별점 4.5점의 평점 수천 개가 달린 것을 봤다면 구매를 시도하는 데 있어 망설임이 줄어들게 될 것이다. 그렇기 때문에 자체상표 제품에 신뢰도와 인지도를 높이기 위해 아마존은 새로운 상품에 고객의 평점을 쌓기 위해 적극적으로 '아마존 바인Amazon Vine' 프로그램을 활용하고 있다. 아마존의 초대를 받은 적극적인 제품 리뷰어들이 무료로 제품을 제공받는 조건으로 새 상품과 출시 전 상품에 대한 의견을 게재한다. 리뷰메타ReviewMeta에 따르면 아마존에서 제공되는 1,600개 이상의 자체상표 제품 중 약 절반에서 바인 후기를 찾아볼 수 있다.

"우리가 생각하기에 자체상표는 아마존 내에서 그 가치를 충분히 인정받지 못하는 사업 중 하나이며, 향후 회사에 확실한 '불공정한' 경쟁우위를 제공할 것이다." 2018년 선 트러스트 애널리스트 유세프 스퀄리는 말한다. "경쟁우위를 확보해도 회사의 영향권에서 벗어나기 힘들기 때문에 '불공정'하지만, 그것이 부여된 것이 아니라 스스로 이룩해 냈다는 점에서는 정당하다."

아마존은 때때로 자체상표로 전환을 유도하기 위해 좀 더 공격적인 수단을 사용했다. 예를 들어 다른 브랜드의 상품 상세 정보 페이지에서 자체상표 광고를 게재하는 것이다. 리서치 회사 가트너Gartner L2는 2018년 보고서에서 제지 상품(화장실 휴지)의 제품 상세 페이지 80퍼센트에서 아마존의 프레스토Presto 제품 광고가 게재되어 있다고 발표했다. 아마존 전직 이사 멜리사 버딕은 2016년 링크드인 게시물을 통해 아마존은 다른 브랜드들은 접근 불가능한 요소 — 자사 콘텐츠용 특수 템플릿과 유리한 배치 구조 — 를 확보하고 있다고 밝혔다. 버딕은 아마존 엘리먼츠Amazon Elements의 아기 물티슈 제품 상세페이지를 예로 들며 아마존 베스트셀러에 오른 다른 상품을 볼 수 있는 '핫 링크' 기능이 비활성화 되어 있어서 구매자들이 다른 베스트셀러 대안을 찾는 데 어려움이 있다는 것을 지적했다.

음성 작동 구매가 활성화 되면 공급업자들의 상황은 더 나빠질 것이다. 알렉사는 단 2개의 검색 결과만 도출해 내기 때문이다. 아마존 전 이사이자 현재 네슬레에서 전자상거래 부문을 총괄하고 있는 세바스티앵 스체패니액은 '음성 검색 분야에서 첫 번째 자리를 선점하지 못할 바엔 그냥 집으로 돌아가는 게 낫다. 첫 번째나 두 번째 자리 외에는 미래가 없기 때문'이라고 말했다.

알렉사가 검색 결과에 우선순위를 매기는 방법에 대해서는 뒤에서 설명하겠지만, 한 가지 중요한 사실은 고객의 구매 기록이 알려지지 않은 상태에서는 알렉사가 아마존 초이스 태그가 달린 상품을 추천할 것이라는 점이다. 2017년 베인앤컴퍼니 조사에서도 브랜드를 지정하지 않은 상태에서 처음 구매하는 고객 반 이상에게 알렉사가 아마존 초이스 상품을 가장 먼저 (검색 결과 상위에) 추천했다고 밝혀졌다. 그리고 자체상표 상품이 포함된 품목에서, 자체상표 상품 판매 비율이 전체에서 겨우 2퍼센트만 차지함에도 불구하고 알렉사가 해당 상품을 추천한 횟수는 전체에서 17퍼센트를 차지했다.

브랜드에게도 좋은 소식이 있다. 음석 작동은 구매자들이 원하는 것을 확실히 알고 있을 때 가장 이상적으로 작동하기 때문에 브랜드에 대한 충성심이 이미 존재한다면 알렉사는 구매 경로를 단순화하는 역할을 하게 되고, 더욱 중요한 것은 다음 구매에서 구매자의 선호도를 기억하고 있을 것이라는 점이다.

아마존은 자체브랜드 판매 도모와 고객이 원하는 것 제공 사이에서 올바르게 균형을 유지해야만 한다. 그러나 공급업자들에게도 기회가 생겼다. 부인할 수 없는 고객 도달 범위로 인해 많은 공급업자들은 아마존에서의 판매를 택할 수밖에 없었지만, 자체상표에 대해 더욱 집중하게 되면서 아마존의 활용도도 함께 늘어났다.

아마존은 패션의 최강자?

자체상표 개발에 대한 아마존의 노력은 놀랍게도 의류에 대부분 집중되어 있다. 그동안 조용히 아마존은 구체적인 대상을 겨냥한 하위 브랜드를 구축해 왔다. 라크앤로Lark+Ro, 엘라 문Ella Moon, 메이Mae, 아마존 에센셜Amazon Essentials, 버튼드 다운Buttoned Down, 굿트레드Goodthreads, 스카웃앤로Scout+Ro, 패리스 선데이Paris Sunday, 파인드Find(유럽) 등이 있다. 실제로 가트너 L2는 2018년 보고서를 통해 의류, 신발, 장신구는 아마존 전체 자체

상표 라인에서 86퍼센트를 차지하고 있다고 밝혔다.

고객에게 도달할 통로는 마련되어 있지만 아마존은 신뢰받는 의류 구매처로 고객의 선택을 받을 수 있을까? 아마존의 편리함과 선별력이라는 강점USP이 제품 자체가 모든 것을 규정하는 패션 분야에서 통할 수 있을까? 식료품과 마찬가지로 패션 분야도 변동이 심하기로 알려져 있다. 아마존이 의류를 판매하는 데 있어 양적인 측면에서 문제없이 해낼 것이라고 믿어 의심치 않는다(이 책이 출간될 쯤 아마존은 미국 내 가장 큰 의류 소매업체가 될 가능성이 높다고 말한 사실을 상기해 보자). 하지만 양말과 티셔츠를 파는 것과 패션을 파는 것은 다르다.

"아마존 모델은 '고객은 모든 것을 살 수 있고, 그것을 저렴하고 편리한 방법으로 살 수 있다'는 것이다. 하지만 그것은 그저 매매 행위에 가깝다. 아마존은 패션에 적합하지 않다."

— 2017년, 잘란도 공동 CEO, 루빈 리터Rubin Ritter

아마존이 식료품 판매에 집중함으로써 타격받게 될 수익 구조에 자체상표 의류 판매가 도움을 줄 수 있다. 또한 아마존 사이트에서 제품 판매를 원하지 않는 많은 패션 브랜드로 인해 생긴 상품 공백을 메우는데도 중요한 역할을 한다. "오랜 시간 동안 사람들은 아마존을 화장실 휴지나 고양이 밥을 사는 곳으로 인식했다." 아마존의 패션 부문 전직 이사였던 일레인 퀀이 말했다. "2014년까지만 해도 많은 브랜드가 아마존과 협력을 원한다는 사실이 공개적으로 알려지는 것조차 꺼려했다."

하지만 힘의 균형이 옮겨가고 있다. 온라인 패션은 성황인 반면 쇼핑몰을 근간으로 하는 백화점 판매는 줄어들고 있다. 아마존은 오늘날 보편적인 플랫폼으로 성장했고 더 이상 간과할 수 없는 판매 채널이 되었다. 하지만 아마존에서의 판매가 양적인 성장만 보장하는 것은 아니다. 이미 제3자 판매자를 통해 자사 물품이 아마존에서 팔리고 있는 만큼, 브랜드는 아마존에서 가격과 상품 진열에 대한 더 많은 통제력을 갖게 된다.

"대부분의 플랫폼에 제3자 판매 마켓플레이스가 함께 운영된다는 사실을 이제 외면할 수 없다. 따라서 당신의 뜻과 별개로 당신의 브랜드는 아마 제3자 판매 마켓플레이스에서 판매될 것이다. 다시 말해, 당신의 브랜드는 어떻게 되든지 간에 해당 사이트에서 팔리게 될 것이다."

— 2017년, 리바이 스트라우스 CEO 칩 버그Chip Bergh

2017년, 업계에 놀라움을 안기며 나이키는 아마존에서 판매를 시작했다. 이를 통해 나이키가 얻은 가장 큰 혜택은 바로 제3자 판매를 차단한 것이다. 모건 스텐리에 의하면 나이키는 아마존에서 직접 판매를 하지 않았음에도 아마존 내에서 의류 브랜드 1위를 차지하고 있었다. 나이키가 아마존과 맺은 계약에는 아마존이 지속적으로 사이트 내 모조품 판매를 감시하고 나이키 상품의 제3자 판매를 금지한다는 조항이 포함되었다.

2017년 모건 스탠리 보고서에 따라 아마존 사이트에서 판매 순위가 높은 브랜드는 아디다스, 헤인즈, 언더아머, 캘빈 클라인 등이다. 아마존 에센셜은 자체 상표 라인 중에서 가장 높은 실적을 기록했고 전체 의류 브랜드 중에서 12위를 기록했다. "이제 도전 과제는 아마존이 자체상표 의류 사업을 시작하고, 앞으로 의류 업계에서 거대한 존재가 될 것이라는 점이다."라고 칩 버그는 2017년 말했다. 대형 브랜드가 걱정해야 할 것은 더 이상 제3자 판매인이 아니라 바로 아마존이다.

하지만 변화는 하룻밤 새 일어나지 않는다. 브랜드를 성장시키는 데 오랜 시간이 걸리고 많은 이들이 아마존의 실용적인 이미지 때문에 패션 최강자로 인식되지 못하는 것은 아닌지 의문을 제기하고 있다. 아마존은 신뢰를 쌓기 위해 대형 브랜드가 필요하고 이윤을 내기 위해 자체 상표가 필요하지만 패션 업계에서 고유한 강점을 반드시 찾아야 한다. 무한대에 가까운 제품군은 강력한 무기다. 하지만 동시에 과도하다는 단점이 있다. 검은 원피스를 검색하면 4만개가 넘는 결과가 나온다.

아마존은 상품을 구경하는 데 적절한 목적지가 아닐 수도 있지만 혁신을 거듭하며 단점을 보완하고 있다. 앞에서 언급한 프라임 워드로브와 에코룩 론칭, 그리고 바디 랩스 인수는 모두 이러한 노력의 일환이라고 볼 수 있다. 또한 아마존은 주문 뒤 신속한 제작이 가능한 자동화 의류 공장에서 특허를 획득했다. 이러한 아마존의 행보는 자체상표 의류 사업의 성장을 촉진할 뿐만 아니라 그 과정에서 전체 공급망을 재창조하고, 나아가 전체 의류 부문에서 지각변동을 일으킬 수 있을 것이다. 우리는 아직까지는 아마존 패션에 대한 관심의 끈을 놓지 않았다.

브랜딩 작업의 어려움: 뒤죽박죽된 아마존의 식료품 브랜드

2014년 아마존은 FMCG(Fast Moving Consumer Goods, 일용소비재) 부문에서 첫 자체 브랜드를 론칭했다. 바로 아마존 엘리먼트Amazon Elements다. 아마존의 프리미엄급 기저귀와 물티슈가 오래 기다려온 자체상표의 습격의 전초를 알리는 것이라고 업계는 전망했다. 그러나 출시 2달 만에 기저귀는 중단되었다.

반응이 뜨뜻미지근했기 때문이다. 아마존은 '디자인 개선'이 필요하다고 말했다. 실제로 유야용품은 FMCG 부문의 첫 자체상표가 데뷔하기에는 매우 위험한 항목이었다. 질에 대한 평가는 때로 주관적일 때가 많으며 기저귀는 성공 아니면 실패 둘 중 하나였다. 게다가 유아 관련 제품에는 그 다음 기회가 잘 주어지지 않는다. 그러나 아마존은 엘리먼트라는 브랜드는 고수하며 물티슈 생산만 하다 특이하게도 비타민과 보조식품 영역으로 확장했다. 하지만 아마존이 실패를 반복과 개선의 기회로 삼는 기업이라는 것을 상기해 보면 몇 년 뒤 자체 상표 기저귀가 다시 시장에 나온 것은 놀랍지 않다. 이번에는 '마마베어Mama Bear'라는 이름의 브랜드였다.

유기농 이유식을 함께 판매하는 마마베어는 아마존이 2016년 홀푸드 인수 전 출범시킨 FMCG 라인 중 하나였다. 그 외 해피밸리(트레일 믹스*, 향신료, 견과류, 계란, 커피), 프레스토(키친타월, 화장실 휴지, 세탁 세제), 위키들리 프라임(감자칩, 팝콘, 수프, 차 등 고급간식)이 있다. 엘리먼트 사태를 겪으며 아마존은 속도를 늦추면서 신선식품류는 절대적으로 피한다는 점을 확실히 했다.

하지만 홀푸드 인수와 함께 높은 평가를 받던 '365 에브리데이 밸류365 Everyday Value'와 홀푸드의 이름이 붙은 자체 브랜드를 물려받으며 상황은 바뀌었다. 하룻밤 사이에 아마존은 압도적인 자체 브랜드를 보유한 신뢰받는 식료품 체인 운영자가 되었다. 원클릭 리테일에 따르면, 365 에브리데이 밸류는 4개월 만에 1천만 달러의 판매 수익을 올리며 아마존에서 명실상부 자체브랜드 2위에 올랐다.

지금까지 설명한 자체상표의 장점에 대해서 한 가지 더 추가하자면, 자체상표는 식료품 분야에서 더욱 힘을 발휘한다. 높은 빈도수와 습관적 구매라는 상품의 특성 때문이다. 일상용품의 자동 주문을 가능하게 해 잡화 구매에서 잡무적 요소를 제거하는 것이 아마존의 목표임을 상기해보자. 자동 주문은 그 자체만으로도 강력하지만, 자동으로 주문되는 물품이 자사 물품일 때 더욱 그러하다. 2018년 현재 이미 아마존 베이직, 아마존 엘리먼트, 해피밸리 등 다수의 아마존 자체상표에 대한 대시 버튼이 존재하고 홀푸드가 완전히 통합된 후에 더욱 확대될 것으로 예상된다.

홀푸드 인수 후 아마존은 아마존프레시(이 글을 쓰는 시점 기준 커

---

* 여행자가 손쉽게 열량을 보충할 수 있도록 견과류, 말린 과일, 초콜렛 등을 섞어놓은 스낵

표 8.1 아마존의 FMCG 영역 자체상표 상품군

출시 연도	브랜드	항목						
		유아용품	미용	식음료	건강	생활용품	애완용품	건강식품
2014	아마존 엘리먼트	×						×
2016	해피밸리			×				
2016	마마베어	×						
2016	프레스토					×		
2016	위키들리 프라임			×				
2017	아마존프레시			×				
2017	홀푸드 마켓*		×	×	×	×		
2017	365	×	×	×	×	×		×
2017	엔진 2 플랜트-스트롱*			×				
2018	베이직 케어**				×			
2018	웨그						×	
2018	솔리모		×	×	×	×		×
2018	마운틴 폴즈**	×	×		×			

* 홀푸드 마켓과 함께 인수
** 아마존 독점이나 아마존이 소유하지 않음

피에 제한되어 있다) 브랜드, 웨그Wag, 솔리모Solimo, 그리고 독점 상표인 베이직 케어Basic Care와 마운틴 폴즈Mountain Falls 등의 자체상표를 조용히 출범시켰다. 현재 아마존은 실험 단계에 있다는 평계를 댈 수 있지만, 언젠가는 자체상표 군단이 더욱 통합되고 일관성 있는 메시지를 전달하도록 만들어야 한다.

이는 브랜드 탄력성에 대한 중요한 화두를 제시한다. 아마존은

다양화에 능하지만 새로운 분야와 서비스로 확대하는 일은 그들의 브랜드를 희석시킨다는 위험을 내재하고 있다. 더 나쁘게는 고객의 반발을 불러올 수도 있다. 고객들은 아마존 브랜드의 식료품과 더불어 아마존 브랜드의 에코, 킨들, 영상과 음악 스트리밍 그리고 향후 은행 계좌와 의료 서비스를 원할 것인가? 특히 식료품 분야에서 아마존은 반드시 여러 가지 자체 브랜드를 생산할 것으로 여겨지지만 그렇다고 해서 위험이 사라지는 것은 아니다. 경쟁자들은 자체상표 투자를 우선 과제로 삼아야 하며 공급업자들도 시장 점유율을 방어하기 위한 전략을 갖춰야 한다. 필수적으로 고객과의 관계를 더욱 강화하고, 적절한 시점에서 자체상표 제작 여부도 고려해 봐야 한다.

09

리테일 테크놀로지

"고객은 아직 깨닫고 있지 못하더라도 더 나은 것을 원한다. 그리고 고객을 기쁘게 해주려는 욕망이 그들을 대신해 발명하는 원동력이 될 것이다."

― 제프 베조스

4장에서 우리는 '자기 방식대로' 하는 구매자들에 대한 탐구를 시작했다. 그리고 기술이 리테일에 어떤 영향을 끼치는지, '자기 방식대로' 하는 쇼핑 방식을 어떻게 바꾸는지에 대해서도 논의를 시작했다.

이것이 평균적인 소비자의 일상에 어떤 의미를 가지는지 이해하기 위해서는 먼저 구매자들이 쇼핑여정에서 '자신만의 방식'을 어떻게 규정하는지 알아야 한다. 간단히 말해 신속한 기술 개발로 인해 소비자들은 자신이 원하는 방식대로 쇼핑이 가능해졌다. 현대의 삶이 디지털화되면서 기능에 치우친 주간 식료품 쇼핑과 같은 구매 유형에서 더 많은 '재미' 혹은 정보에 입각한 고객 경험을 추구하고, 또 그 방법을 찾는 것이 용이해졌다. 소위 기술의 '소비자화consumerization'는 편의성, 즉시성, 투명성, 연관성에 대해 고객의 기대감을 더욱 높이는 데 일조했다.

리테일의 종말이 임박했다는 말은 과장되었을지도 모르지만, 리테일 사업의 미래에 대한 두려움은 다수의 익숙한 가정용 리테일 체인이 도중에 실패한 사실에 근거하고 있다. 그러나 그들의 운명은 충분히 예방 가능했다. 오늘날의 디지털적 역량이 뛰어난, '자기 방식대로' 하는 구매자들의 구미를 맞추는 데 실패한 것이다. 따라서 아마존을 실패의 원인으로 지목하는 것은 어불성설이다. 하지만 자신의 방식대로 하는 소비자에 대응하는 것은 전 리테일 업계의 도전 과제로 떠올랐으며, 기술을 통한 디지털 변환과 차별화에 성공하지 못해 도태되는 기업이 점점 늘어가고 있다. 따라서 아마존이 어떻게 경쟁과 고객의 니즈에서 늘 한 발 앞서나가는지에 대해 심층적으로 들여다 볼 필요가 있다.

9장과 10장에서 아마존이 어떻게 인공지능AI과 음성 부문 기술 개발을 주요 집중 분야로 활용하는지와 더불어 그러한 개발의 근간이 되는 혁신적 동인, 매끄러운 리테일 경험에 대한 오늘날의 구매자들의 차세대적 기대와 요구에 대해서 집중적으로 알아볼 것이다. 이를 통해 아마존이 하는 사업보다, 그것이 가능하게 하는 기술이 현실에 안주하는 업체를 도태시키고, 전체 리테일 업계로 하여금 기능적인 요소가 재미로 승화되어 매장 쇼핑이 온라인만큼 수월해지는 고객 경험을 창조하도록 이끈다는 사실을 알게 될 것이다.

고객에게 집착하라

자기 방식대로 하는 구매자를 이해하지 못하고, 그들에 맞춰 전략을 수정하지 못한 업체들은 변화를 주도하는 기술의 영향력에도 무심히 현실에 안주해버린 바로 그 업체들이다. 그들은 인터넷과 모바일, 그리고 그에 따른 기술 지원 서비스 혁신(주문 후 수령 및 다양한 구매 수단)이 리테일 사업을 영구적으로 바꾸고 있다는 사실을 인지하지 못한다.

기술 발전이 어떻게 이뤄졌는지 알아보기에 앞서 그것이 업계 전체에 미친 영향과 자기 방식대로 하는 구매자들의 역량 강화에 기여한 역할에 대해 살펴보자. 우리는 곧 전 세계 인구 절반 이상이 인터넷에 접근 가능한 중요한 티핑 포인트에 도달한다. 소매와의 연결성으로 기술 이용이 늘어나면서 고객이 구매 과정의 조건을 확실히 통제할 수 있게 되었다. 여기서부터 아마존의 흔적을 떨쳐내기 힘들어진다. 우리는 소매업체에서 고객으로 힘의 이동이 기술 개발과 밀접한 관련이 있을 뿐만 아니라, 아마존이 그러한 힘의 이동을 기업의 성장과 발전에 이용해 온 사실을 익히 지켜봐왔다. 아마존과 같은 성공한 기업이 회사와 고객 모두의 이익을 위해 기술을 어떻게 사용하는지 이해하기 위해서는 이러한 힘의 이동을 먼저 인지해야 한다. 하지만 베조스의 말처럼, 고객을 '즐겁게' 해주고 싶은 욕망이 아마존이 기술 발전에 몰두하는 데 일조했다는 사실을 잊어서는 안 된다. 고객의 니즈를 혁신의 중심부에 두어야 한다는 아마존이 주는 교훈인 것이다.

2010년 아마존의 연간 보고서에서 베조스는 다음과 같이 말했다.

최신 소프트웨어 아키텍쳐 교과서를 펼쳐봐도 아마존에 적용되지 않는 패턴을 찾아보기란 힘들 것이다. 아마존은 고성능 결제 시스템, 복잡한 랜더링 및 객체 캐싱, 작업흐름 및 대기줄 시스템, 비즈니스 인텔리전스 및 데이터 분석, 기계 학습machine learning, **머신러닝** 및 패턴 인식, 신경망 및 확률론적 의사 결정 등 수많은 기술을 사용하고 있다. 우리 시스템의 많은 부분이 최신 컴퓨터 과학 연구에 기초하고 있지만, 종종 이것으로 부족하다. 우리의 개발자와 엔지니어들은 아직 학계가 내딛지 않은 방향으로 연구를 진행해야 했다. 우리가 직면한 많은 문제점들은 교과서에서 그 해답을 찾을 수 없고, 그렇기 때문에 우리는 ─ 행복한 마음으로 ─ 새로운 접근법을 발명한다…….

그렇다면 아마존의 성공은 소비자들이 기술 채택으로 인한 디지털 리테일의 부상과 어떻게 부합하는 것일까? 아마존은 본질이 기술 기업이고, 그 다음이 소매업체지만, 사업 전략에 맞춰 채택한 기술 혁신의 중심에 서비스 대상자인 소비자가 자리하도록 노력을 기울였다. 예를 들어 아마존의 14가지 리더십 원칙의 제일 첫 번째 조항은 '고객에 집착하라'다. 2장에서 언급한 것처럼 소비자들이 디지털 방식으로 가능한 혹은 향상된 기술이 적용된 쇼핑 수단을 포용하기 시작할 때도 아마존의 존립에 기여한 것은 바로 이러한 고객 중심의 사고였다. 하지만 아마존의 핵심 사업이 기술 혁신을 기반으로 했다는 사실이 과소평가 되어서는 안 된다. 그렇다고 늘 그랬던 것은 아니었다.

2002년을 되돌아보면 필요는 발명의 어머니라는 말이 무색하지 않게, 데이터를 고속 처리할 능력과 마켓플레이스를 운영할 표준화 및 자동화된 컴퓨터 인프라의 필요성에 의해 아마존 웹서비스AWS가 탄생했다. 네트워킹, 스토리지, 컴퓨팅 성능 및 가상화 기술 발전을 기반으로 2006년 아마존은 클라우드 컴퓨팅 서비스를 시작했다.

하지만 2014년에서 2015년 사이 아마존의 주가는 20퍼센트 하락했다. 그 기간 동안 주주들은 이 회사가 과연 수익을 창출할지 의심하기 시작했고 그것은 고스란히 다시 주가에 반영되었다. 월마트의 가치보다 낮았고, 같은 해 가을 상장한 알리바바도 아마존의 2014년 시가 총액을 위축시키는 데 한몫했다. 그러나 그 사이 아마존은 빠르게 성장하는 클라우드 컴퓨팅 서비스 수요에 맞춰 조용히 시장 점유를 통합해 나가고 있었다.

그런 뒤 2015년, 회사에 중요한 시점으로 기록될 그 해 아마존은 그 사이 AWS가 스타벅스에 버금가는 수익을 발생시킨다는 사실을 첫 공개했고 아마존의 주가 가치는 상승하기 시작했다. 현재 AWS를 이용하는 고객으로 넷플릭스, 미항공우주국NASA이 있으며, 소매업체로는 노드스트롬, 오카도, 언더아머 등이 있다. 운명적인 그 해에도 AWS는 아마존의 전체 이익의 3분의2를 차지하고 있었다. 그리고 2017까지 100퍼센트 성장했다. 아마존이 평균적인 소매업체가 아니라고 말한 이유는 바로 여기에 있다. 아마존은 본질적으로 기술 회사다.

집착의 힘

아마존을 규정해 온 가치를 생각해 보면 기술 혁신에 관해서는 세 번째 리더십 조항, '발명하고 간소화하라'가 가장 의미 있다.

AWS은 지금의 거대 기업 아마존의 모습으로 거듭나게 할 수 있는 잠재력을 가지고 있었지만, 아마존은 처음부터 발명과 간소화에 대한 탐구를 두려워하지 않았다. 그리고 기업과 고객에게 이러한 노력이 담긴 새로운 제품을 선보이고 다시 파는 것을 거듭했다. 그리하여 2015년 ― 운명적인 주식 폭락이 있은 다음 해 ― 이래, 시장 가치는 계속 상승해 2018년 시가 총액에서는 5배 상승치를 기록했다. 또한 리테일 사업 분야에 이 엄청난 대차대조표와 더불어 강력한 컴퓨팅 기능을 제공했다. 글로벌 전자상거래, 공급체인, 주문 이행에 필요한 정교한 AI 기반 시스템과 향후 리테일 업계를 좌우할 최첨단 기술인 자동화와 음성 기술을 구축하는 데 반드시 필요한 기능이었다.

2장에서 언급한대로, 아마존은 세 번째 리더십 조항을 통해 스스로 '오랫동안 이해받지 못 할 것을 알고 있다'라고 말했다. AWS가 결실을 맺은 과정이 사실을 뒷받침하는 데 충분치 못했다면 또 다른 확실한 증거인 프라임 데이를 살펴보자.

아마존이 프라임 데이를 처음 개최한 때는 2015년이다. 창사 20주년이 되던 해이자 프라임 회원제도가 생긴지 10년이 지난 시점이었다. 첫 대대적 할인 행사에서 블록버스터급 세일 제품이 없었다는 기사도 일부 존재하지만, 전자상거래 소프트웨어 제작 업체 채널어드바이저는 이날 판매 수익이 미국 내에서 93퍼센트, 유럽에서 53퍼센트 상승했다고 발표했다.

이듬해 같은 행사에서 24시간 동안 아마존에서 발생한 전체 주문 건수는 데뷔 해보다 60퍼센트 상승했다. 프라임 데이의 성공으로 충격 받은 전역의 오프라인 경쟁자는 그에 걸맞은 행사를 기획하기 위해 고군분투해야 했다. 2017년까지 프라임 데이 행사는 전 세계 12개국으로 확장했고 알렉사 음성비서를 활용하는 고객에게 특별한 혜택을 제공하고 있다. 최근 알렉사의 존재감이 커지게 된 배경을 이해할 필요가 있으며, 이후 자세히 들여다 볼 것이다. 지금 중요한 것은 2017년 아마존 프라임 데이가 24억 달러를 창출했다는 사실이다. 하지만 더 넓은 관점에서 바라보면, 중국에 있는 아마존의 경쟁자 알리바바는 같은 해 광군제 행사 하루 동안 250억 달러를 벌어들였다.

중국의 광군제에 비하면 프라임 데이가 만드는 변화가 소소해 보일 수도 있지만 사실 그것은 아마존의 놀라운 성장을 보여주는 좋은 예다. 이런 맥락을 기억하며 다시 2015년으로 거슬러 올라보자. AWS의 수익과 첫 프라임 데이뿐만 아니라 2015년에 사상 처음으로 판매 수익이 1천억 달러를 상회했다. 수익 증대는 베조스가 말한 '3가지 기둥' 중 마지막 항목으로, AWS가 비용적 토대를 마련하고, 프라임이 고객 확보와 유지 전략을 가동함으로써 이룬 성과였다. 수익금을 공개하며 아마존은 자사의 1차 도매 상품과, 마켓플레이스 혹은 아마존의 전자상거래 및 FBA 공급망과 물류 서비스를 이용하는 수백 만 명의 유료 독립 판매자들의 상품이 발송된 비율이 50대 50이라고 발표했다.

혁신의 힘

이제 2015년이 아마존에게 중대한 의미를 가지는 이유에 대해 알게 되었을 것이다. 아마존의 리더십 원칙이 결실을 맺기 시작했고 배이조스의 '3가지 기둥'이 '플라이휠' 생태계를 지속시킬 정도로 안정화된 해이다. 이로 인해 자기 방식대로 하는 구매자들이 원하는 것을 더 많이 제공할 수 있게 되었다.

아마존이 이용한 첫 기술적 추세는 모바일 기기로 인터넷을 접속하는 사람들이 빠르게 늘고 있다는 사실이었다. 이동 통신 사업자들에 의하면 2025년까지 순 가입자 수는 세계 인구의 71퍼센트인 59억 명에 이를 것이라고 한다. 그 밖에도 인터넷과 모바일로 가능해진 기술 중 소비자의 구매 방식을 바꾼 예로 온라인 뱅킹과 모바일 지갑을 이용한 결제 체계를 들 수 있다. 결제 정보를 입력하는 데 시간을 절약하고 보안이 강화된, 소위 '무카드

Card-not-present, CNP' 직불 및 신용 결제는 소비자들의 온라인 구매로 연결되었으며, 더불어 비접촉식 Contactless 신용 및 직불 카드로 매장 내에서 모바일 결제가 가능해 졌다.

끊김 없는 경험

이러한 혁신의 공통분모는 더욱 몰입되고 간편한 경험을 요구하는 소비자다. 따라서 고객들이 쇼핑 여정에서 느끼는 속도, 편리성, 투명성, 연관성과 직결되는 마찰이 제거 되어야만 한다. 이러한 마찰은 앱을 통하거나 매장을 방문했을 때 재고가 떨어졌다든지, 계산대 앞에서 줄을 서서 오랫동안 대기해야 한다든지 다양한 경우가 있다. 이러한 마찰을 제거하기 위해 업체는 소비자가 원하는 상품을 온라인에서 주문하고 집으로 배송 받을 수 있도록 해야 한다. 또는 물품을 찾는 과정에서 상품평을 보거나 최저가를 검색할 수 있게 한 뒤 마지막으로 모바일을 통한 신속한 결제와 주문 이행 속달 처리가 가능해야 한다. 반대로 고객 경험에서 마찰을 발생시키는 상황, 예를 들어 줄서기, 배송 문제 혹은 형편없는 판매 서비스는 오늘날의 자기 방식대로 하는 구매자들과 맞지 않다. 고객들이 원하는 것을 더 많이 제공하기 위해서는, 매끄러운 리테일의 '무엇'에 해당하는 부분은 고객 경험을 향상시키기 위한 디지털의 사용으로, '어떻게'에 해당하는 부분은 기술로 구현해야 한다. 이것이 바로 아마존의 기술 사업이 전례 없는 이점을 제공하는 지점이며, 전통적인 업체와 온라인 업체가 아마존과 직접적인 비교를 해서는 안 되는 이유이기도 하다. 그들은 전통 소매업체지만, 아마존은 리테일 테크놀로지 기업이기 때문이다.

기술 동인

이렇듯 기술은 소비자와 소매업체가 교류하는 방식을 완전히 바꿔놓을 뿐 아니라 물리적 리테일과 디지털 리테일 사이 경계도 모호하게 만들고 있다. 아마존이 디지털화된, 매끄러운 구매 경험을 제공하기 위해 어떻게 성공적으로 기술적 우위를 활용해왔는지 이해하기 위해서는 먼저 자기 방식대로 하는 소비자들의 매끄러운 경험을 뒷받침하는 근본적 기술 동인을 살펴봐야 한다. 그것은 다음 세 가지다.

① 유비쿼터스 연결성
② 보급형 인터페이스
③ 자율 컴퓨팅

첫 번째 동인의 효과는 집 안과 밖, 매장 및 다른 공공 지역에서 발견할 수 있는 모바일의 영향력을 통해 확인할 수 있다. 5세대5G 이동통신 네트워크와 더불어 전면적 와이파이망, 무선 충전, 그 밖에도 사람들이 언제나 고속으로 연결되고 온라인 상태가 될 수 있게 해주는 기기와 수단으로 인해 연결성이 더욱 편재해ubiquitous질수록, 더 나은 선택과 더 직관적인 검색, 즉각적인 반응과 주문 이행에 대한 사람들의 요구도 더욱 집요해 진다.

두 번째 동인인 보급형 인터페이스를 말하기 앞서 휴대용 포인팅 장치, 다시 말해 '마우스'가 비교적 새로운 개념이었던 인터넷 이전의 시대로 돌아가 보자. 1984년 그렉 윌리엄스 기자는 첫 번째 매킨토시 컴퓨터 출시에 관한 기사에서 '우리는 가정용 기기로써 이상적인 컴퓨터에 한 걸음 더 가까워졌다'고 말했다.

"리사 컴퓨터는 마우스-윈도-데스크톱 환경을 사용하는 첫 번째 상업용 제품이라는 점에서 중요한 의미를 지닌다. 매킨토시는 동일한 환경을 알맞은 가격에 제공한다는 점에서 똑같은 의미를 지닌다."

— 1984년, 그렉 윌리엄스Gregg Williams

겨우 30년 남짓 만에 사람들은 트랙패드와 볼, 포인터, 펜과 그래픽 태블릿은 물론, 헤드폰과 마이크와 같은 PC 주변 장치, 심지어 스마트 글래스, 워치 등 소위 '웨어러블'이라는 기기까지 자유자재로 사용할 수 있게 되었다. 이러한 발전을 하나로 연결하는 공통된 주제는 컴퓨팅 기기와 연결하기 위한 끊김 없고, 매끄러운 수단을 발견하는 것이다. 이런 의미에서 인터페이스의 사용은 너무 직관적으로 이루어져 기술 자체는 뒤로 '사라지고' 사용자의 특정 니즈를 수행하기 위한 기능이 전면부에 나서는 결과가 초래되었다. 오늘날 가장 흔한 보급형 인터페이스는 아마 터치스크린일 것이다. 애플의 아이폰 출시 이후에 태어난 아이들은 컴퓨팅 기기가 주어지면 전원 버튼을 찾는 대신 화면을 터치할 가능성이 더 높다.

자율 컴퓨팅

연결성과 인터페이스가, 현재까지는, 하드웨어에 근거하고 있다면 세 번째 글로벌 기술 동인은 지속적으로 발전하고 있는 '지능형' 소프트웨어에 입각한다. 지능형 소프트웨어란 필요한 정보를 프로그램화 하지 않더라도 스스로 생각해서 질문에 대한 답을 찾아내는 체계를 일컫는다. 그보다도 자율 컴퓨팅은 교차참조가 가능하고, 전혀 다른 데이터 사이에서 상관 관계를 찾아내고, 스스로 알고리즘을 증강하고, '~라면 어떻게 될까?'와 같은 복잡한 질문에도 답할 수 있다. 기계 학습과 딥러닝 기술을 포함하는 AI는 마지막 글로벌 기술 동인인 자율 컴퓨팅의 발전 없이는 존재하지 못한다 실제로 AI의 발전으로 검색 알고리즘, 스팸 필터, 사기 방지 시스템부터 자가 운전 차량과 스마트 개인 비서까지 지난 15년간 수많은 기능적 컴퓨팅이 진일보했다.

아마존이 장악력을 높여가는 과정에서 이러한 기술 동인의 영향을 찾아보기란 어렵지 않다. 아마존은 이러한 동인을 기반으로 한 기술 발전을 활용해서 더욱 매끄러운 구매 경험을 제공하기 위한 탐색 과정에 필요한 디지털 역량을 키워 나갔다.

선견지명의 힘

각각의 기술 동인의 사례에서 회사의 핵심 역량(클라우드 컴퓨팅, 리테일 등) 너머의 발전을 이룩하려는 아마존의 시도는 성공과 실패를 골고루 기록했다. 심지어 아마존도 가끔은 실수 한다는 사실은 안도감을 느끼게 한다(자체상표 기저귀 실험에서와 같이). 하지만 베조스는 직원들에게 고객이 알든 모르든 상관없이 더 나은 것을 제공할 수 있는 아이디어를 내도록 격려했다. 그 분야에서 아마존은 실패를 두려워하지 않는 것이 틀림없다. 또한 그들이 거는 배팅의 규모는 너무 방대한 나머지 성공을 하게 되면 지금까지의 실패를 모두 회수하고도 남을 정도였다.

가 같은 사실을 배경으로 유비쿼터스 연결성과 보급형 인터페이스 탐구로 촉발된 아마존의 발전에 대해 먼저 살펴보자. 2장에서 중요한 예시로 언급했던, 실패로 끝난 아마존의 스마트폰 제작 사업을 상기해보자. 2014년 6월 아마존 파이어 폰이 공개된 뒤, '쉽게 잊혀 질 것,' '시시하다' 등 부정적인 평가가 쏟아졌다. '쉽게 잊혀 질 것'이라고 평가한 기자는 아예 소비자들에게 '후속 모델이 나올 때까지 기다려라'고 조언했다.

그러나 파이어폰은 너무 크게 실패한 나머지 후속 모델이 나올 여지가 사라졌다. 그리고 출시된 지 겨우 한 달 만에 가격을 199달러(32GB 버전)에서 99센트로 내렸다. 마치 기기의 절망적인 실패를 인정하기에 이것만으로 부족하기라도 한 것처럼, 회사는 2015년 파이어폰 개발, 제작, 화려한 런칭 이벤트로 인한 손해가 1억 7천 달러라고 공개했다. 하지만 이 장 초반에서 언급한 대로, 같은 해 발표한 AWS의 엄청난 수익률에 모든 관심이 쏠려 있어 아마존은 그 당시 운이 좋았다고 할 수 있다.

아마존의 성공의 비밀을 낱낱이 밝히는 게 이 책의 목적이므로 여기서 잠깐 파이어폰이 실패하게 된 경위와 이유에 대해서 잠깐 짚고 넘어가겠다. 무엇보다 그 뒤 아마존은 실수를 통해 교훈을 얻은 것처럼 보이기에 더욱 중요하다. 일반적인 관점에서, 삼성의 주도하에 몇몇 안드로이드 기반 기기만이 겨우 경쟁하고 있던 아이폰의 인기가 절정에 다다랐을 때, 새로운 스마트폰을 출시한다는 것은 이미 실패를 전제하고 있는 것과 다름없었다. 2개의 운영체제OS를 기반으로 한 기업들이 장악한 시장에서 아마존은 가격이나 질적인 면에서 차별화를 명확하게 보여줘야 했지만 그러지 못했다. 그러나 아마존은 이 점을 재빠르게 눈치 채고 개선하기 위한 조치를 취했다.

파이어폰은 아마존이 2007년 출시한 첫 e리더기 킨들 외에도 다른 PC 하드웨어로 확장하길 바란다는 야망을 보여줬다. 2015년 마커스 울슨은 와이어드닷컴Wired.com에서 이렇게 말했다. "(파이어폰)프로젝트는 처음부터 실패할 운명이었다. 아마존폰이 진짜 필요한 사람은 아마존뿐이기 때문이다." 아마존은 아마도 고객에게 좀 더 가까워지고 고객을 그들의 생태계 속으로 가두기 위한 또 하나의 플라이휠 바큇살을 늘이기 위해 파이어폰이 필요하다고 느꼈을지도 모른다. 파이어폰에 설치된 파이어플라이Firefly 앱이 하려던 일과 일치했다. 파이어플라이는 글자, 소리, 사물 인식 툴로서, 구매자들이 1억 개 이상의 제품을 찾아 볼 수 있고 온라인에서 구매가 가능하도록 고안되었다. 물론 매끄러운 아마존 사이트에서 말이다. 그러나 가격 인하 서비스에도 불구하고 결국 파이어폰은 2015년 중반 판매가 중단되었다.

실수에서 얻은 교훈

아마존은 파이어폰의 실패에서 교훈을 얻었고, 과거의 실수는, 유비쿼터스 연결성과 보급형 인터페이스를 더욱 강화하는 기술의 부상을 이용하겠다는 야심을 꺾지 못했다. 어쨌든 파이어 태블릿(2011년 11월에 출시되었다)은 성공을 거둔 덕에 하드웨어 개발 자격이 박탈되지는 않았다. 파이어폰에 출시 당시 이미 4세대였던 태블릿은 아마존의 e북 판매와 킨들의 성공을 기반으로 만들어졌으며, 사용자들이 홈 스크린에서 바로 아마존 전자상거래 사이트로 접속 할 수 있도록 설정되어 있었다. 하지만 아마존 스토어로 연결되는 기능 외의 연결성은 제공하지 않았으며 초기 버전은 최신의 터치 인터페이스 기술도 탑재하지 않았다. 참고로 애플은 4년 전 아이폰을 출시하며 터치스크린을 상품화했다. 아마존이 처음 두 가지 글로벌 기술 동인을 접목하며 성공을 거둔 분야는 핵심 사업인 리테일 부문에서다. 그리고 그 곳에서 더욱 큰 성공을 위해 유비쿼터스 연결성과 보급형 인터베이스의 개념을 적용하고 있다.

원클릭에서 노클릭으로

아마존의 연대표에 처음 두 가지 글로벌 기술 동인을 대입해보면, 아마존이 제공하는 온라인 구매 경험에서 마찰을 제거하는 데 얼마나 중요한 역할을 해왔는지 알 수 있다. 2017년 부로 만

기된 아마존의 '원클릭' 특허가 탁월한 예다. 수많은 업계 전문가들은 사전에 청구지, 지불 수단, 배송 정보를 입력한 뒤에 장바구니에 제품을 넣고 그것을 구입하기 위해 '원클릭'으로 결제하는 체계에 과연 특허가 주어져야 하는지 의문을 품었다. 그들은 그것이 전자상거래 경쟁을 억누른다고 주장했다. 금세 표준 전자상거래 기술이 되어버린 것을 사용하는 데 좀 더 효과적인 수단을 채택한 것으로 아마존에게 불공정한 독점권이 주어지기 때문이다. 그러나 1999년에만 해도 그것은 최첨단 혁신이자, 아마존이 어떻게 현재 상태를 변화시키면서 구매 시 발생하는 마찰을 적으로 간주하는지 보여주는 척도로 여겨졌다. 그래서 특허 출원이 결정 나자마자 아마존은 미국 서점업체 반스앤노블에 소송을 제기하며 해당 업체가 특허에 명시된 것과 비슷한 방식을 사용해 고객들이 재구매를 하는 것을 허용하고 있다고 주장했다. (두 회사는 2002년 미공개 합의에 도달했다.)

그 사이 아마존은 특허에 대한 철저한 방어를 계속하며 약 20년간 경쟁사 대비 상당한 이득을 보았다. 경쟁사들은 결제 과정에서 클릭 버튼을 더 늘이거나 '원클릭'을 사용하는 조건으로 아마존에 라이선스 비용을 지불하는 수밖에 없었다. 아마존이 이것을 강력한 기능성을 가진 기술로 보는 이유는 줄어든 마찰로 인해 장바구니 단계에서 이탈하는 현상을 방지하는 데 도움이 되기 때문이다.

초기의 모든 전자상거래 업체들과 마찬가지로 아마존도 고객들이 물품을 구경하고 장바구니에 넣는 것을 볼 수 있었다. 하지만 장바구니 단계에서의 이탈률, 즉, 착수된 및/또는 완료된 거래 수에 대한 버려진 장바구니 수의 비율이 언제나 높았기 때문이다. 전자상거래 업체 37곳을 분석한 2017년 보고서에 따르면 장바구니 단계에서의 이탈률은 평균 69.2퍼센트였다. 당연히 아마존은 장바구니 단계에서의 이탈률을 공개하지 않는다. 하지만 익명의 아마존 마켓플레이스 판매자에 의하면 아마존은 지속적으로 이탈률을 평균 아래로 유지하고 있다고 한다. 특허 받은 기술로 아마존의 판매가 5퍼센트 상승했을 것이라고 예상한 또 다른 보고서는 해당 특허의 가치를 연간 24억 달러로 책정했다.

혜택에 따른 대가

아마존이 원클릭 특허로 얻은 이익은 역설적으로 리테일에서 결제 절차가 얼마큼 마찰의 근원이 될 수 있는지 보여준다. 온라인에서든 오프라인에서든 상관없이 말이다. 물리적 매장에서 계산대 앞에 늘어선 긴 줄을 보고 구매를 완료하길 꺼렸던 생각을 해보면 된다. 아마 대부분의 사람들은 '그냥 나가버렸을 것just walk out'(이 말의 중요성에 대해서 이후 다시 탐구할 것이다)이다. 여기서 아마존은 경쟁자들보다 한 발 앞서 나갈 수 있는 능력을 다시 한 번 증명했다. 원클릭이라는 전문 기술을 활용하는 것 외에도 마켓플레이스 판매자를 위해 지불과 주문 이행 서비스를 용이하게 만드는 기능을 개발한 것이다. 2013년 아마존은 '페이위드 아마존Pay with Amazon'이라는 서비스를 제3자에게 처음 제공했다. 이 기능은 전자상거래 사이트에서 결제 시 고객에게 아마존에 저장된 신용카드와 배송지를 사용할 수 있는 선택권을 준다(구글이나 페이스북의 통합 인증이 웹 사이트 등록 절차를 간소화하는 것과 같은 원리다). 아마존이 구축해 놓은 전자상거래 매매 절차를 따라 단순히 몇 번의 클릭만으로 구매가 이뤄지는 것이다. 물론 경쟁에서 이기기 위해 협력하는 데는 비용이 들어간다.

마지막이면서 가장 중요한 점인, 아마존이 어떻게 매끄러운 구매를 정의하고 '발명하고 간소화하라'는 리더십 원칙을 깨달았는지 알기 위해서는 프라임 서비스로 되돌아가야 한다. 우리는 이미 결제 절차가 전환에 얼마나 큰 걸림돌이 되는지 살펴봤다. 그런데 배송비는 더 큰 걸림돌이다. 2017년 베이마드 인스티튜트가 미국의 소비자를 대상으로(구매할 의사 없이 구경만 하는 사람들은 조사 대상에서 제외되었다)한 연구에 따르면 장바구니 단계에서 이탈하는 가장 큰 이유는 배송, 세금, 수수료에서 발생하는 높은 금액의 추가 비용이었다.

아마존은 프라임 서비스에서 온라인 구매에서 발생하는 두 가지 주요 마찰 요소를 해결했다. 신속 배송에 대해 월간 혹은 연간 정액제를 도입해 결제 전 감춰진 배송료와 더불어 온라인 구매는 오프라인 매장에서 구매하는 것보다 늦다는 인식을 제거했다. 프라임 나우는 도시 지역에서 1시간 내 배송을 보장함으로써 가장 궁극적인 범위에 도달했다. 아마존 나우의 즉시성과 즉각적인 만족을 넘어설 수 있는 것은 직접 매장에 가서 물품을 사는 일뿐이다. 여기에다가 주문형 스트리밍 매체 — 음악, TV, 영화, 음악 — 서비스까지 추가 된다. 오늘날 전 세계 1억 명 이상이라는 프라임 회원 규모는, 스포티파이(7천 100만), 훌루(1천 700만), 틴더(3백만)와 같은 그 외 인기 온라인 정기구독 서비스 구독자수를 미미해 보이게 만드는 효과가 있으며, 아마존 서비스의 플라이휠 생태계에서 중추적인 기둥 역할을 하고 있다는 사실을 입증했다.

아마존이 일궈낸 가장 중요한 디지털 쇼핑 혁신을 보여주는 가장 대표적인 요소는 프라임 모델의 투명성과 마찰의 제거다. 프라임은 또한 주문 이행 과정의 소위 '라스트마일'에서 수많은 전자상거래 경쟁자들을 물리칠 수 있게 도와주었다. 거기에다가 최근 특허 기한이 만료된 원클릭 구매의 간편함과 우아함이 합쳐져, 아마존 대시 버튼과 음성 비서 알렉사를 이용한 구매 환경에 대한 토대가 만들어졌다고 해도 과언이 아니다. 이 모든 요소들은 아마존 플라이휠 생태계 더 깊숙한 곳으로 고객들을 끌어들일 것이다.

손쉬운 자동 주문 기능

6장에서 처음 언급한 대로 아마존 대시 버튼은 — 그렇다, 이번에도 — 2015년도에 처음 출시되었다. 원클릭에서 '노클릭' 온라인 구매로 가는 토대를 마련한 것 외에도 대시 버튼은 아마존과 브랜드 파트너들을 위해 소비자들의 집 안에 물리적, 브랜드 이름을 건 매장을 차린 것이나 다름없었다. 만우절 하루 전에 출시되자 일부 애널리스트들은 장난으로 받아 들였고 저차원적 기술이라고 깔보는 이도 있었다. 무선 인터넷에 연결한 뒤 대시 버튼을 눌러 재주문 명령을 내리면 소유자의 아마존 모바일 앱으로 전송되는 방식이었다. 주문 사고를 막기 위해 고객은 앱에서 재주문 요청을 다시 한 번 확인한다. 대시 버튼은 프라임의 주문 이행 체계의 정기구독 서비스 성공을 바탕으로 만들어졌으며 이를 더욱 발전시켜 나갔다.

현재까지 총 300개 이상의 제품에 대시 버튼이 존재하며 2017년 대시 버튼을 이용한 주문 횟수는 1분에 4건 이상으로 바로 전해 1분에 1건이었던 것에 비해 수치가 상승했다. 비록 전체 아마존 판매 수익에서는 미미한 부분을 차지할 뿐이지만 리테일 데이터 회사 슬라이스 인텔리전스Slice Intelligence의 조사에서는 대시 버튼 주문은 첫 해 650퍼센트 성장했다. 대시의 성공에 힘입어 아마존은 대시 완드Dash Wand를 선보였다. 배터리로 작동하는, 스피커, 마이크, 바코드 스캐너가 부착된 기기로 대시 버튼보다 더욱 정교해진 음성 기술이 적용되었다.

그 모든 것에 미국 소비자의 절반이 제품 검색을 시작하는 지점이 아마존이라는 사실이 더해지면, 아마존이 온라인 최강자라는 지금의 위치에 오른 것이 놀랍지 않다. (월드와이드웹이 상용화된 1991년 이후에 태어난 이들이 대부분인) 밀레니얼 세대 사이에서 아마존은 모바일 기기에서 없으면 안 되는 앱 1위를 차지했다. 그러나 아마존은 우리가 살아가고, 일하고, 쇼핑하는 방식에서 변혁을 일으키고 있는 유비쿼터스 연결성과 보급형 인터페이스에 입각한 사업 전략을 개발하고, 혁신하는 데 만족하지 않고, 자율 컴퓨팅 역량을 강화해 구매 과정을 지금보다 더 신속하고 직관적으로 만들겠다는 목표를 가지고 있다.

10

인공지능과 음성
리테일러의 새 지평을 열다

"전체 플랫폼에서 이뤄지는 검색의 30퍼센트가 2020년까지 스크린이 없는 기기에서 이뤄질 것으로 예상되며, 이에 따라 사용자들은 알렉사가 가장 잘하는 것이 더욱 의지하게 될 것이다."
― 2016년, 헤더 펨버턴 레비 Heather Pemberton Levy

우리는 지금까지 아마존과 전체 리테일 업계의 미래에서 기술이 맡은 중추적 역할에 대해 알아보며 글로벌 기술 동인이 아마존의 성장에 일조했으며, 다른 무엇보다 아마존이 기술 기업이 아니었다면 이러한 동인을 이용하기 사실상 불가능했다는 사실을 알 수 있었다. 아마존은 자기 방식대로 하는 구매자들이 여러 가지 기술 혁신 중에서 특히 인터넷, 터치 스크린, 모바일 앱을 적극적으로 받아들였다는 사실을 포착했다. 우리는 또한 아마존이 기술력으로 기능적 구매와 재미에 기초한 구매의 분기점에서 뛰어난 혁신 능력을 발휘했다는사실도 알 수 있었다. 그 혁신은 AWS, 프라임·프라임 나우·프라임 데이, 마켓플레이스와 판매자를 위한 서비스, 원클릭 특허, 페이위드아마존, 대시 버튼과 완드와 같은 결과를 만들어냈다.

아마존은 기술 동인을 활용해 전자상거래 쇼핑 여정을 개발하고, 1시간 내 배송과 자동 주문 기능과 같은 새로운 구매 경험을 창조해 냈다. 하지만 가장 파격적인 혁신에 대해서는 일부러 아직 깊이 다루지 않았다. 그것은 바로 음성 기술이다. 처음 두 가지 글로벌 기술 동인(유비쿼터스 연결성과 보급형 인터페이스)이 리테일 업계에 미친 영향과 그 속에서 아마존이 우위를 차지하고 현상에 대해 설명했고 이제 음성 기술과 연관된 세 번째 동인(자율 컴퓨팅)에 대해 말할 차례다

아마존의 미래가 걸린 이 세 번째 동인의 중요성을 이해하기 위해서는 다음 두 가지 체계의 차이점을 이해해야 한다. 수동적이고 오류가 발생하기 쉬운 이전의 절차를 '자동화' 및 디지털화 하도록 프로그래밍 된 기술 체계와, 자체 프로그램이 암시적인 지침 없이도(즉, 자율적으로) 문제를 해결 할 수 있는 기술 체계다. 후자는 '학습하는 기계'라고도 불리며 '기계 학습'이라는 AI의 한 분야의 발전으로 이어졌다.

자율 컴퓨팅의 개발 — 단순 자동화를 넘어서 인간의 개입 필요성을 제거되는 수준까지 — 은 인터넷과 같은 대규모 네트워크 시스템이나, 저장된 정보에 접근 가능한 수단, 예를 들어 데스크톱 클라이언트 PC, 스마트폰, 테블릿이 존재하지 않았다면 불

가능했을 것이다. 유비쿼터스 연결성과 저장장치 접근의 필요성에 의해 개발된 클라우드 컴퓨팅과 같은 기술 역시 자율 컴퓨팅을 구성하는 필수 요소다. 음악, 메시지부터 메모리까지 사용자들의 삶을 더욱 디지털화 시키는 보급형 인터페이스에 의해 생산되는 빅 데이터는 이러한 체계에 셀 수 없이 많은 '~라면 어떻게 될까?' 유형의 질문에 대답하는 데 필요한 다양하고, 잠재적으로 비구조적인 데이터를 주입한다.

자율 컴퓨팅 체계가 점점 더 만연해 지고 있다는 것을 보여주는 가장 큰 징표는 AI다. AI는 계산대 없는 매장, 로봇공학, 무인자동차, 드론, 음성비서를 현실로 만들었고, 무궁무진한 잠재력을 가지고 있다. 시장조사 업체 인사이트 파트너스는 리테일 업계가 AI에 지출하는 비용은 2025년까지 272억 달러가 넘을 것이며, 연평균복합성장률CAGR은 2016년 약 7억 1,260만 달러에서 49.9퍼센트 성장할 것이라고 내다봤다. 따라서 AWS, 아마존이 이미 보유한 엄청난 양의 고객 정보, 혁신이란 이름의 간소화에 대한 가혹한 추구, 이 모든 것은 빠르게 부상하는 분야인 AI를 장악하고 그것을 음성 체계에 적용하기 위해 계획되어 있었다고 해도 과언이 아니다.

추천의 가치

거듭 말하지만, AI는 오늘날 기술 혁신을 형성하는 가장 중요한 동인(특히 자율 컴퓨터 시스템의 필요성이 점점 높아지는 데에 근거하여)이다. 현재 업계가 찬양하는 음성 기술에 대해 알아보기 전 먼저 아마존이 어떻게 AI 시스템을 고객의 집뿐만 아니라 전반적인 사업에서 활용하고 있는지 자세히 알아보자. 유비쿼터스 연결성과 보급형 인터페이스 동인에 대해 알아 볼 때와 다르지 않으며, 이 탐구로 아마존이 어떻게 보통의 쇼핑 여정에서 마찰을 제거한다는 목적을 달성하고, 그 결과 더 많은 판매와 성장이 이루어지는 선순환 구조를 창조했는지 더욱 잘 이해할 수 있을 것이다.

실제로 아마존의 검색과 추천 엔진의 영향력은 AI를 기반으로 하고 있다. 1990년대 아마존은 제품 추천에 의지하는 초창기 전자상거래 업체 중 하나였다. 제품 추천은 또한 단순한 서점으로 남지 않기 위해 필요한 교차 판매에도 도움이 되었다. AI는 기술 개발의 한 범주로, 베조스는 이를 '기계 학습의 실용적인 응용'으로 묘사했다. 또한 아마존의 검색과 추천에 대한 기계 학습 능력은 정교한 공급망 관리과 최근의 음성 구매 기능의 토대가 되었다. 이 모든 응용 프로그램 안에서 AWS의 강력한 컴퓨팅 능력을 이용해 수십 억 단위에 이르는 데이터 포인트를 처리하며 다양한 선택과 결과를 테스트 한 뒤, 비용 효율성 측면에서 고객에게 무엇이 맞거나 맞지 않는지 도출해 내는 것이 가능해진다. 맥킨지는 제품 추천에서 구매로 이어지는 비율이 35퍼센트라고 추정했다. 2016년 아마존은 AI 시스템 DSSTNE('데스티니'라고 발음한다)를 오픈소스로 공개하기로 결정했다. 말과 언어 이해, 개체 인식을 넘어서 검색과 추천과 같은 다른 분야로 확대될 수 있는 딥러닝의 방식을 더욱 확장하기 위해서다. DSSTNE를 오픈소스로 공개하기로 한 결정은 아마존이 AI의 막대한 잠재력으로부터 이익을 얻기 위해서는 협력이 필요하다는 사실을 깨달았음을 의미한다.

아마존 웹 사이트에서는 과거에 검색하거나 열람한 상품을 기반으로, 전환율을 높이기 위한 개인별 맞춤형 추천이 가능하다. 마찬가지로 아마존의 추천 엔진은 고객이 이전에 검색을 하거나 열람한 상품과 비슷한 상품을 내보이며 고객을 유사 브랜드 또는 제품으로 전환하도록 유도할 수도 있다. 또한 '당신이 열어본 항목과 관련된' 모든 것을 기반으로 한 추천도 존재한다. '자주 함께 구입하는' 혹은 '이 상품을 구매한 다른 고객이 구매한' 상품 추천은 평균 주문 가격을 올리는 역할을 한다. 이러한 모든 경우에서 '그것을 사면 이것도 사라'는 AI 기반의 의사 결정 엔진이 장바구니에 들어있는 물품과 어울리는 제품을 찾아주기 위해 배경에서 작동하고 있다. 이를 테면, 기기를 열람하고 나면 아마존이 그것에 맞는 커버나 호환되는 주변기기를 추천해 주는 식이다.

이와 같이 정교한 마케팅은 모두 AI 기반의 기계 학습 알고리즘을 토대로 하고 있으며 웹 사이트의 사용자가 누구든 그들이 보고 있는 것과 어울리는 것을 역동적으로 제시한다. 이 과정에는 고객의 구매 내역과 기호, 재고 상태와 특정 재고 처리 속도 등 여러 가지 변수들이 존재하는데, 오로지 AI 기반 체계만이 실시간으로 처리가 가능하다.

중국의 알리바바 그룹은 과거 거래 기록이 없는 구매자에게도 AI 방식 제품 추천을 사용한다. 알리바바 셀러 서비스 사업부 데이터 기술 책임자 웨이 후에 따르면, 알리바바의 추천 엔진은 신규 구매자에게 연관된 상품을 보여주기 위해 다른 열람 및 구매 데이터 포인트를 고려할 수 있다. 알리바바 그룹이 운영하는 티몰과 타오바오 플랫폼 내 기존 고객들은 자신의 과거 거래내역뿐만 아니라, 열람 기록, 제품 피드백, 책갈피, 지리적 위치와 다른 온라인 활동 내역과 연관된 데이터를 기반으로 한 제품 추천을 받게 된다. 알리바바는 2016년 광군제 기간 동안 AI 추천 엔진을 이용해 판매자들의 목표 고객 데이터를 기반으로 개인별로 맞춤화된 쇼핑 페이지 67억 개를 생성했다고 밝혔다. 그리고 광군제 하루 동안 이러한 대규모 맞춤화를 통해 전환율이 20퍼센트 상승했다고 덧붙였다.

추천과 개별 맞춤화 외에도 아마존은 방대한 사업 운영과 고객 응대에 다양한 방식으로 AI 시스템에 의존하고 있다. 하지만 아마존이 구축한 최고의 리테일 관행을 탐구함에 있어 가장 중요한 요소인 기술을 위해, 공급망과 아마존고를 언급하지 않고 아마존과 AI에 대해서 더 이야기 할 수 없다.

공급망의 복잡성

다시 한 번 말하지만, 아마존이 AI를 통해 공급망에서 얻는 혜택의 진정한 의미를 이해하기 위해서는 먼저 업계 전체가 안고 있는 과제를 알아야 한다. 2015년 분석 회사 IHL가 실시한 세계적인 연구에 따르면 예상치 못한 수요 상승에 대응하는 데 있어 소매업체들이 공급망에서 필요 이상의 재고를 마련하는 데 들이는 비용은 4,719억 달러이며, 반대로 충분한 재고가 없어서 들어가는 비용은 6,300억 달러였다. 이에 비해 아마존의 AI 알고리즘은 아마존에서 판매하는 상품 수 억 개에 대해 종종 최대 18개월 뒤까지 수요를 미리 예측할 수 있다. 그럼에도 가장 수요 예측이 까다로운 품목 중 하나는 의류라고 아마존 기계학습 담당 이사 랄프 허브리치는 말했다, 유행과 날씨에 따라 수요가 영향 받는 것까지 고려해 인근 구매자들의 체형과 취향에 맞춰 어떤 사이즈와 색깔을 어떤 물류창고에 채워야 하는지 회사가 결정해야 하기 때문이다.

따라서 아마존이 '예측분석Predictive analytics'이 AI에 대한 초기 진출의 범위를 정의했을 때부터 지금까지 이 분야에서 사업을 추진해온 이유를 쉽게 알 수 있을 것이다. 2014년 아마존이 출원한 '예측배송Anticipatory shipping' 특허는 업계를 술렁이게 만들었다. AI를 이용해 공급망에서 지금보다 더 효율성을 이끌어내겠다는 의도가 드러났기 때문이다. 고객이 구매의사를 알아차리기도 전에 고객 근처에 재고를 가져다 두는 방식이었다. 아마존은 경쟁사보다 더 잃을 것이 많았을지도 모른다. 2005년 프라임 출시부터 무료 2일 배송을 제공하고 있는데다가 지속해서 상승하는 수요가 회사의 공급망과 주문 이행 능력을 앞지를 것이라는 위협을 느꼈을 수도 있다. 아마존은 예측배송 특허를 가지고 특정 지역에 있는 고객이 원할 것으로 예상 되는 물품을 주문이 들어

오기도 전에 집품, 포장, 운송할 수 있을 것이라고 말했다. 고객의 과거 주문 내용과 그 외 다른 요인들에 근거해서다. 이렇게 도착한 물건은 주문이 들어오기 전까지 물류 허브센터나 배송 트럭에서 기다리게 된다. 심지어 2014년에 프라빈 코펠 교수는 이 정교한 분석의 잠재력을 알아봤다. "잘 시행된다면 이 전략은 예측분석을 한 단계 위로 끌어올릴 수 있는 잠재력이 있으며, 데이터에 정통한 회사들이 충성심 높은 고객 기반을 크게 넓힐 수 있는 기회를 제공할 것이다." 그 뒤 2014년 후반 아마존이 이 분야에 진출을 서둘렀던 이유가 드러났다. 도시 지역에서 1시간 배송 서비스 프라임 나우를 론칭하며 전자상거래 주문 이행의 라스트 마일 경쟁에서 강수를 두기로 한 것이다.

프라임 서비스의 신속한 확장이 아마존이 클라우드 서비스의 유비쿼터스 연결성에 집중하도록 한 촉매제가 된 것이 틀림없다. 점점 더 자율적이고 명령 및 제어 방식의 주문 이행 역량 발전에 발맞추기 위해서다. 이러한 맥락에서 아마존은 물류창고의 로봇과 자율성을 가진 배송 드론이 성장을 뒷받침하도록 했다. 앞에서 언급한 것처럼 2012년 아마존은 주문 이행 과정의 자동화를 촉진하는 물류창고용 로봇 생산업체 키바 시스템을 인수했다. 현재 키바 시스템은 아마존의 로봇 개발에서 중추적인 역할을 맡고 있다. 2015년, 〈MIT 테크놀러지 리뷰〉는 2015년도 뉴저지에 위치한 아마존의 유통 및 주문 이행 센터에 약 2천 개의 주황색 키바 로봇이 인간이 선반 위로 물건을 옮기는 것을 돕고 있었다고 언급했다. 오늘날에는 총 10만대 이상의 로봇 함대가 포진하고 있을 것이라는 데에는 이견이 없다. 이것이 의미하는 것은 회사 전체 노동력의 적어도 20퍼센트는 AI를 기반으로 독자적인 역할을 수행하는 로봇이 담당하고 있다는 사실이다. 그 뒤 2016년, 아마존은 영국에서 배송 드론 실험을 시작했고, 반자율적으로 운행되는 드론이 처음으로 택배 배달에 성공했다. 이제 아마존은 '언젠가 프라임 에어 Prime Air 자가용을 보는 것은 도로에서 우체국 트럭을 보는 것만큼 자연스러워 질 날이 도래할 것'이라고 자신하고 있다 (아마존 에어에 대해서는 14장에서 다시 설명하겠다).

저스트 워크 아웃

계산대 없는 편의점 아마존고의 중요성의 대해서 다른 장에서 자세히 알아보지만, 아마존이 우리의 집, 우리와 어디든 함께 하는 모바일 기기, 혹은 자체 공급망과 주문 이행 운영에서도 모자라 이제는 물리적 매장에까지 자체 기술을 적용하려는 야망을 품고 있다는 증거로서 여기서 다시 한 번 더 언급 할 필요가 있다. 지금까지 소매업체들이 마치 포위망에 둘러싸인 듯 전자상거래 때문에 매장의 입지가 점점 좁아지는 것 같은 느낌을 받았다면, 아마존고로 인해 그들의 물리적 매장과 그 곳에서 일하는 직원들은 아예 존재 자체에 대한 위협을 느끼게 될 것이다.

아마존의 '저스트 워크 아웃 Just Walk Out' 기술은 고객들이 선반에서 가져오고 가져다 놓는 물건을 추적하고, 가상 장바구니가 고객을 따라다니면서 고객이 매장 밖으로 가지고 나가는 물건이 자동적으로 지불 되게 하는 체계다. 이 기술은 더욱 매끄러운 리테일 경험 제공을 위해 아마존이 AI 사용을 추구한다는 사실에 부합한다는 것 외에도, 계산 과정을 아예 없애는 경험을 가능하게 하기 위해 혁신적 기술 동인이 사용된다는 것을 보여주는 좋은 예다.

아마존고는 자기 방식대로 하는 구매자들에게 서비스를 제공하기 위해 다음과 같은 방식으로 기술 동인을 이용하고 있다.

① **유비쿼터스 연결성:** 온라인 혹은 오프라인에서 고객의 쇼핑여정 내 모든 지점에서 고객의 활동과 특성을 관찰한다.
　ⓐ 고객들은 아마존에 개인 정보와 지불 방법을 등록하지 않고서는 아마존고에 입장조차 할 수 없다.
　ⓑ 고객들은 매장 입장 시 자신의 모바일 기기에서 다운 받은 아마존고 앱으로 신원확인을 거쳐야 하며, 앱은 매장 안에서 고객의 움직임을 추적한다.
② **보급형 인터페이스:** 구매를 방해하는 요소, 예를 들어 고객이 직접 자신의 모바일폰이나 업체의 특별 제작된 휴대용 스캔 단말기를 들고 다니며 물건을 스캔하는 데서 발생할 수 있는 기술적 문제가 전부 제거된다. 게다가 비용 감당은 고객이 아닌 소매업체의 몫이다.
　ⓐ 모바일 앱은 고객이 매장에 진입할 때 가장 원만한 아마존고 경험을 가능하게 하는 가장 매끄러운 방식이다.
　ⓑ 매장 기반 쇼핑 여정에서 드러나는 마찰 가득한 과정에서 휴먼 인터페이스(계산 과정 등)를 제거함으로써 고객은 전

례 없는 속도와 간소화를 경험하게 된다.

③ **자율 컴퓨팅:** 아마존고의 저스트 워크 아웃 기술은 AI 기반의 컴퓨터 비전Computer vision, 센서 융합Sensor fusion, 딥러닝 기술의 집합체다.

ⓐ 저스트 워크 아웃 기술은 수동적인 개입 없이 작동되기 때문에 계산대 직원과 하드웨어의 필요성이 제거된다.

ⓑ 전통적인 오프라인 소매업체에서 주요 손실 요인으로 여겨지는 결품 발생 가능성을 차단한다. 고객들은 매장에서 가지고 나가는 모든 물품에 대해 결제가 실행되고 매장 내 광범위한 컴퓨터 비전 체계가 만일의 사태를 예방한다.

음성 기술의 잠재력

여기까지 오는 데 꽤 시간이 걸렸다. 하지만 지금까지 아마존이 혁신적 기술 동인을 이용한 실적을 살펴보면 아마존이 음성 기술에 얼마나 큰 공을 들여왔는지 명백히 알 수 있다. 게다가 2020년까지 음성 작동 기기 사용률이 미국 내에서 40퍼센트, 전 세계적으로 30퍼센트에 이를 것이라고 업계가 공통적으로 추정하고 있다. 실제로 2017년 아마존 디지털 기기 담당 수석부사장 데이비드 럼프는 다음과 같이 예견했다. "가정에서 음성제어 기능은 보편화 될 것이다. 오늘날의 어린이들에게 살고 있는 집과 대화를 나눌 수 없다는 것은 생각조차 할 수 없는 일일 것이다."

아마존은 AI로 작동되는 알렉사 음성비서가 탑재된 음성 작동 기기 에코를 — 놀라지 마시라 — 2015년 첫 출시했다. AWS, 원클릭, 프라임, 모바일 앱, 페이 위드 아마존, 대시, 드론 배송, 로봇, 아마존 고 때와 마찬가지로, 아마존은 이제 정교한 AI체계를 이용해 새로운 보편적 컴퓨팅 인터페이스를 규정하려는 시도를 하고 있다. 강점을 최대한 활용하고, 기존 생태계를 강화하고, 집 안에서의 일상적 기능에 더 깊이 침투하는 방식이 될 것이다. 전략 컨설팅 회사 OC&C는 구글 홈이나 아마존 에코와 같은 기기를 통한 구매는 2018년 20억 달러에서 2022년 400억 달러로 상승할 것이라고 예측했다. 아마존이 알렉사 음성비서를 통해 이루고자 하는 목표는 아마존닷컴 판매를 신장시키는 것뿐만 아니라 지금까지 만족시켜온 자기 방식대로 하는 구매자들이 아마존의 생태계에 더욱 의지하게 만들어 그 속으로 더 깊이 빠져들게 만드는 것이다. '아마존은 스마트폰 전쟁에서 패배하여 승리했다'는 말이 틀리지 않은 이유다.

그 경위는 이렇다. 만일 파이어폰이 2014년 출시 직후 성공을 거두었다면, 그 뒤 아마존은 꼼짝하지 못하고 복잡한, 기기 및 파이어 모바일 OS 체계 업데이트에 매달려야 했기 때문이다. 아마존 경영진들은 일찌감치 깨달았을지도 모른다. 핵심 사업이 소매가 아닌, 모바일 소프트웨어와 기기에 기반을 둔 애플과 구글을 상대로 스마트폰 전쟁에서 승리할 수 없다는 사실을. 어찌됐든, 음성 작동 기기 에코의 출시와 2017년 공개된 이후의 개선되고 확장된 에코 기기 라인은 아마존이 차별화된 기업이라는 사실을 확실히 증명했다. 그에 더해 세 가지 글로벌 기술 동인의 발전에 입각한 '세 가지 기둥' 요소를 근거로 하며, 매끄러운 리테일 경험을 점점 더 촉진하는 아마존의 플라이휠 전략의 정점을 보여주었다.

선점자 우위 효과

음성비서 기기 시장이 아직 개발 초기 단계에 있을 때 아마존은 이미 선점자 우위를 강화해 사용자들은 단지 음성을 사용해서(파이어 TV로) 웹 영상을 시청하고, 주방 타이머를 설정하고, 음악을 듣고, 날씨를 체크하고, 물론 아마존에서 구매를 할 수 있었다. 아마존은 또한 2017년 말, 프리미엄 에코 기기의 가격을 기존의 180달러에서 100달러로 하향 조정했다. 자사의 음성인식 기기가 필수불가결한 요소로서 소비자 집안에 그 어느 때보다 깊숙이 침투할 수 있도록 하기 위한 전략이다. 블랙 프라이데이나 프라임 데이와 같은 행사도 에코 기기가 더 많이 팔릴 수 있는 데 한 몫 했다는 사실을 간과하고 지나칠 수 없다. 이러한 인위적인 판촉 행사에서 알렉사를 통해 주문을 하면 독점 할인을 제공하며 구매자들이 음성인식 구매에 대해 더 익숙해지도록 노력했다.

과거 파이어폰 실수를 상기시키며 블룸버그의 시라 오비드는 그 당시 정확한 관찰을 했다. "아마존은 스마트폰과는 무관하지만, 그 기기에 탑재된 소프트웨어 인텔리전스와 그 외의 모든 것을 가지고 미래를 개척해 나가고 있다. 아마존은 과거의 실수를 했기 때문에 이러한 미래를 맞을 수 있게 되었다." 알렉사가 탑재된 모든 기기는 고객들을 아마존의 플라이휠 생태계 안으로 더 깊이 끌어당긴다. 기기를 사용하며 아마존과 상호작용을 하지 않는 것은 쉽지 않기 때문이다. 구글과 애플이 고객을 각각의 생태계로 불러 모아, 독점 제품 간 끊김 없는 상호 운영성이 가능하도록 마찰을 제거해 고객 가두기를 극대화 하는 방법과 동일하다. '아마존 기기를 통해 물건을 사는 데 기본 선택사양은 아마존이다.'라고 오비드는 덧붙였다.

아마존의 음성 기술 개발의 중심에는 생태계의 원리가 자리하고 있으며, 그렇기 때문에 대부분의 가정에서 알렉사를 쇼핑에 활용하는 데 중점을 두지 않고 있다는 사실은 그다지 놀랍지 않다. 실제로 가장 잘 사용하지 않는 기능이 쇼핑이라고 클래비스 인사이트는 발표했다. 이 전자상거래 시장 분석 기관은 미국 아마존에서만 하루 1만 개 이상의 용어들을 수집하고 고객들의 알렉사 사용 성장 지표를 추적해 이 같은 결론에 도달했다. 그리고 사람들이 그 외에 알렉사에게 시키는 일에 대해서도 함께 발표했다.

알렉사에게 하는 명령 순위
① 일 처리와 음악
② 가정 자동화
③ 기술과 쇼핑

조사기관: 클래비스 인사이트 Clavis Insight, 2016~2018

아마존 전자상거래 분석 업체이자 클래비스의 파트너 회사인 원클릭 리테일도 2017년 말 이 결과를 뒷받침하는 연구를 발표했다. 아마존닷컴에서 알렉사와 연결할 수 있는 가정 자동화 기기의 판매가 전년 대비 71퍼센트 성장한 것이다. 그러나 같은 기간 구매자들이 알렉사를 연결해 가정 내 전기, 보안, 난방 체계를 제어하는 데 사용하는 기기 중 가장 선호한 제품은 아마존의 라이벌 구글의 온도 조절기 '네스트Nest'였다. 그 뒤 2018년 3월 아마존은 웹 사이트에서 네스트 기기 판매를 중단했다. 이 사건은 아마존이 경쟁에서 이기기 위해 얼마큼 무자비해 질 수 있는지 명백하게 보여준다.

새 지평을 열 음성인식 기술

모든 소매업체들과 브랜드 소유자들이 가장 궁금해 하는 것은 음성 기능이 다른 채널에서 이루어지는 판매를 신장시킬지 아니면 감소시킬지에 대해서다. 원클릭 리테일에 조사에 따르면 알렉사 소유자 중 32퍼센트만이 음성비서를 사용해 물품 구매를 경험 한 적이 있다고 한다. 이들이 반복 구매를 했을 리는 만무하다. 실제로 첫 구매 이후 알렉사를 사용해 물품을 구매하는 비율은 현저하게 떨어졌다. 그러나 브랜드 소유자와 소매업체와 달리 아마존은 어떤 물품이건 간에 아마존닷컴에서 구매가 이루어진다면 별다른 걱정이 없었다.

실제로 알파인 AI와 인포스카우트의 합동 연구에 따르면, 1년간 평균 아마존 고객이 약 19번의 구매를 하는 동안, 에코 소유자들은 약 27번 구매를 한다. 기기가 추가적 충동 구매를 하도록 권장하는 것이다. 재구매를 할 때 알렉사를 이용하는 고객 사이에서 음성인식 구매에 가장 선호되는 품목은 잦은 구매가 이뤄지는, 브랜드 제품이 주를 이루는 항목이었다. 예를 들어 반려동물 사료와 간식, 제빵 및 요리 용품, 면도 및 미용 용품, 구강 청결제 등이다. 가장 많은 구매가 이뤄지는 물품은 건강 및 미용 제품으로 12개월 동안 53퍼센트 더 많이 팔렸다.

음성인식과 관련해 소매업체와 브랜드를 걱정시키는 또 다른 문제는, 수십억 달러를 투자한 마케팅과 광고가 음성 플랫폼으로 이동이 불가능한 가운데 자신의 제품이 소비자들에게 어떻게 발견될 수 있느냐 하는 문제다. 알렉사는 단 2개만의 검색 결과를 보여 준다. 모바일이나 데스크톱에서 여러 장의 페이지를 보여주는 것과 비교된다. (거기에다 광고, 추천 및 구매 경험을 포괄하는 다른 마케팅 도구까지 함께 보여준다). 현재까지의 연구 결과를 바탕으로, 2개의 음성인식 검색 결과를 결정하는 데에는 다양한 요인들이 존재한다.

① **구매 이력:** 과거 구매한 이력이 있다면 알렉사는 정확히 동일한 제품을 재주문할 것을 제안할 것이다.
② 구매 이력이 없다면 알렉사는 '아마존 초이스' 제품을 제안할 것이다. 아마존 초이스란 다양한 요인에 의거해 특정 물품에 부여되는 역동적인 태그로 첫 에코 기기와 함께 론칭했다. 이 물품들은 프라임을 통해서 구매가 가능하며 아마

존이나 판매자의 '풀필먼트 바이 아마존FBA' 서비스를 통해 배송된다. 재고가 있어야 하는 동시에 보충 가능해야 하며, 평점이 4.0 이상이 되어야 한다.
③ 구매 이력과 아마존 초이스가 둘 다 존재하지 않는다면, 알렉사는 모바일이나 데스크톱 PC에서와 동일한 자연적 검색 결과 중 가장 상위 두 가지를 제안할 것이다.

이 사실이 의미하는 것은, 알렉사에서 하는 쇼핑 역시 검색의 기본 사항 — 키워드, 제목, 제품 사양 요약과 설명 — 에 의존한다는 사실이다. 다르게 말하면, 전통적인 방법이든 음성인식이든, 해당 제품이 검색 결과에서 얼마나 상단에 위치하는지는 클릭 수와 판매 전환율이 높은 제품을 설명하는 것과 동일한 내용과 특성이라는 뜻이다.

업체들은 자사가 제공하는 물품과 통합하기 위해 알렉사 '기술' 개발에 앞 다투어 나섰다. 고객의 사용이 급증하던 스마트폰 초창기 시절 업체들이 애플과 안드로이드용 앱을 개발하는 붐이 일었던 것과 다르지 않다. 실제로 오카도와 피포드와 같은 온라인 식료품 업체는 일찍이 알렉사와 전 세계적으로 통합을 이루었는데, 경쟁자인 아마존프레시가 점점 더 위협적인 존재로 떠오를 것이라는 사실을 간과했다. 식료품 전자상거래에서 다음 단계는 자연스럽게 음성인식이다. 다음 예시를 살펴보자. 2017년 피포드는 알렉사에서 소비자들이 음성 주문을 넣으면 주 단위의 식료품 장바구니에 물품이 들어가는 '에스크 피포드Ask Peadpod'

기술을 개발했다. 이미 언급한 적 있지만 피포드는 알렉사의 주문 기능을 활용한 최초의 회사가 결코 아니었다. 일례로, 맥주 애호가들은 어떤 경우 알렉사에서 '알렉사, 밀러 타임을 시작해'라고 말하는 것으로 밀러 라이트 맥주를 주문할 수 있다. 그러나 피포드는 해당 기술에 대한 투자가 가치 있다고 여겼다. 고객들이 물품을 즉시 식료품 목록에 추가하는 것이 가능해지기 때문에, 주문을 충족시키는 데 자사 혹은 모회사인 아홀드 델헤이즈 Ahold Delhaize를 가장 유리한 고지에 위치시키기 때문이다. 아니면 구매자들은 나중에 다른 곳에서 구매하기로 결정하거나 아예 온라인 장바구니에 넣는 것조차 까맣게 잊어버릴 것이기 때문이다.

2018년 구글도 '쇼핑 액션Shopping Actions'이라는 유사한 프로그램을 출시했다. 모바일이나 PC 혹은 음성작동 기기에 구분 없이 통합된 장바구니에 물품을 담을 수 있도록 고안되었다. 월마트, 타겟, 얼타 뷰티, 코스트코, 홈디포와 같은 대형 소매업체들이 이 프로그램을 신청했는데, 구글 서치, 구글 익스프레스 쇼핑 서비스, 그리고 스마트폰 용 구글 어시스턴트 앱 및 구글 홈과 같은 스마트 스피커와 같이 다양한 구글 플랫폼에 물품을 등록하기 위해서였다.

밀레니얼 세대와 그 외 여러 구매자들이 점점 온라인에서 식료품을 구매하는 경향이 짙어지는 가운데 피포드에 따르면 자사의 '에스크 피포드' 기능은 특히 식료품 구매를 선호하는 고객을 유치하는 데 좋은 방법이라고 말했다. 아마존이 점점 더 식료품 업계를 잠식해 나가고 있는 가운데 피포드와 같이 빠르게 확장하고 있던 업체들은 심한 경쟁적 압박을 받고 있었다. 그렇기 때문에 소비자들이 음성 주문 기능을 사용하는 빈도수와 무관하게 그들이 냉장고와 찬장을 채우는 데 사용하는 새로운 방식을 따라가지 않을 여유가 없었다. 이 기술을 처음 채택한 영국 소매업체는 오카도였다. 오카도는 이를 통해 경쟁적 협력을 이끌어내는 음성 기술의 힘과 온라인-온리 식료품 업체가 시급히 음성 기술을 도입해야 하는 이유를 만천하에 알렸다. 아마존의 플라이휠 생태계를 더욱 강화시키는 알렉사는 최신 기술을 적용한 한 경쟁 도구로서 피포드 같은 업체는 그러한 것을 기반으로 나아갈 수밖에 없다. 그렇지 않으면 리테일 업계에서 전례 없는 기술 기반의 변화를 이끌어 나가는 경쟁사를 상대로 연관성을 유지할 수 없기 때문이다.

"약간의 편집증 증상을 가지고 계속 뒤돌아보지 않으면 이 업계에서 살아남을 수 없다." '애스크 피포드' 기술 출시 직전 이뤄진 인터뷰에서 피포드 최고마케팅책임자 캐리 비엔코우스키가 말했다. "10년 전만해도 집으로 식료품이 배달되는 것만으로도 편리하다고 생각했다. 하지만 우리가 진심으로 내면화하는 것 중 하나는, 식료품 배달을 넘어 계속해서진화해야 한다는 사실이다."

피포드는 '경쟁적 협력'을 포용하고 알렉사를 위한 개발을 착수한 것에서 박수 받을 만한 일을 했지만, 노력의 결과 수혜를 입는 쪽은 고객이 아니라 아마존일 가능성 높다. 클래비스 인사이트 최고마케팅책임자 대니 실버먼은 다음과 같이 지적했다. "현실은 현재 존재하는 3만여 가지의 기술 중에서 다운로드 된 횟수는 미미하며, 한 번 이상 사용된 경우는 그보다 더 적다." 이것이 아마존은 온라인 쇼핑 기능을 뛰어 넘는 알렉사 하드웨어를 만드는 데 투자해 온 이유다. 거기에다가 전화 기능과 최근에는 (배경으로 '사라지는' 컴퓨팅 인터페이스가 점점 더 만연해지는 추세에서 역행하는 것으로 보일 수 있는)스크린까지 추가했다. 2018년, 오븐에서 TV까지 더 많은 스마트 기기들을 제어할 수 있는 홈스킬Home Skills API의 확장으로 인해 오늘날 알렉사는 가정에서 800개 이상의 기술과 1천 개 이상의 기기를 제어 할 수 있다.

따라서 원클릭 리테일 대표이사 스펜서 밀러버그는 알렉사 음성 검색에 얼마큼 투자할 지는 '전부 우선순위에 달려있다'고 충고한다. "당신이 음악 관련 회사 CEO라면 두말 할 것도 없다. (전략적 성장을 위해) 당신이 제일 먼저 해야 하는 일 중 하나다. 만약 당신이 소비자 브랜드 회사 CEO라면 우선순위에서 약간 밀려난다. 왜냐하면 쇼핑은 알렉사 주 사용처가 아니기 때문이다. 만약 가정 자동화 분야에 있다면, 반반이다. 우리가 집중해야 할 핵심은 바로 본질이다."

실버먼은 덧붙였다. "결국 음성 검색을 유도하는 요소는 곧 데스크톱과 모바일 검색을 유도하는 요소다. 만일 당신이 (아마존닷컴 검색 순위와 관련해) 효과 유무를 알 수 있는 자료와 통찰력을 소지하고 있고, 그것을 데스크톱과 모바일에 최대한 활용할 수 있다면 음성 분야도 똑같이 제패할 수 있을 것이다."

기술 발전의 동인에 의해 진화하는 매끄러운 리테일에 대해 아마존을 제하고 논할 수 없으며, 또한 이 진화 과정에서 점증하는 아마존의 영향력이 감소할 것이라고 상상하기도 힘들다.

스마트한 리테일 기술

진정 매끄러운 리테일 경험을 위한 혁신의 여정에서 다른 업체들은 어디쯤 와 있는 걸까? 물론, 최근의 이익 경고profit war-ning* 와 법정관리에 들어간 기업들로 인해 리테일 시장이 휘청거리기는 했지만 많은 소매업체들이 어려운 시기를 이겨내고 미래를 바라보며 디지털 기술을 통한 차별화를 시도할 것이다. 리테일 조사업체 블루욘더의 대표이사 우베 바이스는 소매업체들이 시장점유율과 고객 충성심을 유지하기 위해 싸우면서 '아마존 효과' — 기술의 소비화와 자기 방식대로 하는 구매자에 의해 리테일 시장이 계속해서 파괴적 혁신과 진화를 한다는 의미로 — 는 큰 영향력을 발휘할 것이라고 주장한다. 아마존이 브랜드에 미치는 영향을 예를 들자면, 음성인식이 브랜드 충성도와 마케팅 전력에서 가시적인 효과가 있는지, 특히 음성 시스템에 광고가 없다는 것과 관련하여 업계가 초조하게 그 결과를 기다리고 있다. 일부 기업은 검색 순위 상단에 자리하기 위한 정교한 콘텐츠와 특성을 부각하는 관리 체제의 필요성을 과감하게 인정해야만 한다.

---

* 특정 기간 이익이 기대치에 못 미칠 경우, 기업이 주주들에게 이 사실을 공개적으로 알리는 것

아마존이 이미 AI를 사용해 구매 시 개별 맞춤화된 추천을 하고 공급망을 최적화하고 있는 상황에서, 전통적인 업체들은 시장 점유율을 유지하고 싶다면 차세대 기술을 더욱 공격적으로 받아들여야 한다고 바이스는 충고한다. "수많은 전통적인 소매업체들이 폐업을 바라보고 있는 현 상황에서 그 어느 때보다 더 혁신의 중요성이 강조되고 있다." 바이스가 강조한 대로 AI 분야는 놀랄 만큼 빠르게 발전하고 있다. 아마존의 추천 체계는 완전한 기계학습 기반 아키텍처(구조도)에서 실행된다. 따라서 아마존은 '놀랄 정도로 똑똑하게' 다음에 무엇을 구매할지, 볼지, 읽을지 추천해 준다. 구글의 딥마인드DeepMind 부문은 이제 AI 알고리즘에 '상상력'을 부여해서 AI 스스로 특정 상황이 어떻게 전개될 것인지 예측하고 결정을 내린다. "이로 인해 아마존의 사업 전반에 걸쳐 더 많은 전환과 상향판매가 이뤄지고, 아마존은 제품에 대해 어떻게 가격 책정을 하고, 얼마만큼의 재고를 보유하는지에 대해 통찰력을 얻는다." 바이스가 덧붙였다.

모두 맞는 말이다. 그러나 바이스는 기술을 위해 기술을 사용해서는 안 된다고 경고했다. 특히 아마존이 '본질은 기술회사'로서 얻는 이점을 능가할 수 없는 분야에서 더욱 그러하다. AI의 잠재력이 리테일 업계에서 생산성, 효율성, 개인화 수준을 향상시킬 것이 확실하지만, 소매업체들은 AI와 기계학습에 대한 기대를 현실적으로 가져야 한다고 바이스가 충고했다. 그는 '리테일 업계에서 AI는 미래를 예측할 수 없다. 적어도 지금까지는 그렇다.'고 강조했다. "AI는 다량의 복잡한 행동 및 상황 데이터를 분석해 패턴과 동향을 파악한다. 이를 통해 소매업체들은 정확한 재고 수준을 파악하여 제품 수명에 더욱 적합한 가격 책정에 관한 결정을 내릴 수 있게 된다."

또한, 바이스는 특히 식료품 부문에서 전통 소매업체들이 살아남아서 아마존과 같은 온라인 공룡업체와 경쟁하기 위해서는 기술과 데이터에 대한 접근 방법을 근본적으로 조정해야 할 필요가 있다고 말했다. "이제 소매업체들은 데이터가 가장 중요한 자산 중 하나이며, 고객과 더 좋은 관계를 구축하고, 공급망과 가격 책정을 최적화하고, 온라인 경쟁자들과 경쟁할 수 있는 열쇠라는 인식을 가지기 시작해야 한다." 일례로 한 연구에 따르면 전체 아마존 에코 기기의 절반 이상이 부엌에 놓여 있다. 이는 레시피 준비에 품목별로 관여하고, 장바구니에 가정용품과 식료품을 채울 수 있는 기회는 연관성 있는 사업과 브랜드를 보유한 업체에게 더 많이 돌아갈 수 있다는 의미다. 음성인식은 '지금 이 순간' 구매 동향에 기반하여 확장하며, 판매량의 관점에서 특히 식료품 소매업체와 일용소비재FMCG 브랜드를 위해 구매자에게 문지기 역할을 하게 될지도 모른다.

여전히 아마존에 합류하기를 원치 않는 식료품업체들이 음성인식 기술에서 구글과 함께 '반아마존' 동맹을 결성했다는 사실은 그리 놀랍지 않다. 그리고 구글은 그 사실을 기쁘게 받아들이고 있다. 월마트, 테스코, 까르푸는 자사 고객이 구글 어시스턴트를 사용해 구글 익스프레스 쇼핑 서비스에서 물품을 주문할 수 있도록 구글과 합의했다. 또한 까르푸는 2018년 5년간 35억 달러가 소요되는 디지털 변혁의 일환으로 구글과 합작해 자체 온라인 음성비서인 '리아'를 개발한다고 발표했다. 발표 당시 '리아는 고객들의 일상을 더욱 수월하게 만들기 위해 고안되었다. 리아를 통해 음성만으로 구매 리스트를 관리할 수 있게 될 것'이라고 말했다.

경쟁 구도

현재 쇼핑에서 알렉사를 성공적으로 대체할 수 있는 음성 플랫폼은 구글이 유일하다. 그럼에도 둘의 격차는 크게 벌어져 있다. 2017년 스마트 스피커 항목에서 에코의 판매량이 70퍼센트 이상을 차지했다. 그러나 구글 어시스턴트의 침투율도 만만치 않다. 구글은 현재 4억개 이상의 기기에서 접근할 수 있다고 밝혔는데 그 중에는 LG 가전제품, 보스 헤드폰, 15개 회사의 다양한 스피커, 그리고 자사의 안드로이드 OS가 탑재된 모든 기기가 포함되어 있다. 그러나 그것을 지원하는 구글 익스프레스 쇼핑 플랫폼은 아마존의 마켓플레이스, 풀필먼트 바이 아마존FBA, 프라임 나우에 비해 상대적으로 규모, 범위, 속도 측면에서 많이 부족하다.

다른 업체들도 경쟁에 합류하고 있다. 2018년 스타벅스는 한국의 신세계 그룹과 파트너십을 맺고 음성인식 주문 기능과 삼성 갤럭시 기기에 탑재된 음성비서 빅스비를 통합하는 데 합의했다. 스타벅스의 모바일 선주문 결제 체계가 확장된 것이다. 음성비서 시리를 탑재한 애플의 홈팟 기기는 2018년 초에 출시된 뒤 미온적인 평가를 받았다. 홈팟은 음성으로 작동되는 스마트홈과 시청각 기기 제어 기능과 더불어 기기 통합을 제공한다. 거기에 더해 뉴스, 날씨, 달력, 그리고 "근처 가장 맛있는 채식 식당은 어디지?"와 같은 질문에 대답하는 맵핑 기능을 제공하지만 애플은 아직 시리로 쇼핑을 할 수 있도록 파트너십을 맺거나 생태계를 창조하지는 못했다.

하지만 고객들이 구매를 위임할 만큼 알렉사와 그에 상응하는 다른 기기들을 신뢰하게 될 것인지는 완전히 다른 문제다. 일부 기기는 전원이 항상 켜져 있도록 고안된 반면, 다른 기기는 음성 지시를 하기 위해 별개의 물리적 접촉을 해야 한다. 애플의 iOS 기기에서 시리를 활성화하기 전에 홈버튼을 길게 눌러야 한다는 사실을 생각하면 이해가 빠르다. 알렉사가 사람들이 나누는 대화나 TV 소리를 지시로 잘못 알아듣는다는 보고도 다수 존재한다. 이러한 작동 실수 사례는, 알렉사가 간헐적으로 음산한 웃음소리를 낸다던지, 심지어 부부가 나누는 대화를 녹음하고 녹음된 파일을 남편의 동료에게 보내라는 지시로 잘못 알아들었다는 보고들을 양산해 냈다.

게다가 음성인식의 사용이 매장에서는 어떤 식으로 나타날지는 아직 미지수다. (이에 대해서는 다음 장에서 자세히 알아본다.) 그 사이 아마존은 BMW와 계약을 맺고 2018년 중반부터 알렉사를 차량 내부에 설치하기로 했으며 도요타와도 비슷한 파트너십을 맺었다. 심지어 위성 항법장치 제조업체들까지 이 물결에 동참하고 있다. 그 중 가민Garmin은 자사의 1.5인치 블랙박스 스피크 플러스Speak Plus에 알렉사를 탑재했다. 사용자들은 커넥티드카

Connected Car에서 음성으로 길을 찾고, 음악을 틀고, 전화를 걸고, 스마트 기기를 제어할 수 있고, 음식 배달이나 매장 픽업과 같은 물품과 서비스를 주문할 수 있게 된다. 여기서 아마존은 자동차 회사의 자체 음성 프롬프트 체계뿐만 아니라 뒤를 바싹 쫓아온 애플의 카플레이CarPlay와도 경쟁하게 되었다. 카플레이는 애플의 iOS 기기를 차량에 연결한 뒤 내비게이션, 음악, 그리고 음성 프롬프트 기반 서비스를 사용할 수 있도록 만든 체계다.

더욱 매끄러운 리테일 경험을 추구하기 위한 목적으로 AI와 음성 기술을 개발하는 과정에서 아마존이 맡은 중추적인 역할에 대해 탐구하며 알아낸 것이 있다면, 바로 AI를 이용해 매장과 온라인에 투자한 비용에서 수익을 향상시킬 수 있다는 점이다. AI를 이용하면 성장을 촉진하기 위해서 구매 여정을 단순화하고, 재고 정확성을 개선하고, 공급망을 최적화하는 것이 가능해진다.

기술 혁신과 개발로 만들어진 디지털 쇼핑 도구들이 생성한 데이터를 사용하는 AI는 혁신적 기술 동인 개발의 정점이라고 할 수 있다. 이런 방식에서 AI가 중요해진 이유는, 아마존과 같은 기업들이 오늘날의 자기 방식대로 하는 구매자를 위해 더 큰 편의성, 즉시성, 투명성, 연관성을 제공하는 데 AI를 이용하고 있기 때문이다. 구매자들은 기능적인 편의를 추구하고 쇼핑의 재미 요소를 전면에 가져오고 싶어 한다. 리테일 업체들은 기술 중에서도 특히 AI, 디지털 도구, 데이터가 디지털화된 고객의 기대를 수용하는 경주에서 온라인 파괴자들과 보조를 맞추는 데 도움을 줄 수 있다는 사실을 직시해야 한다.

표 10.1 2011–2018년 아마존의 기술 하드웨어 출시

아마존 기기	출시일	출고가	기능
킨들 파이어	2011. 11	$199	태블릿 컴퓨터
파이어TV	2014. 04	$70	스마트TV 스트리밍 미디어 기기
파이어폰	2014. 07	$199	스마트폰
대시 버튼	2015. 03	$4.99 (최초 구매시 상환 가능)	원클릭, 자동 주문 기기
에코	2015. 06	$100	스마트 스피커와 음성비서
에코 닷	2016. 03	$50	스마트 스피커와 음성비서의 소형 버전
아마존 탭	2016. 06	$80	스마트, 배터리 작동의 스피커와 음성비서
에코룩	2017. 04	$120	스마트 스피커, 음성비서 및 핸즈프리 카메라
에코쇼	2017. 06	$230	스마트 스피커와 스크린, 음성비서와 비디오 콘퍼런스 시스템
대시 완드	2017. 06	$20	배터리 작동, 음성비서가 탑재된 생활용품 스캐너
클라우드 캠	2017. 09	$120	주택보안 카메라
블링크	2017. 09	$100	스마트 주택 보안 카메라 및 초인종
에코 플러스	2017. 09	$150	스마트 스피커, 음성비서, 홈네트워크 기기 허브
에코 스폿	2017. 12	$130	스마트 스피커, 음성비서, 디지털 알람 시계
에코 커넥트	2017. 12	$35	에코기기 전화 연결장치
에코 버튼	2017. 12	$20	에코기기 게이밍 콘트롤 확장
아마존 파이어 큐브	2018. 06	$119	음성비서가 탑재된 4K 고화질 TV 스트리밍 셋톱박스

11

미래의 매장
고객 경험을 풍부하게 만들 디지털 자동화

"데이터는 살아있다. 우리는 소유한 데이터를 가지고 물리적인 공간을 창조하고 있다."

― 2015년, 아마존 북스 부대표 제니퍼 캐스트Jennifer Cast

우리는 지금까지 아마존이 기술 혁신과 선점자 우위로 온라인과 가정에서 유리한 고지를 점령하는 것을 지켜봤다. 온라인상에서는 전자상거래 서비스와 기능성을 향상시키고 가정에는 다양한 하드웨어와 음성비서 알렉사가 침투했다. 여기서 아마존은 AI 기반 디지털 쇼핑 도구를 이용해 온라인 구매에서 마찰을 제거하고 맞춤형 추천을 통해 경험을 개인화했다. 아마존에서 온라인 구매는 물론 익일배송 혹은 프라임 나우를 통한 2시간 내 배송까지 가능해지면서 사멸 직전에 놓인 물리적 매장을 두고 아마존 책임론이 더욱 불붙기도 했다. 우리는 이미 물리적 매장이 사양길에 접어든 것이 아니며, 여전히 대부분의 판매가 매장에서 이루어지고 있다는 입장을 분명히 했다.

그러나 아마존이 전통 체인 소매업체가 40년 이상 장악해온 물리적 판매 영역을 통달하며 성장해온 만큼, 체인 소매업체도 데이원Day1*부터 20년 넘는 지금까지 아마존이 오프라인 리테일에 어떻게 디지털 자동화와 혁신 기술을 적용하는지에 관하여 배울 점이 많다고 생각한다. 그런 아마존도 아직 리테일에 대해 더 알아야 할 것이 있다.

바로 온라인에서 극복하기 위해 노력해온 물리적 매장의 이점이다. 물리적 매장에서는 만지고, 느끼고, 사용해 보는 것이 가능하고, 구매한 물건을 그 자리에서 가지고 가는 데서 즉각적인 만족감을 얻으며, 고객 서비스 담당자나 지식이 풍부한 전문가와 인간적인 소통을 할 수 있다.

심지어 온라인 주문까지 포함해, 아직까지 많은 판매가 오프라인 매장에서 이뤄지고 있는 것은 이러한 이유 때문이다. 따라서 아마존은 미래에도 지금과 같은 수준으로 지속적인 성장을 하기 위해 서점, 홀푸드 인수, 아마존고, 아마존 포스타4-Star의 사례에서 보듯 오프라인으로 움직이고 있다.

혼합된 양상의 '온라인에서 오프라인O2O' 서비스의 효과는 13장에서 아마존의 주문 이행 전략을 다루면서 자세히 설명했다. 하지만 앞으로 미래형 매장이 어떤 식으로 발전하는지 알아보는

---

* 아마존이 사업을 개시한 첫 날이자 첫날의 성실함으로 사업을 추진하라는 베조스의 경영 철학을 의미함

과정을 통해 미래에 매장을 경영할 사람들은 아마존과 그 밖의 전자상거래 업체의 사례를 보며 너무 붐비지 않고, 계산대 앞에서 대기할 필요 없고, 진열대가 텅 비는 일이 없는 매력적인 매장을 만드는 방법에 대해 배울 수 있을 것이다.

아니러니하게도 아마존의 오프라인 매장 진출로 인해 아마존이 절실히 필요로 하는 요소와, 물리적 업체가 사수해야 하는 요소가 드러났다. 아마존닷컴의 '무한매대'와 대비되는, 한정된 공간 안에서 한 개 혹은 다수의 브랜드에 대한 마케팅과 판촉, 그리고 계절별, 할인별 이벤트 큐레이팅 기술, 제품과 직원에 대한 유용성은 최대화하면서 재고 노출과 고객의 쇼핑 시간을 최소화하는 데 필요한 매입, 기획, 예측 능력, 또 매장 내에서 전반적으로 놀라움과 즐거움을 선사하는 능력이 바로 그것이다. 물리적 매장은 아마존과 경쟁하기 위해 이러한 타고난 이점들을 활용하고 발전시켜야 한다. 그리고 이러한 요소들이 디지털 자동화에 의해 혼합되고, 향상되고, 증대될 수 있다는 사실을 명심해야 한다.

이제 우리의 관심이 매장으로 옮겨가면서 다음의 두 가지 현상이 관찰되었다. 첫째, 아마존은 모든 리테일에서 공통적으로 나타나는 마찰 지점인 제품 선택 및 계산과 같은 요소에서 디지털 자동화와 혁신의 노력을 기울이는 데 앞장서고 있다. 둘째, 아마존의 경쟁사들은 아마존 효과를 극복하기 위해 고객 경험을 풍부하게 할 수 있는 기술을 배치하며 매장을 최대한 활용하고 있다. 이를 배경으로, 아마존이 전형적인 구매 여정의 과정인 검색, 열람, 발견 단계에 어떤 영향을 끼쳐왔는지 알아볼 것이다. 그리고 다른 업체들이 유사한 혼합된 디지털 도구를 매장 내 어딘가에 배치해 아마존의 전자상거래와 점점 커져가는 물리적 매장에서의 영향력을 알아보고, 그것을 어떻게 활용할 수 있을지 함께 알아볼 것이다.

온라인에서 리서치, 오프라인에서 구매

먼저 한 발 떨어져 순수하게 거래 중심인 전통 매장이 왜 존립 위기를 맞았는지 이해할 필요가 있다. 전자상거래 개발의 첫 번째 물결에 속한 소비자들은 PC와 노트북을 통해 인터넷과 온라인 쇼핑을 발견했다. 그 결과 전자상거래에 의한 판매가 전통 매장과 그 고객을 잠식하게 되었다.

2017년 미국에서 실시한 조사를 살펴보면 소비자들은 온라인 쇼핑을 선호하는 그룹(32.5%), 매장을 선호하는 그룹(29.70%), 둘 다 선호하는 그룹(37.8%), 이렇게 세 그룹으로 나뉘었다. 응답자의 절반 이상(52%)이 온라인 쇼핑을 하는 이유로 편리하고, 가격을 비교할 수 있고, 상품의 종류가 더 많고, 무료 배송과 반품이 가능하고, 더 자세한 제품 설명과 상품평을 볼 수 있다는 점을 꼽았다. 반면, 상품의 크기나 어울림 혹은 품질과 신선도를 평가하기 위해 상품을 요모조모 살펴보지 못하고, (놓치거나 누락될 수 있는) 배송을 기다려야 한다는 점을 단점으로 여겼다.

그러나 전 세계적으로 현재 혹은 다음 물결에 속하는 소비자들은 온라인 쇼핑 시 물리적 제한이 없는 모바일에서 먼저 전자상거래를 발견한다. 거기에다가 추가적으로 소셜 미디어, 모바일 결제, 앱을 더해나가면, 소매업체는 경쟁에서 뒤처지지 않기 위해 디지털 기술 개발 — 혹자는 변형이라고 한다 — 을 해야만 했다. 그들은 당연히 자체 전자상거래 채널을 론칭 하는 데 투자했다. 일부는 한술 더 떠 '주문 후 수령'과 같은 온라인 기반 오프라인 서비스를 제공하기 시작했다. 이것이 바로 모바일 앱과 디지털 자동화의 모바일 영역이 미래형 매장에서 핵심적 역할을 하는 이유다. 모바일이 온라인 쇼핑 여정과 관련된 속도, 편의성, 투명성, 연관성을 소비자들의 손끝에서 매장으로 바로 가지고 올 수 있기 때문이다.

모바일에서도 아마존은 다른 기업들보다 유리한 입장에 서 있었다. 미국의 한 미디어 분석 회사가 2017년 실시한 설문조사에 따르면 밀레니얼 세대 약 절반이 홈스크린에 아마존 앱을 깔아놓고 있었다. 같은 해 미국, 영국, 프랑스, 독일의 소비자들을 상대로 한 추가적인 연구에서 다음과 결과가 나타났다.

① 72퍼센트가 구매하기 전 제품의 정보를 얻기 위해 아마존을 사용한다. 그리고,
② 26퍼센트가 매장에서 물품을 구입하기 직전에 아마존에서 가격과 정보를 확인한다.

사업이 진출한 분야에서 아마존의 온라인 지배력은 쇼핑 여정

의 검색 단계에서 계속해서 큰 영향력을 미칠 것이다. 검색이 이루어지는 장소는 상관없으며, 물리적 경쟁자에게서 검색한 상품의 판매를 빼앗아 올 가능성까지 있다. 그러나 구매자의 3분의 2가 매장 쇼핑을 단독으로 혹은 온라인과 혼합된 양상을 선호한다는 것을 생각해 보면, ROBO, 즉 온라인에서 정보를 취득한 뒤 후, 오프라인에서 구매Research online, buy offline하는 행위, 이른바 '웹루밍'의 수혜자는 물리적 소매업체다. 2018년 매장에서 물건을 산 소비자 약 절반(45%)이 온라인에서 먼저 정보를 검색했다고 답변했다. 바자보이스가 진행한 이 조사에서 ROBO에 가장 많은 영향을 받은 분야는 가전(59%), 건강, 미용 및 피트니스(58%), 장난감과 게임(53%)이었다. 그 뒤를 근소한 차이로 전자제품(41%)와 유아용품(36%)이 따라붙었다. 따라서 소매업체는 검색 단계에서 아마존에 뒤질 수 있지만 ROBO 추세에 힘입어 매장에서는 상황이 역전될 수 있다고 말할 수 있다.

'웹루밍' 명사, 비격식

정의: 구매자가 다양한 옵션을 알아보고 비교하기 위해 온라인에서 정보를 취득한 뒤 실제 매장으로 가서 구매를 완료하는 행위. '온라인에서 검색하고 오프라인에서 구매 한다Research online to buy offline'는 의미에서 ROBO라고도 불린다. 소비자들이 최종 구매 전 제품의 정확한 실제 모습을 확인하고 싶을 때 사용하는 방법이다.

ROBO의 추세에서 소매업체들은 가격, 물품 종류와 정보, 장소 중 어느 하나라도 쇼핑 여정의 검색 단계에서 아마존보다 우세해야 한다. 하지만 아마존의 영향력을 고려했을 때 쉬운 일이 아니다. 아마존 또한 ROBO 추세를 따라 2010년, 바코드 스캐닝 앱, 프라이스 체커Price Checker를 출시하며 가격 면에서 초기 우위를 확보했다. 그리고 앱 사용을 장려하기 위해 2011년 후반, 하루 동안 세 가지 상품에 각각 5퍼센트씩(최대 5달러) 총 $15 달러 할인을 제공하기도 했다. 또한 고객들에게 가장 경쟁력 있는 가격을 제공하겠다며 물리적 매장의 할인 가격과 장소에 관한 정보를 제보받기도 했다.

고객의 평점 및 사용후기가 기존의 제품설명을 한 단계 더 향상시키는 힘이 있다는 사실을 아마존은 일찌감치 알아보았는데 그것은 오프라인 진출에도 영향을 미쳤다. 바자보이스의 연구에 따르면 오프라인 매장을 찾는 구매자들 중 45퍼센트가 제품을 구매하기 전 다른 고객의 사용후기를 읽어 보는데, 이러한 현상은 2018년까지 전년 대비 15%씩 성장했다. 가장 먼저 제품 및 마켓플레이스 판매자에 대한 고객의 평가를 검색 순위를 결정하는 요인으로 탁월하게 사용하며 아마존은 비슷한 전자상거래 기능이 부족한 업체들에 비해 확실히 우위를 차지했다. 하지만 소매업체들도 온라인 고객 평가를 자사에 유리한 방면으로 활용하면 된다. 한 전자상거래 시스템 제공업체가 밝힌 대로라면 제품 한 개에 50개 이상의 후기가 생성되면 온라인 전환율이 4.6퍼센트 상승하지만, 후기를 본 고객이 전환할 가능성은 58퍼센트에 이르기 때문이다.

2015년 아마존이 홈타운인 시애틀에 아마존 북스를 론칭하며 물리적 리테일에 첫 발을 들이며 고객 평점과 리뷰를 전면에 내세운 이유가 쉽게 이해될 것이다. 5장에서 언급한 것처럼 각각의 도서에는 라벨, 혹은 서점 업계 용어로 '셸프 토커Shelf Talker'가 부착되어 있었는데 거기에는 아마존닷컴의 고객 리뷰와 별점과 바코드가 인쇄되어 있다. 가격정보가 기재되어 있지 않기 때문에 고객들은 아마존 앱을 통해 바코드를 스캔해서 가격과 기타 정보를 확인하거나 휴대용 스캐너를 소지한 직원의 도움을 받아야만 한다.

전통적인 서점을 없애 버렸다는 비난에 더하여, 일각에서는 아마존북스가 물리적 매장 공간에 대한 아마존의 경험 부족을 드러냈다고 지적했다. 진열대가 너무 가깝게 설치되어 있으며 도서들이 알파벳 순서와 무관하게 비합리적으로 배치되어 있다고 혹평했다. 라이벌인 다른 서점들은, 겨우 5~6,000권에 지나지 않는 도서를 가장 비효율적으로 책등이 아닌 겉표지가 보이게 진열한 것을 문제 삼았다. 게다가 제일 처음 개장한 매장은 아마존에서 주문한 물품을 수령할 수 없었을 뿐더러, 2016년 말 세 번째 매장이 문열기 전까지 프라임 회원에게 적용되는 특별가를 제공하지도 않았다. 일부는 아마존의 첫 물리적 매장을 두고, 고객이 매장 안에서 무한 온라인 매대를 열람한 뒤 주문을 할 수 있다며 '벽이 없는 가게'라고 불렀다. 나머지 사람들은 애플이 자사 매장을 하드웨어 진열하는 데 집중하는 것과 비슷한 — 아마존북스 역시 킨들 리더기와 에코 스마트 스피커 등과 같은 기기들을 판매했다 — '마케팅 수단'으로 불렀다. 그러나 애플의 값비싸고 유리로 치장된 '타운 스퀘어' 매장과 비교해 아마존북스는 상대적으로 실용주의적인 외관과 분위기를 지녔다고 평가했다.

아마존북스가 서점보다 회사의 마케팅 수단이라는 주장에 보태어, 2017년 말 물리적 매장 판매수익이 처음 공개되었을 때, 아마존북스는 거의 아무런 수익을 내지 않은 것으로 드러났다. 더 넓은 아마존의 마케팅 전략의 관점에서 보면 아마존북스의 목적이 수익을 창출하기 위해서가 아니라 최고의 온라인 경험을 오프라인으로 옮기는 것을 실험하고, 플라이휠의 물리적 바큇살 구축을 시작하기 위해서라는 것을 쉽게 알 수 있다. 여기서 우리는 모바일이 핵심 역할을 한다는 것을 알 수 있다. 매장 내 고객들이 더 광범위한 아마존의 영역으로 진입하는 관문이 될 뿐만 아니라, 동시에 아마존과 프라임 앱에 등록한 사용자들의 온라인 선호 물품과 구매 내역을 매장 방문에 연결시킴으로써 아마존은 고객의 전체 쇼핑 여정을 한눈에 파악하는 것이 가능해지고 이로 인해 온라인과 매장의 속성을 정확하게 측정할 수 있게 되었다.

이렇듯 매장 내부에서 모바일로 가능해진 고객에 대한 이해는 아마존의 고객 중심 서비스를 지원하는 핵심적인 요소이며, 도서나 기기 그 자체보다 아마존북스를 진정으로 차별화 하는 요소다. 매장 내에서 구매 이력과 선호 물품으로 식별된 고객을 온라인에서 제공하는 할인과 추천에 연결시키는 것이 가능해 짐에 따라, 고객이 실제로 매장에서 어떻게 구매를 하는지에 근거해 정제된 물리적 서비스 더불어 가격, 제품 정보 및 판촉 측면에서 고객별로 맞춤화된 서비스도 제공 할 수 있게 되었다. 아마존의 목표는 언제든지 고객 식별이 가능하고 그렇게 얻은 고객 정보를 반복적으로 사용할 수 있는 물리적 리테일을 구축하는 것이다. 그 뒤 고객의 경험을 개별 맞춤화하고 조정해서 쇼핑 여정의 전 구간을 보완할 것이다. 가격과 기타 정보를 고객의 개인 기기 속에 설치된 앱에서 보여주며 고객이 아마존 매장에 있던, 경쟁사 매장에 있던, 아마존은 실시간으로 모든 할인, 추천, 가격에 대해 개별 맞춤화된 서비스를 제공해 전환율을 높이고, 거래를 최적화 할 수 있는 가능성이 높아졌다.

연관성을 대리하는 위치

아마존이 쇼핑 여정의 검색 단계에서 영향을 미치는 평가와 후기를 모바일을 이용해 아마존 북스로 옮겨와 개별 맞춤화하고 결국 고객 경험을 향상시킨다는 사실을 확인했다. 그러나 고객이 온라인에서 구매 활동을 하며 생성하는 데이터는 매장의 모든 방면 — 물품 구비와 판촉부터 가격 책정과 홍보까지 — 에 활용될 수 있다. 그 뒤 오프라인에서의 결과를 다시 온라인으로 보내고 다시 그것이 오프라인으로 돌아오며 끊임없는 개량과 개선의 선순환이 완성된다.

디지털의 영향력 아래서 마케팅 담당자들은 이제 쇼핑 여정의 검색 단계를 검색의 순간, 즉 'ZMOT*'(2011년 구글이 만든 신조어)으로 본다. 소비자들이 매장에서와 마찬가지로 온라인에서 익명으로 제품 검색을 할 수 있다는 장점을 아마존이 오프라인으로 가지고 오는 것은 전혀 놀랍지 않다. 전환율을 높여 ZMOT에도 긍정적인 영향을 미치는데도 기여할 것이기 때문이다. ZMOT에서 물리적 매장의 장점을 활용하는데 — 예를 들어 ROBO의 판매를 돕는다던지 — 위치 기반의 혹은 '니어 미near me' 검색은 (찾던 물건이 재고에 있다는) 즉각적인 만족을 줄 수 있어 오프라인 업체들에게 매우 강력한 도구다. 아마존이 존재하지 않던 시절 위치는 언제나 강력하게 연관성의 대리가 되어 왔고, 세계 최대 유통업체들이 광범위하고 경우에 따라 밀도 높은 매장 네트워크를 보유한 이유이기도 하다.

 구글이 직접 밝힌 것처럼 '니어 미' 검색에서 위치는 더 이상 전부가 아니다. 장소 그 자체를 찾는 것만큼이나 때맞춰 사람들을 물건에 연결하는 일이다. 2017년 구글은 '살 수 있나요?' 혹은 '구매'의 변형된 문구를 포함하는 '니어 미' 검색이 2년 만에 500퍼센트 늘어났다고 발표했다. 구매자들은 종종 즉각적인 필요에 대한 해답을 얻기 위해 검색을 하기 때문이다. 즉시성 부문에서는 매장이 거의 매번 온라인을 상대로 승리할 것이다. 특히 소

---

* Zero moment of truth: 구매 이전 단계에서 소비자가 검색을 통해서 먼저 판단을 내리게 된다는 의미

매업체가 재고가 떨어진 물품에 한해 온라인으로 주문 가능하게 한다면 그 확률은 더 높아진다. 이것이 바로 고객들이 매장에서 온라인에서와 동일한 물품을 보고 동일한 경험을 기대하는 또 다른 이유다. 디지털 경험에서는 가능한 것을 소매업체를 통해서는 불가능하다는 것을 고객은 이해하지 못한다.

이것은 또한 물리적 매장들이 온라인에서 고객이 자신의 회사와 회사의 재고를 찾을 수 있도록 검색엔진 최적화Search engine optimization, SEO에도 신경 써야 하는 이유이기도 하다. 특허를 획득한 구글의 또 다른 기능, 검색 결과 우측에 나타나는 '지식 패널Knowledge Panel'은 브랜드나 상점을 발견할 수 있도록 고안된 장치다. 아마존에서처럼 구글의 유료 검색과 '쇼핑 앤 익스프레스Shopping and Express' 플랫폼에서 물리적 및/또는 온라인 업체들을 발견 할 수 있지만 아직 아마존의 2시간 내 배송 서비스는 아직까지 거기까지 확장하지 못했다. 구글이 주문 이행의 측면에서 '아마존이 하지 못하는 것WACD'을 어떻게 이용하고 있는지 13장에서 더 자세히 알아보겠다.

2018년 구글은 아마존과 기타 온라인 업체에 대한 압력을 수위를 높이면서 구매자들이 인근 매장 물품을 검색할 수 있는 도구인 '상점 재고 확인See What's In Store, SWIS' 서비스를 출범 시켰다. 구매자는 특정 제품을 검색해서 지역 내 어떤 상점이 그 제품을 보유하고 있는지 발견하거나, 구글의 검색창이나 구글 지도를 사용해 특정 매장의 전체 상품 목록을 검색할 수 있게 되었다. 가장 가까운 매장 위치를 설정하면 지식 패널에서 두 번째 검색창이 생성되면서 구매자들은 해당 매장의 상품목록을 검색할 수 있는데 현재 구글은 이 서비스를 무료로 제공하고 있다. 또한 구매자들이 구글의 검색창에 특정 제품명을 검색하면 근처 매장 중 어디가 해당 제품을 보유하고 있는지 보여준다. 그러나 '지역 인벤토리 광고Local Inventory Ads'로 불리는 이 서비스는 업체들이 구글에 비용을 지불해야 한다.

'전자상거래는 사람들이 어디에서 물건을 찾아야 할지 모르기 때문에 승리한다. 그것은 지역 상점이 아마존에 뒤처지는 가장 큰 단점이다. 만약 소비자가 자신이 찾는 물건이 한 블록 떨어진 곳에 있다는 것을 알거나 배송을 기다릴 필요 없이 지역 상점에서 바로 살수 있다면 온라인 주문을 굳이 선택하지 않을 수 있다.

— 구글과 협력해 SWIS를 개발한 더블린 기술기업 포인티 CEO
마크 커민스Mark Cummins

아마존은 아직 세계적 식료품 및 일반 상품을 취급하는 경쟁사들이 보유한 광범위한 매장 네트워크를 보유하고 있지 못하지만, 지역 인벤토리 광고와 SWIS와 같은 기능을 선보이며 공평한 경쟁을 하려는 구글의 노력이 무색하게 제품 검색 분야에서 독보적 위치를 차지하고 있다. 앞서 언급한 대로, 약 절반(49퍼센트)에 가까운 소비자들이 온라인에서 제품 검색을 할 때 가장 먼저 아마존을 찾는다. 그 뒤를 검색 엔진(36%)와 기타 소매업체(15%)가

표 11.1 미국 소비자들이 아마존에서 제품 검색을 시작하는 가장 큰 이유

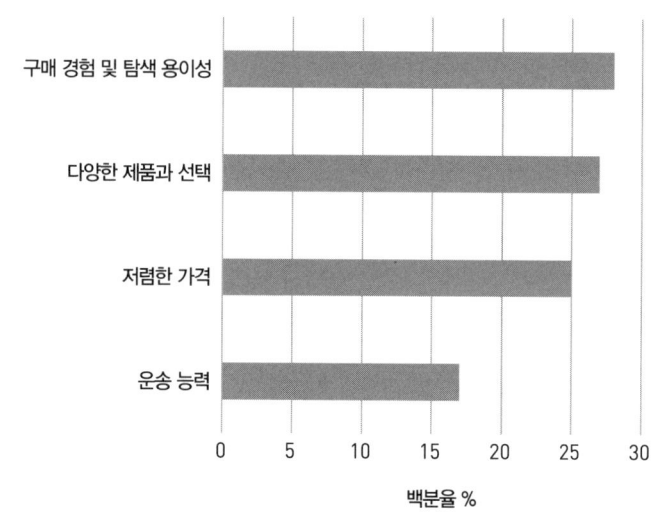

따르고 있다. 하지만 그 이유를 물었을 때, 가격은 뚜렷한 이유가 아니었다(표 11.1 참조). 바꿔 말하면 ROBO 전쟁에서 아마존을 상대하기 위해 더 많은 방법이 존재한다는 것을 의미한다.

ZMOT에서 승리하는 것에 관해 시각 검색을 빼놓을 수 없다. 기술 제공회사 슬라이스Slyce는 미국과 영국 등지에서 홈디포, 메이시스, 토미 힐피거 등의 다수의 소매업체에 시각 검색 엔진을 사용한 이미지 인식 체계를 제공하고 있다. 슬라이스는 자사 이미지 인식의 성능은 인식의 초기 단계인 분류기Classifier와 감지기Detector를 구축하기 때문에 아마존과 구글의 그것보다 훨씬 뛰어나다고 주장한다. 게다가 사용자들이 생성하는 질적으로 다양한 사진들을 인식하는 데 사용되는 소프트웨어를 훈련하는 데

기계학습이 도입되었다. 슬라이스는 해당 기술을 업체들의 자체 전자상거래 웹 사이트나 모바일 앱 검색에 통합하면 평균 주문액이 20퍼센트, 전환율이 60퍼센트 상승한다고 주장한다.

여기서도 아마존은 유리하게 출발했다. 2009년 도서 바코드를 스캔하는 앱인 아마존 리멤버스에 시각 검색 솔루션을 제공한다는 목적으로 이미지 인식과 기계학습 AI 능력을 사용했다. 그리고 그것은 2014년 플로우Flow로 불리는 추가적 카메라 검색 기능을 가진 인앱in-app으로 데뷔했다. 그해 말 이 기능은 불운한 운명의 파이어폰에 상에서 파이어플라이Firefly 앱으로 통합된 뒤 이후 킨들 파이어 HD 기기에 도입되었고 2016년 아마존 앱의 시각 검색 기능은 거의 모든 물품을 인식할 수 있을 정도로 확대됐다. 그리고 그 다음해 삼성과 제휴해 갤럭시S8에 탑재되면서 시각 검색 기능은 발전을 계속했다. 구매자들은 삼성의 음성비서 빅스비와 함께 S8의 카메라를 사용해 제품이나 바코드 사진을 찍으면 아마존의 방대한 제품 카달로그로부터 관련된 정보를 받아볼 수 있게 되었다.

시각 검색 기능은 제품의 시각적 특성에 따라 비슷한 제품을 열람할 기회를 제공하며, 오프라인과 온라인을 서로 연결하는 데 도움을 줄 것이다. 마이크로소프트 검색 엔진 빙Bing에도 자체 '시각 검색' 기능이 있으며 핀터레스트도 2017년 '렌즈Lens'를 론칭하며 시류에 편승했다. 여기서 중요한 점은 매장 기반 소매업체들이 이제 이러한 디지털 도구를 사용해 소비자들이 온라인에서 자사 매장을 발견할 수 있도록 노력해야 한다는 점이다.

가격과 더불어 온라인상에서 매장의 위치, 물건의 종류와 재고 여부를 보여주는 것으로 아마존 고객들을 빼앗아 올 수 있을 것이다.

쇼룸으로서의 매장

우리가 지금까지 탐구한 모든 발전들은 매장 내부에서 뿐만 아니라 외부에서 일어날 수 있다. 모바일이 주류가 되면서 어디서든 검색이 가능해졌다는 사실은 매우 중요하다. 또 중요한 점은 매장 안에 있는 소비자의 구매 결정에 큰 영향을 미쳤다는 점이다. 쇼핑 여정에서 검색과 구매의 단계로 일컬어지는 ROBO에서 둘러보는 행위Browsing는 전적으로 가상의 경험이다. 반면에 '쇼루밍'의 개념에는 둘러보는 단계가 매장 내부에서 이뤄진다. ROBO와 반대로 판매 실적을 잃는 쪽은 매장이다.

'**쇼루밍**' 명사, 비격식
정의: 고객이 제품을 살펴보기 위해 가게를 방문하지만 온라인에서 구매를 완료하는 행위. 더 저렴한 가격을 지불할 때도 있다. 본질적으로 가게는 온라인 쇼핑객들에게 제품 전시장(쇼룸) 역할을 한다.

온라인을 지배하고 있는 아마존이 꽤 오래전인 2013년 구글보다 쇼루밍에 2배 더 많이 이용되었다는 사실은 놀랍지 않다. 그때도 스마트폰 소지자 중 무려 58퍼센트, 혹은 미국 구매자의 3분의1이 정기적으로 쇼루밍을 했다. 그 중에서 56퍼센트는 가게 안에서 모바일로 물품을 구매한 적이 있다. 재미있는 사실은 쇼루밍족 46퍼센트가 아마존 프라임 회원이란 사실이다. 이 조사는 결론에서 아마존이 자체 추천 엔진으로 비교할만한, 경쟁력 있는 물품을 서비스하며 독점적인 SKU와 상품 관리에 탁월하다고 분석했다. 이 방식은 직접 보고 느끼는 게 중요한 의류나 전자제품보다, 예를 들어, 도서나 잡화 같이 브랜드나 상품 설명으로 선택 가능한 기능적인 물품에서 특히 더 큰 효과가 있었다.

아마존도 이러한 한계를 알아채고 시의적절하게도 2017년 홀푸드 인수를 발표 한 달 전 시의 반反쇼루밍 특허를 출원했다. 소비자들의 경향을 회사의 목적에 활용한 이 특허는 아마존 자체 매장에서 고객들의 쇼루밍을 방지하도록 고안되었다. 이 특허로 아마존은 자사 와이파이 네트워크로 연결된 브라우저에서 쇼핑객이 어떤 콘텐츠에 접근하는지 확인 가능하다. 만약 그 콘텐츠가 경쟁사 웹 사이트에 게재된 제품이나 가격 정보일 경우 아마존은 여러 가지 조치를 취할 수 있다. 검색된 제품을 매장 내에 있는 상품과 비교해서 보여주는 것에서부터 이후 브라우저로 가격 비교 정보나 쿠폰을 보내주거나 혹은 그 제품과 어울리는 상품을 제안하고, 심지어는 해당 콘텐츠를 아예 막아버릴 수도 있다. 게다가 향후 기술 제공업체나 소매업체가 비슷한 체계를 개발하려는 시도를 하게 되면 아마존에게 이득이 돌아온다. 아마존의 공격적인 경쟁력을 보여주는 대목이다.

이미지 인식 기능이 포함된 모바일 앱이나 기기의 시각 검색은 '온라인에서 검색 후 오프라인에서 구매하기ROBO' 쇼핑 여정과 매장 내에서 이뤄지는 쇼루밍 과정에서 '검색의 순간ZMOT'에 판매에 성공하도록 도움이 될 수 있다. 증강현실AR은 구매자들이 사용하는 이미지 검색에서 사용하는 것과 비슷한 이미지 인식과 AI 기계학습에 컴퓨터비전과 지리 위치Geolcation가 추가로 응용된 기술이다. 증강현실이라고 불리는 이유는 헤드셋과 제어장치를 이용해 완전히 몰입하는 가상현실VR과 비교해, 스마트폰 카메라가 비추는 현실 세계 모습 위에 이미지, 문자, 영상, 그래픽 등과 같은 매체를 덧대는 형태이기 때문이다. AR은 아직 소매업체와 브랜드가 가볍게 손만 댄 분야로, 매장 안과 밖에서 이뤄지는 쇼핑여정의 둘러보는 단계에서 마케팅과 판촉을 향상시킬 수 있는 잠재력을 품고 있다.

예를 들어 이케아는 가정용 가구 분야에서 처음으로 모바일 AR을 적용한 기업 중 하나로 2013년 소비자들이 집에서 3D로 구현된 자사 가구를 볼 수 있는 AR앱을 출시했다. 2014년에는 세계적으로 유명한 자사 카탈로그와 앱을 결합해 원하는 곳에 카탈로그를 가져다 놓으면 앱을 통해 그 자리에 제품이 겹쳐지는 것을 볼 수 있게 만들었다. 그 뒤 2017년에는 출시되지 얼마 안 된 애플의 iOS 모바일 운영시스템OS용 AR 소프트웨어 개발 키트 SDK를 사용해 2천 개 이상의 제품을 3D 모델로 볼 수 있도록 업그레이드했다. 또한 소비자들이 앱에서 원하는 상품을 지정하면 이케아 사이트로 넘어가 구매를 완료할 수 있게 만들었다. '이케아 플레이스Ikea Place'가 출시 6개월 만에 애플 앱스토어에서 2백만 건의 다운로드를 기록한 뒤, 세 가지 앱을 통합해 하나의 앱에서 매장 방문을 계획하고, 카탈로그를 열람하고, 가상으로 집안을 꾸미는 것이 가능하게 만드는 것을 고려하고 있다.

중국 최대 식료품 매장인 징둥닷컴의 이하오디엔Ylhaodian은 고객들이 지정된 장소에서 자사 모바일 앱을 이용해 가상으로 구매할 수 있는 AR편의점 실험을 했다. 레고Lego는 2010년 매장에 AR 키오스크를 설치하고 고객들이 키오스크에 설치된 스크린에 제품 박스를 갖다 대면 완성된 모습이 보이도록 했으며, 2015년에는 팬들을 위해 3D로 블록쌓기를 할 수 있는 레고X 앱을 론칭했다. 일본 의류 소매업체 유니클로는 2012년 AR전문기업 홀리션Holition과 협업해 일부 매장에서 소비자들이 옷을 입고 섰을 때 다른 색상을 보여주는 '매직 미러Magic Mirror'를 도입했다. 2016년 화장품 브랜드 맥스팩터는 또 다른 AR 제공기업 블리파Blippar와 손잡고 500개의 전제품을 상호작용 가능하게 만들고, 구매자들이 블리파 앱을 통해 각각의 제품에 맞춰 제작된 멀티미디어 콘텐츠를 공개할 수 있도록 했다.

디지털 고객 경험

아마존 앱으로 쇼루밍을 하거나, 진열대 가장자리에서 블리파 앱으로 제품의 AR 콘텐츠에 접근하지 않는다 하더라도, 온라인에서 구매 경험에 익숙한 고객들은 매장에서도 디지털 상호 작용이나 셀프 서비스에 대해 그 어느 때보다 높은 기대를 가지고 있다. 이러한 기대를 충족시키기 위한 전제조건은 와이파이라고 할 수 있다. 물론 쇼루밍에 활용될 수 있다는 단점이 있지만 어차피 구매자들이 매장 내에서 모바일 데이터를 이용 할 수 있다면 결과는 마찬가지다. 차이점은 매장 내 고객 지향적인 접점에서 투자 수익을 극대화하기 위해서는 와이파이가 필수라는 점이다. 소매업체들이 매장 내 와이파이를 설치한 이유에 대해 (익명을 요구한)한 관계자는 무선 네트워크가 지원되지 않음으로 인해 모바일 데이터 신호가 매장에 침투할 수 없게 되더라도 아마존에게 고객을 뺏기는 것은 동일하기 때문이라고 말했다. 고객들이 모바일 데이터 신호를 찾아 매장을 떠난 뒤 가격 비교를 하고 매장으로 다시 돌아오지 않을 것이기 때문이다.

또한 새로운 네트워킹 프로토콜과 대역폭의 영역이 발전하면서 모바일 데이터 가능 범위와 속도도 계속해서 늘어나고 있지만, 매장 내 와이파이 설치는 물리적인 쇼핑 여정을 향상시키고 구매자들이 다른 곳에서 구매하는 것을 만류하기 위한 디지털 접점을 더 많이 만들기 위한 핵심 동인이라고 할 수 있다. 적어도 와이파이가 있으면 소매업체가 가장 많은 영향을 행사할 수 있는 매장 안에서 ZMOT이 이뤄지게 된다. 우리는 이미 모바일 기기에 탑재된 카메라 기능으로 쇼핑객들이 오프라인 세계에서 찾고 있는 제품과 유사한 제품을 온라인에서 찾을 수 있다는 것을 언급했다. 그러나 이러한 기기에 탑재된 지리위치정보 기능과 함께 매핑 기능도 발전해 왔다.

  모바일에 최적화 되어 있으며, 위치에 기반하고, 정확하고 실시간으로 전달되는 매장과 할인에 대한 정보는 고객의 매장 방문을 유도할 수 있다. 매장 안에서는 '웨이파인딩*'이 지원되는, 모바일에 최적화된 업체의 웹 사이트와 앱이 빠른 시간 안에 고객을 찾는 물품 앞으로 이동시킬 수 있다. 까르푸는 모바일로 매장 내 할인행사 상품 위치 — 개인 선호도와 연관지어 — 로 고객을 안내 해 주는 인앱 서비스를 시험 운영했다. 루마니아에 위치한 대형 매장 28곳에 구매자의 스마트폰이나, 쇼핑 카트에 장착된 삼성 태블릿에 설치된 앱에 연결되도록 저전력 블루투스 Bluetooth Low Energy 비콘** 단말기 600개를 설치했다. 프랑스 릴에 위치한 까르푸 유라릴 매장에도 대대적인 보수 끝에 800개에 이르는, 프로그램이 가능한 필립스 LED를 설치했는데 에너지를 절약하기 위해서뿐만 아니라 필립스의 가시광통신 Visible light communication, VLC 기술을 이용하기 위해서였다. 이 기술은 광파에 제품과 할인 행사 정보를 인코딩해 소비자의 스마트폰에 부착된 카메라로 전송해 준다. 이를 통해 소비자는 제품의 위치를 쉽게 파악할 수 있게 된다.

---

* 스스로의 위치를 찾고 한 장소에서 다른 장소로 이동하는 과정이나 행위를 의미함

** 반경 50m에서 70m내에 위치하고 있는 사용자를 인식하는 근거리통신 기술을 일컬음

지능형 공간

 매장 내 네트워크를 연결해서 얻을 수 있는 혜택은 거기서 생성되는 데이터에서 정보를 얻을 수 있다는 점이다. 예를 들어 소매업체들은 전통적으로 적외선 카메라 이미지나 계수기를 지나가는 사람들의 숫자에 의거해 방문객 수를 산출하는 체계에 의존해 왔다. 미래형 매장은 와이파이와 매핑 체계에서 생성된 데이터와 더불어 기타 방문객 수 모니터링 기술을 이용해, 고객들이 매장 내에서 특히 정기적으로 업데이트되는 상품을 어떻게 구매하는지 관찰한 뒤 매장 디자인과 물품 배치를 개선해 나갈 것이다.

 2017년 애플은 자사 매핑 기술에 몰입형 가상 및 3D 모바일 기능을 더하고 경쟁자 구글 맵스를 따라잡기 위해, 모바일 OS용 AR 소프트웨어 개발 키트SDK를 출시했다. VLC나 시각 검색과 같은 기술을 생각해 보면 AR 매핑도 쇼핑을 게임화 하는 데 사용될 수 있다. 이것을 먼저 시도한 업체는 숍킥Shopkick이었다. 2012년부터 미국의 베스트바이, JC페니, 타겟, 메이시스와 협력해서, 매장에 찾아와 특정 물품의 바코드를 찍는 고객에게 위치 기반 보상과 할인을 제공했다. 2016년 말 스타벅스와 이동통신사 스프린트는 닌텐도와 협력해 포켓몬고에서 아이템을 얻을 수 있는 창구인 '포켓스톱'을 만들어 게임 하는 사람들을 유인하는 방법으로 방문자 수를 늘였다.

 매장 내 모든 경험을 디지털화 하는 과정에서 전자가격 표시기

ESL는 새로울 것도 없는 기술이다. 그러나 쇼핑여정의 발견 단계에 있는 궁극적인 ZMOT에서 고객 경험에 디지털 접점을 만드는 기술을 채택하는 미래형 매장이 기본적으로 매장 내에 와이파이를 구축해야 하는 이유는 여기서도 마찬가지다. 고객의 80퍼센트가 구매 결정에서 가장 큰 영향을 미치는 요소로 가격을 꼽았다는 ESL에 관한 2018년 연구와 별개로, 소매업체의 67퍼센트가 가격과 판촉 행사에 맞춰 가격표나 표식을 손으로 바꾸는 데 평균 월 매출액의 1~4.99퍼센트를 소요하고 있었으며, 이 비용은 2017년 한 해 동안 전 세계적으로 총 1,040억 달러에 이른다.

미리 인쇄된 종이 가격표를 손에 들고, 혹은 그 자리에서 인쇄되는 프린터를 허리에 차고서 매장 직원들이 일일이 진열대 앞에서 표식을 바꾸는 값비싼 비효율성은 오래된 방식에서 비롯되는 부정확성과 더불어, 유럽연합 국가 같은 곳에서는 가격 책정의 정확성과 제품 정보에 관한 규제 위반으로까지 이어질 수 있다. 또한 손으로 가격을 바꾸는 데 걸리는 시간은 전통 매장이 경쟁사의 할인 정책에 빠르게 대응하는 능력이 심각하게 제한되어 있다는 것을 의미하며, 하루에 수백만 가지 상품의 가격을 바꿀 수 있는 아마존의 AI 기반 역동적인 가격 책정 알고리즘과 비교하면 큰 불이익을 겪는다. 아마존과 비교해 베스트 바이와 월마트에서는 한 달 동안 총 5만 번의 가격 변화가 이뤄졌다.

동일한 ESL 관련 연구에서 구매자들이 표식에서 보고 싶은 주요 정보는 정확한 가격이며(82%), 43퍼센트만이 가격표에 적힌 가격과 계산대에서 지불해야 되는 가격이 동일할 것으로 믿는 것을 고려해 보면, ESL은 정확성 측면에서 구매자의 자신감을 끌어올리면서 고객 경험을 향상시킬 수 있다. 개선된 AI 컴퓨터 비전 소프트웨어와 더불어 진열대에서 안면 인식이 가능해지면 경험을 개별 맞춤화하는 것이 가능해진다. 인텔Intel은 2018년 업계 행사에서 ESL에 적용시킬 수 있는 자사의 리얼센스RealSemse 기술을 선보였다. 이 기술은 월마트, 허쉬 컴퍼니, 펩시 매장 5군데에서 시험 운영되고 있는 AWM 스마트 선반Smart Shelf과 지능형 자동 재고관리Automated Inventory Intelligence 소프트웨어를 지원한다. 이 소프트웨어는 디지털 진열대 표식기가 지나가는 사람을 인식해서 가격을 표시하는 게 가능하도록 만들었다. 주변에 아무도 없을 때는 홍보 이미지가 나온다. 크로거도 같은 행사에 참여해서 자사의 스마트 선반 기술을 시연했다. 크로거는 자사의 디지털 선반 표식으로 업체들이 끊김 없이 가격을 바꾸고 고객에게 개별 맞춤된 경험을 제공할 수 있다고 주장했다. 글을 쓰는 현재 이 기술은 17곳의 매장에서 가동 중이며 크로거는 2018년 말까지 140개 매장으로 서비스를 확대할 것이라고 말했다.

ESL을 업데이트 하는 데 필요한 양방향 무선 통신으로 고객들도 와이파이, 블루투스 비콘, 혹은 모바일 월렛과 비접촉식 신용 및 직불카드에 사용되는 근거리 무선통신NFC를 사용해 자신의 무선 기기로도 접속할 수 있게 되었다. 미래에는 이러한 진열장에서의 연결을 활용해 고객에게 보완 제품 추천과 리뷰, 할인 정보를 전달하는 일이 더욱 중요해 질 것이다. ESL은 기존의 가격

표보다 더 자세한 가격, 원산지, 알레르기 정보 등을 제공하며 고객과의 긍정적인 관계를 형성할 수 있다. 이미 일부 기업은 더 많은 정보를 나타낼 수 있는 대형 ESL과 나란히 고객이 온라인에서 그보다 더 많은 정보를 볼 수 있게 한 QR코드도 설치했다. 유럽 주택 개조용품 소매업체 르루아 메를랑Leroy Merlin은 종이로 된 가격표에서 발생되는 정확성, 생산성, 가격 속도 문제점을 개선하기 위해 ESL을 설치했다. 또한 매장 내에서 고객들에게 자동화된 실시간 제품 위치정보를 제공하는 데도 ESL을 이용하고 있다.

디지털 구매지점

와이파이, 비콘, VLC, ESL, 그리고 AR까지 이 모든 기술은 매장의 다양한 요소들을 디지털 구매지점으로 바꿀 수 있다. 영국의 하우스오브프레이저House of Fraser와 테드 베이커Ted Baker는 비콘을 장착한 마네킹으로 판촉 정보를 내보내는 실험을 했다. 비콘을 사용해서 선호 품목이 판촉 내용과 일치하는 사람이 지나가면 오퍼모먼츠OfferMoments가 디지털 광고판에 그 사람의 얼굴을 보여주었다. 이 미세 위치 응용 앱을 통해 구매자는 할인 정보를 수락한 뒤 근처 아웃렛 매장에서 할인을 적용받을 수 있다. 또한 비콘은 드라이브 스루 공간에서도 이용되고 있다. 손님이 음성제어 기술로 차 안에서 피자헛 음식을 주문을 하고 나면 해당 매장은 비콘을 통해 고객이 곧 도착한다는 알림을 받는다. 결제는 차량 대시보드에 통합된 비자Visa 서비스로 이미 완료되었다.

또 다른 핵심 분야는 양방향 디지털 표식이다. 2018년 삼성은 클라우드 기반 디지털 상점 소프트웨어 플랫폼 넥스숍Nexshop을 공개했다. IP와 모바일 기기를 사용해 실시간으로 행동 감지가 가능했다. 거기 더해 매장 직원들은 태블릿이나 대화형 디스플레이로 클라우드 기반 콘텐츠를 이용해 고객과 상호 작용을 하며 더욱 호감이 가는 고객 경험을 만들어 내는 것이 가능했다. 같은 해 피니시 라인Finish Line과 터치스크린 솔루션 업체 엘로Elo는 고객들이 새 옷을 입고 겹쳐진 다양한 배경 앞에 서서 사진을 찍을 수 있도록 한 스마트 거울 '메모미MemoMi'를 선보였다. 그 이미지는 SNS상에서 쉽게 공유가 되도록 고객에게 문자로 전달될 수도 있었다.

미국의 화훼전문 기업 1-800 플라워는 최근 AI가 제공하는 대화형 상거래를 매장 혁신, 전화 주문, 전자상거래, 그리고 모바일과 소셜 미디어에 도입했다. 또한 구매가 가능한 페이스북 메신저 봇을 제일 처음 론칭하고, '그윈GWYN*'이라고 불리는 AI 기반, 선물 아이디어를 제공하는 안내자를 도입하고, 아마존과 구글과 파트너십을 맺고 고객이 음성만 사용해서 주문이 가능하도록 했다. 그러나 미래형 매장에서 음성을 사용할 날이 멀지 않았고 아마존과 알렉사가 실질적인 역할을 수행할 것이다.

2017년 독일 아헨에 본사를 둔 독립 소매업체 HIT 쥐테를린Sütterlin은 할인과 제품에 관한 정보를 제공하며 고객과 소통하

---

* Gifts When You Need(선물이 필요할 때 나를 찾아주세요)의 머리글자

기 위해 고객의 음성 안내에 반응하는 디지털 화면과 더불어 알렉사 기반 고객 서비스를 시험 운영했다. 샌프란시스코에서 열린 테크크런치 디스럽트 해커톤TechCrunch Disrupt Hackathon 2017 행사를 위해 개발된 '알렉사 숍 어시스트Alexa Shop Assist'는 알렉사가 탑재된 하드웨어, 알렉사 스킬셋Skill Set 및 보이스 서비스, AWS 람다Lambda 플랫폼, iOS앱을 기반으로 하고 있으며, 고객들이 물품의 위치를 물어보면 몇 번째 통로로 갈지 알려 준다. 또한 고객이 질문한 위치를 기반으로 매장 내 고객의 움직임을 추적할 수 있도록 고안되었다.

미래형 매장은 디지털 능력이 부여된 서비스를 제공할 것이 확실하다. 하지만 셀프 서비스가 강조되면서 최전방에 있는 직원들은 어떤 상황에 처하게 될 것인가? 우리가 기업 행사에서 만난 (당연한 이유로) 익명을 요구한 한 IT 관리자는 '매장을 찾는 고객들은 모바일로 인해 직원들보다 더 많은 정보를 가지고 있다'고 한탄했다. 여기서 고급 백화점에서 '클라이언텔링Clienteling'으로 불리는 고품격 고객 서비스에 활용되는 '블랙북Black Book' 체계의 디지털 버전이 새로운 유형의 직원들을 양성하는 데 이용될 수 있을 것이다. 이들은 특히 건강과 미용, 소비자 가전, 자동차 및 호화품 등의 분야에서 디지털 기기를 사용해 고품격의 친밀한 상담형 판매에서 힘을 발휘할 수 있다. 일례로 2016년 부츠는 마이뷰티MyBeauty 앱을 출시했는데, 이를 통해 직원들은 제품 정보, 평점, 후기를 확인하고, 온라인에서 재고 현황을 살펴보고, 온라인 분석에 의거해 고객들에게 개별 맞춤형 추천을 할 수 있게 되었다.

인간의 손길이 중요한 이유

따라서 미래형 매장에서 직원의 역할은 거래적 측면보다 디지털화된 상담형 서비스에 주안점을 두게 될 것이다. 진정한 브랜드 대사가 되어야 한다. 클라이언텔링에서처럼 직원이 휴대용 바코드 스캐너와 카드 결제 및 비밀번호 입력 기기를 들고 다니며 대기줄 단축 업무에 투입될 수 있다. 하지만 포장과 보안 태그 제거에 실질적인 주의를 기울여야 한다. 특히 식료품 매장에서 많이 사용되는 방법이 셀프 스캔 및 계산 체계다. 덕분에 계산대에서 속도와 처리량에서 효율을 보이지만 결재 과정의 일부인 로열티 카드를 매장을 나가기 직전에 스캔할 것을 요구하는 등 쇼핑 여정의 부담을 전부 고객에게 떠넘기는 결과가 초래되기도 한다. 계속 반복되는 '포장 공간에 예기치 않은 물품이 감지되었습니다.'는 문구는 수많은 인터넷 밈Meme을 양산해 내며 해당 체계에 대한 고객들은 강한 불호不好를 드러냈다. 반면 업체들은 높아진 도난의 위험을 감수해야만 했다. 월마트는 2018년 이용률이 낮다는 이유로 자사 모바일 앱 '스캔앤고Scan&Go'의 서비스를 중단했는데, 높은 도난율 때문이라는 소문도 있었다. 그러나 샘스클럽과 코스트코는 매장에서 스캔하고 결제할 수 있는 유사한 앱을 아직 유지하고 있으며 스타벅스도 자체 앱에서 현금이 충전된 카드를 이용한 계산과 더 빨리 음료를 수령하고자 하는 고객을 위해 선주문을 허용하고 있다.

쇼핑 여정의 마지막 단계는 결제와 지불에 초점이 맞춰질 것이며 자연스럽게 개발의 다음 단계는 무인결제에서부터 무인매장, 그리고 '계산대 없는' 혹은 계산 할 필요 없는' 쇼핑이 될 것이다. 중국에서는 이미 이러한 현상이 시작됐다. 중국 광저우에 위치한 'F5 미래 상점'에는 모바일 결제와 로봇 주문 이행 체계가 사용된다. 고객들은 특별 단말기를 통해 혹은 자신의 스마트폰으로 물품을 주문하고 가격을 지불하면 된다. 물건을 가지고 오고 테이블을 정리하는 것은 오로지 기계에 부착된 로봇 팔이다. 또 다른 무인 프로토타입의 예시로는 프랑스계 유통업체 오샹 차이나의 미닛Minute과 빙고박스BingoBox와 이동형 무인점포인 윌리스Wheelys의 모비마트Mobymart가 있다. 이러한 무인점포를 이용할 시 고객들은 앱을 사용해 매장 안으로 진입한 뒤 QR코드를 찍고 계산을 한다. 아니면 고객이 매장을 나갈 때 컴퓨터비전을 통해 대금이 고객의 계좌에서 출금된다. 한국에도 비슷한 무인매장인 '세븐 일레븐 시그니처'가 있다.

아마존의 경쟁자들이 기준을 만들어가고 있지만 미래형 매장이 로봇이 운영하는 무인매장에 의해 장악될 가능성은 낮다. 기술 비용 부담이 높아서 이러한 형식의 무인 매장은 소규모의 편의점 형식을 띄고 있으며, 상담형 판매가 필요한 분야에서는 인간의 손길이 가장 귀하게 여겨질 것이다. 그러나 월마트와 포르투갈의 소나에Sonae는 이동이 제한된 구매자들을 위한 자동 쇼핑 카트를 시험 운영했다.

타겟이 실험한 심비Simbe사의 탤리Tally와 같이 매장에 위치한 로봇의 역할은 아마도 반복적이고 힘든 일에 집중될 것이다. 예를 들어 진열대에서 품절되거나 얼마 남지 않았거나 잘못 놓인 상품과 가격 정보를 확인 하는 일이 될 것이다. 건축자재 및 주택용품 판매업체 로우스Lowe's가 실험한 로우봇LoweBot은 제한적이지만 고객과의 상호 작용이 가능했다. 다중 언어를 이해하고 3D 스캐너를 사용해 매장 안에 있는 사람들을 감지했다. 고객들은 로우봇에게 말을 걸거나 가슴 쪽에 설치된 터치 스크린에 입력하는 방식으로 찾는 물건이 어디에 위치하고 있는지 물어볼 수 있었다. 그러면 로우봇은 스마트 레이저 센서를 이용해 물품이 있는 곳으로 고객들을 안내했다. 소프트뱅크가 개발한 로봇 페퍼Pepper도 다양한 고객 대면 상황에 배치되었다. 그 중 하나는 아시아 지역 피자헛에서 주문을 받는 일이다. 그리고 독일의 전자제품 소매업체 미디어마트새턴MediaMarktSaturn은 고객에게 인사하고 안내하는 로봇 폴Paul을 도입했다. 이 기업은 스카이프 공동 창업자인 아티 헤인라와 야누스 프리스가 설립한 스타트업 기업 스타십Starship과 손잡고 로봇 배송 자동차를 시험하고 있다. 아무리 그렇다고 해도 로봇이 갑자기 인간을 대체하는 일은 가까운 미래에는 일어나지 않을 것이다.

셀프 체크아웃에서 노 체크아웃까지

그렇게 해서 아마존고가 드디어 2018년 시애틀에서 처음 문을 열었다. 컴퓨터비전과 AI체계를 갖춘 이 매장에서는 특허를 받은 '저스트 워크 아웃' 기술이 적용되었는데, 고객들은 말 그대로 아무런 결제 과정을 거치지 않고 물건을 가지고 나가면 되었다. 입장을 할 때는 아마존고 앱을 스캔해야 하며 진열대에서 꺼낸 물건을 컴퓨터비전이 감지해 고객이 가게를 빠져 나갈 때 대금이 결제 될 수 있도록 미리 지불 수단을 등록해야 했다. 아마존고의 묘미는 이를 통해 아마존은 매장에 누가 있고, 실시간으로 무엇을 하는지 파악 가능하다는 점이다. 계산할 필요 없는 매장이 성공했다는 사실은, 아마존고 부사장 지아나 퓨어리니에 따르면, 샌프란시스코, 시카고, 런던에서 더 많은 매장이 문을 열 가능성이 높다는 것을 의미한다. 하지만 아마존고는 무인매장과는 거리가 멀다. 진열대를 채워 넣고 신선 식품을 준비하는 데 직원들이 동원되기 때문이다. 그리고 첨단 기술에 사용되는 비용을 상쇄하기 위해 이익률이 놓은 편의점 형태로 인구가 밀집되고 트래픽이 높은 지역에서만 문을 열 수 있다.

어쨌든 아마존고로 인해 업계의 전반적 수준이 높아졌다. 2017년 아홀드 델하이즈Ahold Delhaize도 비접촉 카드를 ESL에 대면 결제가 되는 계산대 없는 매장을 시험 할 것이라고 발표했다. 그 사이 세인스버리는 고객들이 계산대를 거치지 않고 휴대폰에서 결재할 수 있는지 시험했고 영국의 테스코도 웰윈 가든 시티 본사에 위치한 익스프레스 편의점에서 자사의 스마트폰 앱을 통해 식료품을 계산할 수 있는 '스캔앤고' 기술을 시험하고 있다. 기술 공룡 마이크로소프트는 쇼핑 카트에 카메라를 부착해 고객들이 상점 안을 돌아다니는 동안 구매를 추적하는 계산대 없는 매장 개념에 대한 연구를 진행하고 있다. 징동닷컴은 2017년 오샹과 파트너십을 맺고 앞서 언급한, 첫 번째 무인 자동화 매장 빙고

박스를 열어 아마존보다 한 발 앞서 나갔다 (하지만 원격으로 고객 서비스가 지원되고, 직원이 매일 물품을 충전했다). 같은 해 징둥닷컴 본사에서 첫 번째 계산대 없는 무인 편의점 D-마트가 문을 열었다. 스마트 스토어라고 불리는 이 매장에는 스마트 선반, 지능형 카메라, 게이트웨이, 센서, 지불 절차가 생략된 스마트 카운터, 그리고 스마트 디지털 표식기가 포함된 인텔 기반 반응 기술이 집약되어 있었다. 징둥그룹의 솔루션은 기존 소매상들이 직원의 개입이 거의 필요 없고 비용 효율이 높은 방법으로 사업을 업그레이드 할 수 있도록, 저가 도매 혹은 점진적 주문제작을 유연하게 제공한다. 또한 징둥닷컴의 설립자이자 대표이사인 류창둥의 야심인 중국의 모든 마을에 현대적인 편의점을 여는 것이 현실로 이뤄지는 데 기여할 것이다.

징둥닷컴과 알리바바의 오프라인 매장이 아마존고보다 디지털 경험을 더 많이 제공한다는 점은 인정해야 한다. 신선함, 편의성, 식품 서비스에 더 주안점을 둔 징둥닷컴의 세븐프레시와 알리바바의 허마 슈퍼마켓은 물리적 매장이라는 장점에 QR코드, ESL과 같은 앱 기반 디지털 접점, 결제 체계를 혼합했다. 다시 강조하자면, 모바일 결제는 미래형 매장에서 핵심 역할을 담당하게 될 것이며 ─ 소매업체가 마찰이 가장 심한 이 쇼핑여정 최종 단계를 자동화한다는 결심을 한다면 ─ 이를 통해 소매업체는 고객의 신원을 최종 거래와 장바구니에 다시 묶는 것이 가능해진다. 비자와 마스터카드는 최근 소비자들이 계산대에서 줄 설 필요가 없는 생체인증 결제 방식을 선보였다. 중국의 KFC는 알리바바가 소유한 앤트파이낸셜 서비스와 손잡고 최근 중국 시장에 '스마일 투 페이Smile to Pay' 결제 체계를 도입했다. 알리페이 고객은 안면 스캔과 자신의 전화번호를 입력 하는 방식으로 결제를 승인하는 것이 가능해졌다. 즉, 고객들은 더 이상 지갑이나 스마트폰을 꺼낼 필요가 없어졌다는 뜻이다. 서울의 세븐일레븐 시그니처에서는 손바닥 정맥을 스캔하는 '핸드페이' 생체인증 결제 서비스를 사용한다.

기존의 매장 기반의 소매업체가 공간 과잉과 매출 둔화라는 현실과 마주하고 있는 반면, 온라인에서 시작한 업체들은 물리적 공간 확보의 중요성을 절감하고 있다. 매장은 주문 수령, 반품, 서비스, 브랜드 쇼케이스 측면에서 온라인보다 유연성을 제공하며 옴니채널을 강화하는 데 도움을 준다. 따라서 소매업체는 보편적인 기술 인터페이스와 유비쿼터스 연결성, 디지털 및 모바일에서의 자율 컴퓨팅을 도입해야 한다. 그 뒤 열람 및 조사에서부터 발견과 결제 단계까지, 온라인과 오프라인을 아우르는 전체 쇼핑 여정의 단계에서 온라인에서의 속도, 접근성, 유용성과 필적하는 방식으로 매장이 구동되는 체계를 구축해야만 한다.

디지털 리테일업체의 매장은 단순한 제품 판매가 주된 역할이었던 기존 매장과 하는 일이 다르다. 강력한 기술 능력으로 무장한 이러한 업체들은 디지털화 및 자동화를 이룬 미래형 매장의 비전을 추진해 나가며, 광범위한 고객 생태계 안에서 강력하고 실재적인 관계 지점이 되는 자사의 역할을 더욱 발전시켜 나갈 것이다.

12

경험 중심 매장
거래 중심에서 경험 중심으로

"우리는 지금 절대적 변천의 순간에 도달했다. 우리 모두가 재창조하고, 반응하고, 이기는 법에 대해 고심해야 한다. 전 세계에서 거대하고 강력한 전략적 관계를 맺어야 한다……. 우리는 할 수 있는 한 최대한 빠르게 움직일 것이다. 아마존이 그렇게 빨리 움직일 수 있다면 우리라고 못할 이유가 무엇인가?"

— 2017년, 허드슨베이 회장 리처드 베이커Richard Baker

지금까지는 기술이 매장 안에서 마찰 없고, 초개인화된 경험을 창조 수 있다는 사실을 설명하는 데 집중했다. 물건을 찾아 헤매고 계산대에서 줄을 서는 것과 같은 고객들이 겪는 골칫거리를 해결하는 것으로 소매업체들은 물리적 매장을 21세기로 옮겨올 수 있고, 전자상거래 업체들에게 전통적으로 국한되었던 편리성과 용이성도 어느 정도 갖출 수 있게 된다.

점점 더 많은 품목이 온라인으로 옮겨 가면서 소매업체들이 물리적 공간을 더 시급하게 재창조해야 하는 상황에 놓이게 될 것이다. 오늘날 소비자들은 온라인에서 무엇이든 구매할 수 있으며, 프라임 덕분에 보통 다음날 배송받을 수 있게 되었다. 아마존은 쇼핑에서 할 수 있는 모든 노력을 기울여 왔다. 향후 특정 가정용품 주문이 단순화되고 자동 주문까지 가능해지면서 편리함이 더욱 가중될 것이다. 집이 더 스마트하게 변하면 구매자의 삶은 더욱 편안해 질 것이다. 오늘날 성인들은 놀랍게도 매일 3만 5천 가지의 결정을 내린다. 그러나 미래에는 홈 네트워크 시스템이 저차원적이고 일상적인 가정용품 재주문을 맡아주게 되어 사람들은 더 즐거운 일에 투자할 시간이 늘어날 것이다. 표백제나 화장실 휴지가 떨어졌을 때 더 이상 슈퍼마켓 통로를 헤매고 다니지 않아도 되는 것이다. 소비자들이 필수품을 사는 데 귀중한 시간을 많이 할애하지 않게 됨으로 인해 물리적인 매장이 받는 충격은 어마어마할 것이다. 오늘날의 소매업체들은 물품 배치, 고객을 불러 모으는 요소, 매장의 더 큰 목적에 대해 재고해봐야만 한다.

미래에는 기능적 쇼핑과 오락적 쇼핑의 차이가 더 크게 벌어지는 것을 보게 될 것이다. 기능면에서 아마존을 능가하기 어렵다. 따라서 경쟁자는 후자에 더 집중해야 한다. 오늘날 소매업에서 성공한다는 것은 아마존이 할 수 없는 일에 두각을 나타내는 것을 의미하며 그것은 곧 제품보다 경험, 서비스, 전문성에 더 집중해야 한다는 뜻이기도 하다.

WACD(아마존이 할 수 없는 일)는 이제 리테일 업계에서 쉽게 인식되는 두문자어다. 경쟁자들이 아마존의 시대에서 살아남기 위해 안간힘을 쓰고 있기 때문이다. 통용되는 용어('소매업체', '매장'과 같은 단어들)도 재고되어야 한다. 애플은 자사 매장을 '타운 스퀘어'로, 사이클링 의류 브랜드 라파Rapha는 '클럽하우스'로 불리길 원한다. 비슷한 맥락에서 쇼핑몰은 실제로 '몰mall'을 버리고 '빌리지,' '타운 센터,' '숍Shoppe'이라는 단어들을 채택하고 있다. 경험주의적 리테일의 개념을 극단적으로 시험한 경우도 있다. 영국의 백화점 업체 존 루이스는 매장 내부에 아파트를 마련해 구매자들이 하룻밤을 보낼 수 있게 만들었고, 미국 가정용 가구업체 웨스트엘름은 호텔 운영으로까지 사업을 확장했다.

모든 소매업체가 이렇게 극단적으로 갈 수 있는 수단이나 열의가 있는 것은 아니다. 하지만 한 가지 분명한 사실은 매장이 진정한 목적지가 되도록 전환을 해야 한다는 점이다. 제품 자체가 전부인 시절은 지났다. 대신, 커뮤니티와 레저를 활용해 소비자들이 기기를 버리고 올 만큼 근사한 경험을 제공해야 한다. 애플의 소매부문 수석 부사장 안젤라 아렌츠는 2017년 이렇게 말했다. "우리는 그 어느 때보다 디지털로 연결되어 있지만, 아직 많은 이들이 고립감과 외로움을 느끼고 있다." 물리적 매장은 디지털 시대에서 점점 그 수가 늘어나는, 사회적 연결을 갈망하는 소비자들을 충족시키기에 적합하다.

우리는 온라인과 오프라인의 지속적인 융합에 따른 혼합된 리테일 경험이 늘어나는 추세에 대해 이미 많은 이야기를 했다. 하지만 리테일 공간이 단순한 제품 판매가 전부가 아니라는 의미에서 오프라인 소매도 더 혼합될 것이다. 특히 쇼핑몰과 백화점 같은 대형 소매점은 향후 혼합적 활용이 발전하면서 온갖 종류의 파트너들과 협력이 가능해 질 것이다. 이것은 완전히 새로운 개념은 아니다 '리테일테인먼트(혹은 리테일 씨어터)'라든지 리테일을 레저 활동으로 규정하는 일은 지난 세기에도 있었다. 1909년 셀프리지 백화점을 설립한 해리 고든 셀프리지는 '상점은 그저 쇼핑을 하는 곳이 아닌 사회적 교류가 이뤄지는 곳이어야 한다'고 말했다.

가 말은 오늘날에 소매업체들에게도 적용된다. 수많은 특전에도 아마존은 아직까지 매우 실용적이다. 따라서 경쟁자들은 매장에 개성과 감각을 불어넣어 차별화 할 수 있는 기회를 얻었고, 앞으로 소매, 대접, 생활방식의 경계는 더욱 희미해질 것이다.

우리는 미래형 매장이 단순히 물건을 사는 곳일 뿐만 아니라 먹고, 놀고, 발견하고, 심지어 일하는 공간이라고 생각한다. 더불어 빌리고 배우는 공간인 동시에 무엇보다 소매업체들이 매장 내에서 다양한 상품과 반품 및 당일 배송 서비스를 제공하며 자기 방식대로 하는 구매자들을 만족시킬 수 있는 곳일 것이다. 점점 디지털화가 되가는 세상에서 물리적 상점은 거래 중심에서 경험 중심으로 옮겨가는 것 외 다른 선택이 없을 것이다.

가게에서 라이프스타일 센터로: 브랜드 가치 정렬

변화를 수용하고자 하는 이들에게 지금은 소매업에 몸담기 매우 흥미진진한 시기이라고 할 수 있다. 경험과 서비스를 강조하는 것으로 소매업체들은 자신의 브랜드에 사회적인 측면을 더하고 이로 인해 소비자들의 변화된 지출 양상을 활용하고 온라인 경쟁업체들과 차별화를 꾀할 수 있을 것이다.

그러나 이와 같은 다양화는 필수적으로 업체의 자체 브랜드와 부합해야 한다. 너무나 당연한 소리로 들리겠지만 2012년 테스코가 매장 내 커피 장인이 운영하는 카페, 레스토랑, 고급 베이커리, 요가 스튜디오, 심지어 체육관까지 들여온 것을 상기해 보면 된다. 2016년 테스코는 불과 몇 년 전 투자하기 시작한 사업인 해리스+홀, 지라프, 유포리움을 전부 매각했다.

이렇듯 전략을 180도로 바꾼 데는 다양한 이유가 있다. 전임자와 우선순위를 다른 곳에 두는 새로운 CEO가 부임했고, 핵심인 식료품 사업을 되돌리기 위해 비핵심 자산 경영을 합리화할 필요가 있었으며, 무엇보다 새로운 사업들이 크게 적자를 보고 있었다. 하지만 협력사 브랜드의 포부는 대중을 중심으로 저가 위주 정책을 펼치는 테스코의 가치와 어긋나 있다는 점에서 테스코의 전략은 근본적으로 결함이 있었다. 신선하게 갈린 원두로 만든 피콜로 마끼아또를 구매한 뒤 돌아서면 2+1과 같은 원색의 판촉물과 마주하는 것이다.

테스코는 그 당시 슈퍼스토어 개념을 재창조 하는 데 실패했지만 실험을 통해 많은 것을 학습한 것이 틀림없다. 오늘날에는 홀랜드앤바렛Holland&Barrett, 아카디아 그룹(도로시 퍼킨스Dorothy

Perkins, 에반스Evans, 버튼Burton), 딕슨스 카폰(커리스 PC 월드Curry PC World), 넥스트 등과 같은 협력사들의 제품으로 매장을 채워나가고 있다. 물론 일부 품목이 서로 겹치기도 한다. 도로시 퍼킨스 매대는 테스코의 자체상표인 F+F 제품과 나란히 위치하는 경향이 있다. 하지만 테스코는 협력사의 물품으로 차별화가 가능해지고 협력사 브랜드는 슈퍼마켓의 잦은 고객 방문으로 혜택을 얻는다.

10년 전만 해도 테스코는 경쟁사와 협력하는 일은 상상조차 하지 않았을 테지만, 아마존 이라는 공동의 적을 만나게 되면서 그것이 가능해졌다. 경쟁적 협력관계를 맺으면서 고객에게 더 나은 서비스를 제공하고, 힘을 합쳐 아마존의 침입을 막아낼 수 있게 되었다. 비록 과거 브랜드 정렬에서 실패했지만, 그때도 한 지붕 아래 쇼핑, 레저, 푸드 서비스를 모두 제공한다는 궁극적인 목표에서는 크게 벗어나지 않았다. 어쩌면 너무 일찍 그러한 급진적 변화를 시도했는지도 모른다.

먹는 공간

식품: 고객 수를 늘이는 세련된 방법

"기기를 통해 물건을 받을 수는 있지만 사람들은 궁극적으로 입어보고, 재질을 느껴보고, 매장에서만 가능한 서비스를 경험하고 싶어 한다. 그리고 음식만큼 사람들을 가게 안으로 불러들이는 데 효과적인 방법은 없다."

— 샤넬 일본 지사장 리차드 콜라쎄Richard Collasse

오늘날 소매업체들은 생존을 위해 분투하며 리테일 공간을 재정의하기 위해 동분서주하고 있다. 고객 수를 늘이고 머무는 시간을 연장하는 데 있어 이미 시도와 검증을 거친 방법은 카페와 레스토랑을 여는 것이다. 월마트 안의 맥도날드부터 베를린 카데베KaDeWe 백화점 안의 화려한 푸드홀까지, 음식은 언제나 자연스럽게 리테일의 연장선에 있었다. 특히 백화점과 그 외 이케아와 같은 빅박스Big-box 형태의 매장에서 더욱 그러하다. 이케아에서 판매하는 스웨덴 음식은 '빌리' 책장만큼이나 유명하다.

"우리는 미트볼을 언제나 '최고의 소파 판매사원'으로 부른다." 이케아 미국 식품사업부 책임자 게르드 디발트는 말한다. "배고픈 고객을 상대로 영업하기는 어렵기 때문이다. 그들에게 먹을 것을 주면 매장에 더 오래 머물고, (잠재적으로) 살 물품에 대해 이야기를 나누고, 매장을 떠나지 않고 결정을 마친다."

늘어나는 소매업체 수만큼이나 그들이 제공하는 서비스의 범위도 넓어지고 있다.

우리는 이 책 초반에서 구매자들이 청바지 한 벌 대신 외식이나 영화를 보는 데 점점 더 우선순위를 두고 있다고 언급하며, 경험 위주의 지출이 높아짐에 따라 가장 큰 영향을 받은 곳이 의류 업체라고 말한 적 있다. 게다가 민첩하게 움직이는 온라인 의류 체인으로부터 지속적으로 압박까지 받고 있다. 아소스만해도 매주 5천 가지의 새로운 제품을 추가하고 있다. 번화가에 자리한 어떤 소매업체가 이러한 업체와 경쟁을 할 수 있겠는가?

따라서 많은 의류 체인이 온라인 경쟁업체와 차별화하고 구매자를 유인하는 방편으로 이제 식품과 음료 쪽으로 눈 돌리는 것은 놀라운 일이 아니다. 밀레니얼 세대가 선호하는 얼반 아웃피터즈Urban Outfitters는 2015년 필라델피아에 본사를 둔 베트리 그룹에 소속된 레스토랑들을 인수하며 이 추세를 선도했다. 그 당시 전례 없는 움직임에 사람들은 반신반의했지만, 그 후 전 세계 수많은 의류 업체들이 매장에 먹는 공간을 마련하기 시작했다. 맨해튼과 시카고에 위치한 유니클로 매장에서는 스타벅스 커피를 팔고, 영국의 넥스트는 매장 안에서 피자와 프로세코* 바를 운영한다. 심지어 패스트패션 업체들도 이러한 추세에 동참하기 시작했다. H&M은 바르셀로나 매장에 다양한 유기농과 비건 음식을 판매하는 플랙스앤케일라포르테Flax & Kale à Porter를 함께 운영하고 있다.

"스타트랙에 등장하는 물질재조합장치Replicator를 실제로 발명한다면 몰라도 전자상거래는 레스토랑 업계에서 위협이 되지 않는다."

— 비트리 패밀리(얼반 아웃피터즈에 매각된 레스토랑 체인)
공동창업자 제프 벤자민Jeff Benjamin

고급 소매업체들도 자체 브랜드를 확장하거나 비슷한 성향의 예를 들면, '노부Nobu'와 같은 레스토랑과 제휴하며 이 추세에

---

* 이탈리아 화이트 와인의 일종

합류했다. 구찌와 아르마니는 세계 곳곳에 카페와 레스토랑을 소유하고 있다. 2016년 버버리는 런던 플래그십 매장에 처음으로 카페 토마스Thomas's를 열었다. 그 곳에 파는 메뉴는 명품 브랜드의 철저한 영국식 정체성을 그대로 반영해 크림 티, 랍스터앤칩스가 주를 이뤘다. 동일하게 폴로 랄프로렌의 랄프 커피앤바 Ralph's Coffee & Bar는 미국의 전통을 상기시키는 굴요리, 클럽샌드위치, 치즈케이크 등을 메뉴에 넣었다.

> "우리는 고객들이 더욱 사교적인 분위기에서 휴식을 취하고 버버리의 세계를 즐기면서 시간을 보낼 수 있는 공간을 창조하고 싶었다."
>
> — 전 버버리 CEO 크리스토퍼 베일리Christopher Bailey

백화점들도 이 방면에서 뒤처지지 않기 위해 노력하고 있다. 삭스 피프스 애비뉴는 새로 단장한 플래그십 매장에 유명인사들이 찾는 프렌치 레스토랑 라브뉴L'Avenue를 열 계획이고 경쟁사인 니먼 마커스는 유명 셰프 매튜 케니와 파트너십을 맺고 2016년 비건 카페를 열었다. "과거에는 레스토랑들이 고객을 매장에 더 잡아두고 더 많은 소비를 하게 만드는 역할을 했다." 삭스 피프스 애비뉴 회장 마크 메트릭은 말했다. "지금은 레스토랑이 고객을 매장 안으로 불러들이는 데 이용된다."

식품: 패션을 넘어

패션 영역을 넘어서 식품과 음료의 경험을 혼합하는 것은 슈퍼마켓에도 강력한 무기(그리고 타당한 확장)가 될 것으로 확신한다. 전 세계 식료품 소매업체들은 공인된 신선함을 무기로 식품관, 요리 교실, 자급자족 운동을 운영하는 이탈리Eataly와 홀푸드 마켓에서 영감을 받아야 한다. 중국에서는 온라인 공룡들이 현대의 구매자들을 위해 물리적인 슈퍼마켓을 신선함과 경험을 크게 강조하는, 기술이 가미된 상점으로 재정의하고 있다. 일례로 알리바바의 허마 체인은 고객이 생물로 구매한 해산물을 상주하는 셰프가 직접 요리해 주는 서비스를 제공하고, 매장 안에서 운영하는 식당에서 발생하는 매출은 경쟁사인 징둥닷컴의 세븐프레시 슈퍼마켓 전체 매출의 절반에 이른다.

이탈리아의 쿱Co-op의 '미래형 매장'은 자체상표 상품들만 사용해서 요리하는 레스토랑이 있다. 품질과 출처 둘 다 강화하기 위한 전략이다. 웨이트로즈나 퍼블릭스와 같은 고급형 슈퍼마켓은 매장 내에서 요리 교실을 열어 고급화와 명성을 이어왔다. 한편 독일의 메트로는 유럽에서 최초로 매장 안에서 채소 재배를 시작했고 홀푸드도 옥상에 온실을 설치하는 실험을 했다.

메트로가 소유한 하이퍼마켓 레알Real의 '마크트할레Markt Halle'는 신선한 식품과 고객 응대로 하이퍼마켓과 대형 슈퍼마켓이 온라인과 오프라인 경쟁자와 어떻게 차별화할 수 있는지 보여주는 좋은 예다. 마크트할레의 목적은 전통적인 시장의 분위기를 내는 것으로, 식품과 비식품의 비율이 기존의 60 : 40에서 70 : 30으로 바뀌었다. 내부에 위치한 식사 공간과 정원을 합하면 약 200명까지 수용할 수 있으며 고객은 바로 앞에서 조리된 신선한 제철 음식을 즐길 수 있다. 파스타와 같은 일부 메뉴는 매장 안에서 조리되며 고객들은 스시 만들기와 같은 음식 관련 프로그램에 참여할 수 있다. USB로 기기를 충전할 수 있는 장소도 따로 마련되어 고객이 매장 안에서 더 많은 시간을 보낼 수 있도록 지원한다. 그것이 사교활동이던, 쇼핑이던 심지어 업무를 보는 것이어도 상관없다.

일하는 공간

기술에 의해 재정의 된 분야는 비단 리테일 업계뿐만이 아니다. 직장에서도 빠른 변화가 일어나고 있으며, 연결성이 증가함에 따라 많은 직장인들이 기존의 9시 출근, 5시 퇴근 형식에서 해방되고 있다. 2020년까지 미국에는 약 380만 명의 사람들이 2만 6천 곳 이상의 공동작업 공간을 사용할 것으로 추정되는데, 2007년까지만 해도 거의 들어보지 못한 현상인 것을 감안하면 놀라운 수치다.

"도시 안에서 우리는 소비자 행동을 급진적으로 변화시키는, 공간과 시간의 새로운 사용법에 대해 특별히 주목해 왔다. 일, 문화, 놀이를 규정하던 경계가 희미해지면서 새로운 삶의 방식이 나타나고 있다."
— 2018년, 카지노 그룹 편의점 부문 CEO

장 폴 모세 Jean Paul Mochet

  재택근무, 공동작업 공간, 핫 데스킹*, 제3공간이 부상하면서 소비자들의 삶이 변화하고 있다. 그리고 그 과정에서 소매업체들에게 기회가 주어지고 있다. 레알의 경우에서와 같이 유럽의 식품 소매업체들은 소비자들이 머무는 시간을 늘리기 위해 더욱 친절하게 변하고 있다. 식품서비스를 향상 시키면서 무료 와이파이와 기기 충전소를 함께 제공하는 것이다. 2017년 까르푸 이탈리아는 여기서 한 단계 더 나아가 밀라노에 처음으로 공동작업 공간이 포함된 신개념 매장 '까르푸 얼반 라이프Carrefour Urban Life'를 출범시켰다. 까르푸는 회의실과 함께 200여 종의 이탈리아와 세계 각국의 맥주가 제공되는 라운지가 있는 이 매장이 '과거 그 어느 때보다 쾌락, 일, 사교활동을 결합하길 원하는' 바쁜 도시인들을 위한 혁신적인 솔루션이라고 설명했다.

  앞으로 세계 각국의 도시에서 까르푸처럼 다양한 개념이 혼합된 매장을 쉽게 찾을 수 있게 될 것이다. UN에 따르면, 2050년까지 세계 인구 3분의 2가 도시에 거주하게 된다. 현재 미국에서는 밀레니얼 세대들이 흰 울타리가 있는 전원생활보다 자유로운 도시 생활방식을 선호함에 따라 도시가 교외보다 더 빠르게 성장하고 있다.

  도시화가 진행되면서 물리적 공간은 더 작고 편리하고 다차원적으로 변해야 한다. 공유 오피스 제공 기업 위워크WeWork의 공

---

*   직원들이 지정된 자리를 갖지 않고, 업무공간을 공유하면서 일하는 방식

동 창업자겸 CEO인 애덤 뉴먼은 '도시화 추세는 우리 모두가 알아차리고 이해해야 하는 현상'이라고 말했다. "각양각색의 직업을 가지고 있는 사람들이 대도시에서 인간적 연결고리가 존재하는 공간을 찾고 있다. 히테일 공간이 이러한 추세에 합류하지 않을 이유가 없다."

위워크: 백화점의 생명줄일까?

위워크와 같은 공유오피스 제공자와의 협업은 특히 백화점에게 큰 도움이 될 것이다. 이 책의 초반에 이야기 한 바와 같이 백화점이 안고 있는 가장 큰 문제점은 소비자들이 온라인으로 옮겨감에 따라 남겨진 여분의 공간을 활용하는 일이다. 비용을 절감하기 위한 방편으로 오늘날 백화점은 매장 포트폴리오를 합리화하거나 규모를 축소하고자 한다. 메이시스, 콜스, 노드스트롬, 데븐햄스, M&S, 하우스오브프레이저 등등 업체의 목록은 끝도 없다.

부동산 투자 컨설팅 회사 JLL은 2030년까지 기업 부동산 30퍼센트가 탄력적인 사무 공간이 될 것이라고 예측했다. 2017년에는 고작 5퍼센트였다. 이제 위워크는 런던 중심부에서 가장 많은 사무실을 차지하고 있다. 8년 만에 200억 달러의 가치를 평가받았고 전 세계 200군데 이상 지점을 차렸다. 위워크는 다 죽어가는 백화점을 이용해 배를 채워왔지만, 덩치는 줄이면서 범위는 넓히는 방식으로 협업을 하고자하는 브랜드에게는 생명줄이나 다름 없었다.

이미 숨통이 끊어진 백화점을 공동작업 공간으로 전환하는 것은 쉽게 내릴 수 있는 결정이다. 대체 수입원이 될 뿐만 아니라 트래픽을 늘이고, 고객이 머무는 시간을 늘리고, 주문 후 수령 서비스의 경우처럼 이미 매장에 있는 고객들이 구매를 할 확률도 높았다. 거기에 더해 공유 오피스는 대부분의 백화점에서 제공하고 있는 서비스 — 카페와 무료 와이파이 — 의 자연스러운 확장이기도 하다.

위워크는 이미 영국의 데븐햄과 연결되었고 (존 루이스도 공동작업 공간의 가능성을 탐구 중이다.) 파리에서는 프랑스 백화점 소매업체 갤러리 라파예트Galeries Lafayette의 옛 본사 건물에 문을 열었다. 그리고 맨해튼의 상징적인 로드앤테일러 건물을 8억 5천만 달러에 인수하며 공유오피스가 리테일의 미래와 관련 있는지에 대한 일각의 의구심을 뭉그러뜨렸다. 2017년 발표된 해당 인수로 6만 1,300제곱미터(약 18,540평)를 차지하고 있던 매장은 약 4분의 1로 줄어들 것이며 상층은 위워크의 본사와 사무 공간이 점령하게 될 것이다.

합의의 일부로 위워크는 밴쿠버와 토론토에 있는 매장과 프랑크푸르트의 갤러리아 카우호프Galeria Kauhof 백화점을 필두로 전 세계에 산재한 모기업인 허드슨베이 백화점의 공간을 임차하기로 했다. '세 도시에서 가장 상층부 2층을 임대하기로 계약했다. 그들은 아무도 가치가 있을 것이라고 생각지도 못한 공간에 시장 가격을 지불하기로 했다.'라고 허드슨베이 회장 리처드 베이커는 말했다. "……우리는 밀레니얼 세대들을 매장 안으로 끌어들여 각 지점마다 흥분되고 재미있는 일들을 만들어 낼 것이다……. 우리는 그동안 사들인 오래되고 낡아빠진 매장을 재창조하는 데 힘써 왔다. 그 중 한 가지 방법은 매장을 새로운 용도로 사용하는 것이다."

놀이 공간

허드슨베이는 보유하고 있는 백화점들에 새 숨을 불어넣기 위해 공동작업 공간을 고려하고 있을지도 모른다. 하지만 그들은 이 방법이 보다 큰 바퀴 속 조그만 톱니바퀴 하나에 불과하다는 사실을 알고 있다. 어쩌면 룰루레몬과 스웨티 베티Sweaty Betty와 같은 피트니스 브랜드들의 경험 위주 마케팅 전략에서 영감을 얻어 백화점들은 이제 레저 요소를 충족시키기 위해 매장 내 피트니스 공간을 고려하고 있다.

2017년 허드슨베이는 삭스 피프스 에비뉴 약 1,500제곱 미터(약 450평) 공간을 더 웰러리The Wellery로 전환했다. 더 웰러리는 최고급 피트니스 센터로 내부에 스튜디오 2곳과 소금방 심지어 비건 네일 살롱을 갖추고 있었다. 대서양 건너편에서도 데븐햄이 피트니스 센터 스웨트!SWEAT!와 제휴해 '신뢰할 수 있는 레저 경험'을 제공하기 위한 실내 체육관 사업을 실험하고 있었다. 그리고 고객을 실망시키는 법이 없는 셀프리지도 백화점 내부에 세계 최초로 복싱 체육관을 열었다. 한편 지금은 사라진 백화점(예를 들면 영국의 BHS와 같은) 건물들은 피트니스 센터뿐만 아니라 볼링장, 미니 골프센터, 영화관, 심지어는 화랑으로 재탄생했다.

테슬라 CEO 일론 머스크가 바라는 대로 이뤄진다면, 미국 내 테슬라 전기차 충전소마다 고급 편의점과 함께 클라이밍을 할 수 있는 암벽, 야외 영화관, 롤러스케이트를 신은 웨이트리스가 서빙하는 1950년 스타일의 드라이브인drive-in 레스토랑[*]이 들어서게 되어 차량이 충전되는 30분 동안 소비자들이 할 수 있는 일이 주어지게 될 것이다. 화성 식민자화와는 거리가 멀지만^{**}, 소매와 엔터테인먼트의 경계를 허물고 있는 것만은 확실하다.

한편 일부 리테일 기업은 가상현실을 이용해 재미있으면서 몰입할 수 있는 매장 경험을 창조하고 있다. 노스페이스는 구매자들이 가상현실 헤드셋을 착용하고 프로 운동선수와 함께 요새미티 국립공원과 모아브 사막을 투어할 수 있는 체험형 캠페인을 진행했다. 탑샵은 2017년 매장의 유리를 대화형 수영장 디스플레이로 바꿔 구매자들이 옥스퍼드 가 인근에서 워터 슬라이드를 탈 수 있는 가상현실 체험을 제공했다.

쇼핑몰들은 또한 색다른 방법으로 공간을 채우는 방법을 모색 중인데 호텔, 엔터테인먼트(서바이벌 게임장부터 대규모 콘서트홀까

---

[*] 고속도로의 서비스 에어리어나 관광지의 주요 도로를 따라서 설치된, 차내에서 요리를 주문하여 먹을 수 있는 레스토랑

[**] 2016년 일론 머스크는 국제우주공학총회IAC에 참석해 2025년 이전까지 화성식민지 개발에 착수하고 앞으로 100년 이내 화성에 100만 명이 거주할 식민지를 건설할 것이라고 주장함

지), 키자니아나 크레욜라 익스피리언스Crayola Experience같은 어린이 지향적인 공간까지 다양한 방법이 시도되고 있다. 일부는 아예 구매자와 가족들이 하룻밤을 보낼 수 있는 리조트형 공간으로 탈바꿈하고 있다. 영국의 러쉬던 레이크Rushden Lakes는 자연보호 구역과 쇼핑몰을 결합시킨 공간이다. 2017년 영국 노샘프턴셔 강변에 세워진 이 곳에서 고객이 카누를 즐기거나 걸어서 혹은 자전거를 타고 인접한 산책로를 탐방할 수 있는 환경이 업계에서 처음으로 선보였다. 러쉬던 레이크 센터장 폴 리치는, '우리는 영국의 리테일 업계를 재정의 하고 있다고 믿는다'며 이렇게 말했다 "여기 말고 어디서 카누를 타고 쇼핑하러 갈 수 있겠는가?" 2019년 러쉬던 레이크는 골프, 트램펄린, 실내 클라이밍 등 더 많은 레져 프로그램을 도입할 것이라고 밝혔다.

다시 미국으로 돌아와 살펴보면, 마이애미에서는 약 56만 제곱미터(약 17만 평)의 면적을 차지하는 미국 최대 쇼핑몰이 건립될 예정이다. '아메리칸 드림'으로 명명된 이 거대한 쇼핑몰에는 대형 실내 수영장이 있는 워터파크, 클라이밍용 얼음 암벽, 인공 스키장, '잠수함' 체험과 더불어 2천개 객실을 갖춘 호텔과 최대 1천 200개의 상점들이 들어설 계획이다.

한편 캐나다 쇼핑몰애는 서커스가 찾아온다. 구매자들은 태양의 서커스의 새로운 체험형 프로그램 크리액티브CREATIVE를 통해 곡예, 예술 및 태양의 서커스 스타일의 번지점프, 공중 파쿠르Parkour, 줄타기와 트램펄린, 가면 디자인, 저글링, 서커스 트랙 액티비티, 댄스 등 다양한 레크리에이션 활동에 참여할 수 있게 된다. 2019년 후반 광역토론토에 처음 문을 열 계획이다.

라스베이거스에서도 2019년 '21세기 몰입형 바자Bazaar'로 묘사되는 신개념 쇼핑몰 에어리어15가 개장한다. 1만 1,700제곱미터(약 3,500평) 면적의 소매와 엔터테인먼트가 혼합된 이 곳에는 방탈출과 가상현실, 설치 미술품, 페스티벌, 테마 이벤트와 라이브 이벤트(콘서트부터 테드 토크까지)와 같은 다양한 즐길 거리가 준비될 것으로 알려졌다.

어린이 고객 만족시키기

번화가에 자리한 장난감 가게만큼 재미 요소 받아들이기 안성맞춤인 곳도 없다. 문제는 이러한 곳이 요즘 거의 남아있지 않다는 사실이다. 지난 10년간 우리는 맨해튼 5번가에 자리한 유명한 에프에이오 슈워츠FAO Schwarz가 문닫고, KB토이즈와 가장 최근인 토이저러스와 같은 체인들이 줄줄이 도산하는 것을 지켜봐야 했다. 유아용품 및 장난감 소매업체 마더케어Mothercare도 최근 몇 년 간 점포 수를 절반 가까이 줄였다.

문제점의 원인을 두고 다른 곳(힌트: 아마존 효과)을 탓하기는 쉽다. 슈퍼마켓과 빅박스 소매업체들은 장난감 전문점의 영역을 수십 년간 갉아먹고 있었다. 완구업체 해즈브로Hasbro와 마텔Mattel의 각각 매출 약 3분의 1이 월마트와 타겟에서 발생한다. 한편 영국에서는 아스다, 세인스버리, 아고스가 합작해 최강의 장난감 회사를 만들기로 합의했다. 점점 더 커져가는 아마존의 위협으로부터 벗어나기 위해서다. 세 업체가 손잡기 전 아마존은 이미 영국에서 가장 큰 완구 판매업체인 아고스를 따라 잡을 궤도선상에 있었다.

물론 인터넷도 장난감 유통에 적합한 수단이었다. 장난감은 일용품으로서 대체적으로 소비자들은 도서나 DVD처럼 직접 눈으로 보지 않아도 어떤 것을 받는지 예상할 수 있었다. 어디에서 구매하더라도 해치멀Hatchimal*은 해치멀일 뿐이다. 게다가 증강현실의 발달이 온라인 구매에 대한 구매자의 자신감에 더욱 힘을 실어주었다. 예를 들어, 아고스의 앱은 구매 전 일부 레고 장난감을 실물 크기로 보여준다. 장난감이 온라인 침투율이 가장 높은 품목 중 하나라는 사실이 설명된다. 게다가 점점 더 성장하고 있다. 칸타르는 2021년까지 미국의 전체 장난감 판매 중 28퍼센트가 온라인에서 이뤄질 것이라고 예상했는데 이는 2016년의 19퍼센트에서 상승한 수치다.

여기서 성장 가도를 달리고 있는 당일 배송이라는 요인이 더해지면 오프라인 소매업체는 마지막 남은 USP — 즉시성 — 마저 잃게 된다. 오늘날 장난감 소매업은 가격이 저렴하거나, 편리하거나 재미있어야 한다. 온라인과 대량 판매점은 앞의 두 가지는 가능하겠지만, 장난감 전문점이 재미라는 요소를 주입할 수 있는 여지는 아직 얼마든지 남아있다.

토이저러스가 잘못한 부분이 바로 여기다. 빠르게 변화하는 분야에서 이러한 요소들을 제공하지 못해 낙오하고 말았다. 장난

---

* 아이들에게 선풍적인 인기를 얻은 알에서 부화하는 인형 장난감

감 전문업체로서 토이저러스는 매장 내에서 노는 공간을 마련하고 제품 시연을 하는 등 마법 같은 경험을 제공할 잠재력이 있었다. 하지만 현실은 고객을 끌어 모을 현실은 혁신이나 기술이 전무한 영혼 없는 창고와 같은 매장이었다. 사모펀드가 주주인 것도 큰 문제가 되었다. 빚에 짓눌려 변화하는 리테일 환경에 적응할 능력이 없었기 때문이다. 이 책이 결국 아마존에 관한 것이니만큼 짚고 넘어가야 하는 점은 바로 토이저러스가 초기에 아마존에게 전자상거래 외주를 맡겼다는 점이다. 가장 큰 경쟁자에게 자사 고객의 장난감 구매 습관을 고스란히 알려준 셈이다. 경쟁적 협력 관계가 언제나 성공적일 수는 없다.

토이저러스의 종말은 다른 업체들에게 현실 안주에 대한 위험성을 적나라하게 알려주는 신호가 되어야 한다. 미국의 JC페니와 영국의 막스 앤 스펜서와 같은 — 자기 코가 석자인 — 백화점 업체들은 토이저러스에게 뺏긴 매출의 일부분이라도 되 가져 오기 위해 매장 안에 장난감 부문을 신설했다.

우리는 장난감 매장, 혹은 그 밖의 어린이와 가족을 상대로 하는 리테일 업종에 다시 즐거움과 마법을 불어넣을 수 있는 기회가 있다고 생각한다. 상식적으로 생각하면 된다. 마더케어는 왜 유아용 소프트 플레이* 공간을 제공하지 않는 걸까? 테스코는 왜 그 넓은 슈퍼스토어 안에서 엄마와 아기를 위한 수업을 진행하지 않는 걸까? 토이저러스는 왜 부모들이 사 줄 장난감을 가지고

---

* 안전한 놀이 환경을 위해 부드러운 재질로 만든 어린이용 놀이 시설

어린이들이 상호 작용할 수 있는 놀이 공간을 만들지 않는 걸까? 정확하게 말하면 토이저러스는 2015년 이 방법을 시험하기 시작했는데 안타깝게도 너무 늦어버렸다.

미국의 디즈니는 매장을 방문한 구매자들이 마치 휴가를 온 것처럼 느낄 수 있도록 매장을 새로 꾸몄다. 매일 캘리포니아주 디즈니랜드와 플로리다주 월트 디즈니 월드에서 열리는 퍼레이드를 극장 크기의 스크린을 통해 라이브로 스트리밍했다. 퍼레이드가 시작되면 고객들은 불이 들어오는 미키 마우스 머리띠를 하고 바닥에 앉아서 솜사탕을 먹었다. 마치 진짜 테마 파크에 온 것처럼.

영국에서는 엔터테이너The Entertainer가 어린이들이 TV 만화 속 유명 캐릭터를 만날 수 있는 이벤트를 주기적으로 열고, 스미스Smyths는 맥포머스* 사용법을 설명해 주고 바비 코스튬 행사를 연다. 햄리스Hamleys는 모스코바 지점에 미니 테마 파크를 운영하고 있으며, 레고는 아이와 어른이 함께 블록을 쌓을 수 있는, 디지털에서는 절대 흉내낼 수 없는 상상력과 창의력이 넘치는 공간을 제공한다.

한편, 캐나다의 네이션 익스피리언스Nations Experience는 슈퍼마켓, 간이 레스토랑, 놀이동산이 합쳐진 혁신적인 공간을 만들었다. 토론토 매장은 2017년에 타겟이 있던 자리에 문을 열었으며 약 900제곱미터(약 280평)의 면적이 엔터테인먼트 공간으로 사용되고 있다. 그 안에는 370제곱미터(약 110평)에 이르는 어린이

---

* 입체자석교구 브랜드

전용 놀이터와 135개의 게임기를 갖춘 오락실, 그리고 대실 가능한 파티룸 5개가 있다.

사례 연구 웨스트필드의 '데스티네이션 2028'

웨스트필드가 규정하는 미래형 쇼핑센터는 사회적 상호작용과 지역 사회가 주도하는 '초연결 초소형도시'다.

2018년, 영국의 유명 쇼핑센터 체인 웨스트필드는 '데스티네이션 2028' 보고서에서 리테일의 미래에 대한 자사의 비전을 제시했다. 경험, 레저, 건강, 지역 사회를 중시하는 소비자들의 욕구를 충족시키기 위해 AI 기술이 접목된 통로와 공중에 매달린 감각 정원이 등장한다. AI와 드론 같은 신기술과, '클래스룸 소매 Classroom retail'처럼 '기본으로 돌아가자'는 추세가 완벽하게 어우러진다. 제품의 제조자 혹은 만드는 과정이 주목을 받게 된다. 기술 장인이 직접 사람들 앞에서 작품을 만들고, 라이브 갤러리에서 전속 미술가가 작품을 창조하는 것이 가능해진다. 새로운 무대 공간에서는 인터랙티브한 활동과 이벤트가 다양하게 펼쳐진다.

기술 덕분에 미래형 쇼핑센터는 더욱 끊김 없는 개인별 맞춤형 서비스를 제공하게 된다. 고객이 입장하면 홍채인식 스캐너가 작동되며 고객의 과거 구매 기록이 보여지고, 내부에서 가장 빠르게 이동할 수 있는 개별 맞춤화된 정보가 제공된다. 매직미러와 스마트 탈의실로 구매자들은 새 옷을 입고 있는 자신의 모습을 가상현실을 통해 미리 볼 수 있으며, 수분 함량과 부족한 영양소를 감지해 주는 스마트 변기와 같은 혁신으로 전체적 경험이 향상된다.

데스티네이션 2028의 핵심 주제는 건강이다. 소비자들은 '개선 구역Betterment zone'에서 마음챙김 워크숍에 참가하고, 독서실에서 잠시 휴식을 취할 수 있다. 실내외에는 평온함을 주는 녹지공간이 마련된다. 주말농장 덕택에 고객은 직접 기른 작물로 요리를 할 수 있게 된다. 수로를 이용해 쇼핑센터에서 이동하는 것이 가능해지고 워터스포츠까지 즐길 수 있다. 물론 이는 수많은 레저 활동 중 하나에 불과하다.

공유 경제의 부상도 보고서가 강조하는 내용 중 하나다. 포스트 밀레니얼 세대 사이에서 '임대 소매'가 표준이 되면서 의류부터 운동 기구까지 모든 것을 빌릴 수 있게 된다. 또한 웨스트필드에 의하면 팝업, 임시 소매, 공동작업 공간도 미래 리테일의 일부가 될 가능성이 높다.

발견하는 공간, 배우는 공간

구매자와 더욱 의미 있는 관계를 만들기 위해서는 발견의 중요성을 간과해서는 안 된다. 여느 때보다 매장에서 구매자를 놀래고 기쁘게 만들어야 할 필요성이 높아졌다. 코스트코식 보물찾기처럼 고전적인 방식이든, 증강현실과 가장현실 같은 최첨단 기술을 동원하든 상관없다.

전통적인 리테일의 표준을 버리고 발견의 기술을 받아들인 브랜드가 있다. 바로 뉴욕시에 기반을 둔 브랜드인 스토리Story다. 스토리는 자사 소개에서 '잡지와 같은 관점을 가지고, 미술관처럼 바뀌고 상점처럼 파는 곳'이라고 칭했다. 이름처럼 이 곳은 제품보다 스토리에 더 집중한다. 6주에서 8주마다 약 186제곱미터(약 56평)의 공간이 새로운 디자인과 선별된 품목, 신선한 마케팅 메시지를 제공하는 곳으로 탈바꿈한다.

"궁극의 귀중품은 시간이며, 사람들은 자신이 투자한 시간 대비 더 많은 것을 얻어가길 원한다, 따라서 그들에게 물리적 공간에 있어야 할 이유를 제공해야만 한다." 스토리의 창업자 레이첼 셰흐트만이 말했다. 스토리의 매장은 단순하고, 신선하고, 물리적 상점에서 거래 이상의 것을 원하는 현대의 구매자들에게 연관성이 있었다. 2018년에 스토리는 메이시스에 인수되었다.

퍼스널 쇼핑과 제품 없는 매장

개인 스타일리스트는 발견의 미학에 접근할 수 있는 방법으로 점점 더 각광받고 있다. 한때 부유층 고객의 전유물이었던 퍼스널 쇼핑은 온라인과 오프라인에서 대중화되었다. 스티치 픽스Stitch Fix와 트렁크 클럽Trunk Club과 같은 온라인 스타일링 서비스가 부상하면서 아마존과 아소스같은 대형 소매업체들도 자체적으로 구매 전에 입어볼 수 있는 서비스를 만들었다. 아마존과 아소스의 버전에는 개인 스타일링 요소가 부재했지만 — 온라인 의류 구매에 자신감을 심어주는 쪽에 더 가까웠다 — 오히려 두 업체에게는 이것이 더 합당한 전략이 될 것이다.

매장에서는 H&M부터 아장 프로보카퇴르Agent Provocateur까지 모두가 개인 스타일링을 제공하고 있다. 그 중 일부 업체는 경험과 고객 서비스에 집중하기 위해 극단적으로 제품을 전부 치워버리기까지 했다.

순수 온라인 업체였던 남성 패션 브랜드 보노보스는 구매자들이 먼저 입어볼 수 있도록 배려하고 싶었고 '가이드숍guideshop'이라는 개념을 만들어냈다. 설명하자면 이러하다. 고객이 개별적으로 매장을 방문하면 먼저 치수를 잰다. 그 뒤 매장 안에 있는 옷을 전부 입어볼 수 있지만 — 보노보스는 매장에 모든 사이즈, 컬러, 재질을 구비해 놓고 있다 (단, 딱 한 벌씩만) — 가지고 나갈 수 없다. 그 자리에서 지불하고 배송을 받던지 집으로 돌아가 온라인에서 주문해야 한다.

보노보스는 크게 성공했고 2017년 월마트에 인수되었다. 같은 해 노드스트롬도 혁신적인 서비스 '노드스트롬 로컬'을 론칭했다. 약 280제곱미터(약 84평)밖에 되지 않는 공간에는 제품이 전시되지 않았다. 물론 수 시간 안에 인근에 있는 매장에서 조달해 올 수 는 있었다. 제품은 없었지만 그곳에서 제공하는 개인 스타일링 상담, 의류 수선, 매니큐어 서비스, 맥주, 와인, 생과일 쥬스를 제공하는 바는 제품의 빈자리를 메우고도 남았다. 그곳은 또한 온라인 수문을 수령하고 반품을 하는 허브의 역할도 했는데, 2022년까지 전체 판매의 절반이 온라인에서 발생될 것으로 추정되는 만큼 그것은 매우 중요했다.

매장에 제품이 없다는 것이 특이하게 느껴질 수도 있지만, 나름의 이점이 있는 것은 확실하다. 많은 제품을 쌓아둘 필요가 없는 만큼 상당히 작은 공간에서 시작할 수 있으며, 이것은 곧 임대료가 줄어든다는 의미다. 그리고 선반을 다시 채우는 것에 해방된 직원들이 고객에 더욱 집중하면서 판매가 늘고 반품율이 줄어들 수 있다. 고객은 꼭 맞은 옷을 구매하고 집까지 들고 갈 필요가 없어졌다.

교육, 지침, 그리고 영감

"애플의 가장 큰 제품, 즉 우리의 매장이 삶이 풍부해지는 데 어떻게 더 기여할 수 있을까? 우리의 매장이 모두가 연결되고, 배우고, 창조할 수 있는 필수적 허브가 되는 것, 그것은 우리의 꿈이 되었다."

― 애플 리테일 부문 수석부사장 안젤라 아렌츠Angela Ahrendts

교육의 역할을 하는 리테일을 생각했을 때 즉시 떠오른 것이 애플의 워크숍이었다. 애플은 주류가 되기 훨씬 전부터 경험적 리테일 사업을 하고 있었다. 그런 그들도 이 방면에서 더 나아지기 위한 노력을 하고 있다. 타운 스퀘어를 기억하는가? 미래에 대한 애플의 청사진은 경험과 교육에 지금보다 더 많은 공을 들이는 것이다. 애플 리테일 부문 수석부사장 안젤라 아렌츠는 미래형 쇼핑센터의 80퍼센트가 경험이고 20퍼센트가 쇼핑이라고 믿고 있다. 애플 스토어에는 현재 어린이들에게 코딩 레슨을 하고 있고 그 밖에도 다양한 교육형 워크숍과 행사를 열고 있다. 예를 들면 사진, 음악, 게임 및 앱 개발 등이다.

2018년 존 루이스는 런던 웨스트필드 매장에 처음으로 '발견실Discovery room'을 열었다. 구매자들은 이 곳에서 새로운 기술을 배우거나 다양한 주제에 대해 조언을 들을 수 있었는 데 예를 들면, 자신에게 맞는 카메라 고르는 법, 실내조명을 개선하는 법, 정원을 가꾸는 법, 숙면을 취하는 법 등이 있었다. 발견실 외에도 65제곱미터(약 20평)의 스튜디오에서 1대1 혹은 그룹 스타일 상담을 받거나 피부 관리 및 메이크업에 대한 조언을 듣거나 차를 마시면서 쉴 수 있었다.

파리에서는 카지노 그룹이 로레알과 손잡고 '내면의 아름다움, 실용적인 즐거움, 뜻밖의 행운(예상치 못한 발견에 대한 미학)을 위한 도시형 상점'을 표방하는 신개념 매장 '…르 드러그스토어 파리지앵…le drugstore parisien'을 열었다. 그 곳에서는 미용 및 건강 관련 제품부터 일반의약품, 바느질 키트, 건강 스낵과 과자까지 다양한 물품이 구비되어 있었다. 특히 도시에 사는 소비자를 위해 무료 와이파이, 휴대전화 충전소, 미용실, 세탁소, 택배함, 광선치료 클리닉, 열쇠보관소, 특정 제품에 한해 1시간 글로보Glovo 배달 서비스 등을 제공했다.

윤리적 뷰티 기업 러시Lush는 냄새와 색을 이용해 완전히 감각적인 경험을 제공한다. 고객은 포장 없이 전시된 제품과 직접 소통한다. 직원들은 사용법을 직접 보여주는 (그리고 샴푸병에 붙은

14달러라는 가격표를 정당화하는) 제품 시연은 러시 매장의 핵심 요소다.

유명한 입욕제 시연 외에도 러시 매장 직원들은 개별 고객의 행동을 알아채고 반응하도록 교육받는다. 우수하고 맞춤화된 고객 경험을 제공하기 위해서다. 예를 들어 어떤 고객이 궁금해 하는 것처럼 보이면 직원들은 시간을 할애해 그 사람의 니즈를 파악하고, 제품의 탄생 배경을 설명하고 제품을 시연해 보인다. 또한 직원들은 빨리 벗어나고 싶어 하는 고객을 알아채고 거기에 맞춰 효율적으로 응대한다. 쉬운 일처럼 보일지 모르겠지만 정반대인 고객 유형을 구분하는 능력은 발견이 주도하는 환경에서는 필수적이다.

기대 이상의 서비스를 제공하는 것으로 잘 알려진 러시 직원들은 고객과 더 잘 연결되기 위해 자체적으로 결정을 내릴 수 있는 권한이 주어진다. 그것은 무료 샘플을 증정하는 것 일수도, 날씨에 따라 제품 구성을 바꾸는 것(예를 들어, 우천 시 다채로운 색감의 명랑한 느낌을 주는 제품을 전시하기)일수도 있다. 결과적으로 더 의미있고 기억에 남는 경험을 제공하게 되며, 단순한 거래를 넘어설 것임이 틀림없다.

빌리는 공간

마지막으로, 미래형 상점은 빌리는 공간이 될 것이다. 공유경제는 운송수단과 관광 산업을 이미 파괴시켰지만 아직 리테일 영역에는 영향을 미치지 못했다. 가게 입장에서 고객에게 빌려주는 것보다 파는 걸 원하는 것은 당연하다. 하지만 시대가 변하고 있다.

우리는 접근이 소유를 능가하는 시대에 진입하고 있다. 인구 증가, 전례 없는 연결성, 고객 가치와 우선순위 변화에서 그 이유를 찾을 수 있다. 더 이상 우리를 정의하는 것은 물질적 소유가 아니다. 사람들은 점점 물건보다 경험에 지출하는 것을 선택한다. 이 현상은 특히 집, 차, 자전거, 음악, 도서, DVD, 옷 심지어 애완동물까지 포기하는 — 반드시 자의가 아니더라도 — 밀레니얼 세대와 그보다 어린 세대와 관련 깊다. 세계경제포럼은 2030년까지 제품은 서비스로 전환되고 쇼핑이라는 개념은 '먼 기억'으로 남게 될 것이라고 예측했다.

> "지금은 소유 사회다. 하지만 물건이 아닌 경험이 우리를 정의하는 접근 사회로 향해 나아가고 있다."
> — 에어비앤비 공동 창업자 겸 CEO, 브라이언 체스키 Brian Chesky

그렇다면 이러한 현상이 리테일에는 어떤 영향을 줄까? 오늘날 렌트더런웨이 Rent the Runway나 백, 바로오어스틸 Bag, Borrow or Steal 같은 웹 사이트를 통해 소비자들은 안야 힌드마치 가방에 2천 500달러를 들이지 않고도 명품에 접근할 수 있게 되었다. 영국의 웨스트필드는 2017년 최초로 렌털 팝업 '스타일 트라이얼

Style Trial'을 출시했다. 자체적으로 실시한 조사에 따르면 25세에서 34세 약 절반이 패션 렌털에 관심이 있고 약 5분의 1이 매달 200파운드 이상을 무제한 의류 렌털 구독 서비스에 지불할 의향이 있었다.

패션을 제외하고 가전제품 소매업체 딕슨스 카폰이 고객들이, 예를 들어, 세탁기 렌털, 설치, 수리비용을 지불하지만 실제로 소유는 하지 않는 새로운 회원제 도입에 대해 논의 중이다.

초점이 제품에서 서비스로 넘어가면서 미래에는 고객과 더욱 *끈끈한 관계를 맺는 것이 필수가 된다.* 이것이 바로 이케아가 2018년 일자리 공유경제 전문 스타트업 테스크래빗TaskRabbit을 인수한 이유다. 온라인 마켓플레이스를 운영하는 이 회사는 약 6만명의 프리랜서 인력을 가구 조립과 같은 일을 도와 줄 사람을 찾는 소비자와 연결해 준다. 이제 소비자들은 조립할 걱정 없이 '스투바' 수납장을 살 수 있다.

월마트도 TV설치와 가구 조립을 도와주는 서비스 핸디Handy와 제휴를 맺었다. 마찰을 제거하고, 물리적 매장을 초월하는 의미 있는 고객 관계를 구축하는 것, 이것이 바로 아마존의 시대에서 소매업체들이 생존할 수 있는 방법이다. (아마존도 2015년 미국에서 처음 실시된 가정지원서비스 영역을 확대하고 있으며, 2018년에는 영국에서도 론칭했다.)

정기적인 고객 방문이 이뤄지는 하이퍼마켓과 슈퍼스토어 같은 대형 매장들에게도 기회는 있다. 도서관 방식으로 특정 상품을 빌려주는 공간을 마련하는 것이다. 한 번에 지불하기에 금액이 크고, 드물게 사용되고 매장 입장에서도 부담스러운 재봉틀, 텐트, 공구 같은 제품이 이러한 서비스에 적합할 것이다.

런던 남동부에 위치한 사회적 기업 '사물 도서관Library of Things'은 주방용품부터 잠수복까지 모든 것을 '빌리는 공간'이다. 가입비는 없고, 회원이 되면 매주 최대 5개의 물품을 개당 4.29파운드 이하의 가격으로 빌릴 수 있다. 사물 도서관 매장은 빈 공간을 채우기 위해 분투 중인 소매업체들에게 하나의 솔루션이 될 수 있다. 매장 안으로 트래픽을 끌어올 수 있을 뿐만 아니라 무엇보다 중요한 지역사회에 진하하고 고객과 깊은 관계를 구축하는 것이 가능해진다.

요약

오늘날 리테일은 도처에 존재한다. 매장 안, 휴대전화 속, 집안, 물건 안, 심지어 미디어 속에서도 경험할 수 있다.

아마존과 같은 온라인 소매업체들은 구매자에게 타의 추종을 불허하는 접근과 거의 즉각적인 만족감을 선사해 왔다. 하지만 그 과정에서 만지고 느끼는 쇼핑은 자취를 감췄다. 오프라인 소매업체들은 단순히 제품을 이동시키는 것을 넘어서는 서비스를 제공할 수 있도록 진화해야 한다. 매장은 다시 한 번 특별하고 만족감을 주는 곳이 되어야 한다. 스토리를 전달하고 점점 디지털화 되는 세상에서 커져가는 인간적 연결에 대한 욕망을 충족시켜야 한다. 매장은 공동체에 초점을 맞추고, 온라인이 복제할 수 없는 감각적, 몰입적, 인상적인 경험을 제공해야 한다. 놀이동산이나 극장에서처럼 고객들이 입장료를 지불하고서라도 방문하고 싶은 물리적 공간을 만드는 것을 목표로 삼아야 한다.

소매업체들이 진정한 차별화를 위한 협력의 중요성을 깨달으면서 업계에서는 협력이 이루어지는 광경이 더욱 자주 목격될 것이다. 그렇다고 해서 모든 업체들이 정체성을 버리고 만능이 될 필요는 없다. 최고의 가성비와 편의성, 혹은 고유한 제품군으로 승부를 거는 업체들을 위한 자리는 여전히 남아있을 것이다. 알디와 프라이마크Primark는 10년 뒤 지금과 크게 달라지지 않을 것이다.

그러나 대부분의 업체들은 생존을 위해 진화해야만 한다. 매장을 골칫거리가 아닌 자산으로 여겨야 한다. 다른 분야와 협력하고, 성공을 재단하는 방법을 바꿔야 한다. 매장 내 매출액 증가와 제곱피트 당 판매량은 더 이상 성공의 척도가 아니다. 그러한 핵심역량지표KPI는 본질적으로 전자상거래에 '대비하는' 매장의 성공을 나타낸다. 이제 소매업체들은 브랜드 효과, 디지털 구매 의도, 온라인 주문이 매장에서 처리된 비율, 제곱 피트 당 얻을 수 있는 영감, 마찰에 의한 반품, 직원에 대한 편의성, 그리고 고객 경험과 같은 KPI를 종합해 전자상거래와 더불어 매장의 성공을 가늠하는 방향으로 바뀌고 있다. 이제 미래형 매장이 주문 이행의 허브가 되기 위해 어떻게 진화하고 있는지 살펴보자.

13

주문 이행
최종 단계에서 소비자의 마음을 얻는 법

"당신은 아마존이 7년 먼저 앞서가길 원하지 않을 것이다."

— 워런 버핏Warren Buffett

  11장과 12장에서 미래의 매장이 마찰을 줄이고, 동시에 경험 중심이 되기 위해 진화해야 한다는 사실에 관해 이야기했다. 디지털이 쇼핑 여정에 미치는 영향으로 매장이 점점 온라인 주문 이행 허브로서의 역할을 수행한다는 사실도 알게 되었다. 전자상거래가 활발하게 이뤄지기 전 공급망의 물류 관계에서 소매업체의 유일한 걱정은 공급자로부터 물품을 유통 처리센터로 옮겨와 무사히 다시 매장으로 옮기는 것뿐이었다.

배송 이행 약속

전자상거래의 초창기에 리테일 업계의 중역들은 매장 관리자가 화난 목소리로 전화해 매장 내에서 처리한 반품이 '목표치에서 깎이는지' 확인을 요청 하던 때를 기억할 것이다. 그 때가 바로 온라인에 첫 발을 내딛은 기존 오프라인 소매업체들이 전자상거래가 자사 매장에 미치는 영향에 대해 처음 깨닫기 시작한 즈음이다. 이들 업체들은 매장에서 주문 이행 절차와 반품 처리를 병행하는 것으로 그 당시 온라인에서만 활동하던 아마존과 같은 업체와의 경쟁에서 우위를 점할 수 있다는 사실을 알게 되었다. 소매업체들은 이 새로운 역할을 기쁘게 받아들였다. 구매자들이 물건을 수령하기 위해 매장으로 직접 찾아오면서, 특히 부재중인 고객을 다시 방문하면서 더욱 상승하는 운송비용을 아낄 수 있기 때문이다. 패션 업종에서 최대 40퍼센트까지 치솟는 반품은 전자상거래 업체 입장에서도 해결해야 될 과제였다. 게다가 오배송 만으로 전체 수익의 1퍼센트 이상이 사라진다는 연구 결과도 있다. 그 당시만 해도 소위 '주문 후 직접 수령' 서비스가 몰고 올 파장에 대해 알고 있는 업체는 드물었다.

'주문 후 수령'을 먼저 채택하기 시작한 곳은 유럽이다. 거기에는 여러 가지 이유가 있다. 엄두를 못 낼 만큼 높은 전자상거래 운송비, 리테일 체인이 멀리 떨어져 있는 경우가 드문 인구의 지리적 밀도, 높은 인터넷 광대역 및 모바일 접속률 등이다. 그리고 이미 무카드 거래Card-not-present, CNP와 대금교환Cash-ondelivery, COD 방식이 전자상거래의 원격 쇼핑 모델을 용이하게 만들어 주고 있는 상황에서 상대적으로 현금 결제의 대안적 방식에 대해 소비자들의 거부감이 적었다. 프랑스의 식료품 업체와 그 밖의 소매업체가 제공하는 주문 후 수령 서비스를 통해 인구의 80퍼센트가 10분 이내에 약 4,000개의 수령 지점에 접근 가능했다. 주문 후 차량으로 수령Click & drive할 수 있는 서비스는 프랑스 전체 식료품 주문에서 5퍼센트를 차지하고 있으며 향후 10년 이내에 10퍼센트에 육박할 것으로 예상된다. 영국 구매자들도 주문 후 직접 수령 서비스의 열혈 이용객이다. 한 연구는 2022년까지 영국에서 주문 후 수령이 전체 온라인 지출의 13.9퍼센트를 차지하게 될 것이라고 내다봤다.

아마존의 근거지 미국에서 주문 후 수령 서비스는 프랑스의 경우와 마찬가지로 대형매장에 드라이브 스루가 더해진 형태로 발전했다. 타겟, 월마트, 크로거는 2019년까지 차량 안에서 주문한 물품을 수령할 수 있는 '드라이브 업Drive Up'서비스와 매장 내 수령 지점 클릭리스트ClickList를 각각 1천 곳으로 확장할 계획이다. 그 중 온라인 식료품 주문 이행을 담당하는 월마트의 자동화된 '키오스크'는 가장 정교한 형태를 하고 있다. 비슷한 키오스크를 운영하는 영국의 자회사 아스다로부터 학습된 방법을 바탕으로 전자상거래 배송에서 발생되는 간접비용을 줄이는 데 이용하고 있다. 키오스크가 있는 약 15제곱미터(약 4.5평)를 차지하는 건물은 월마트 슈퍼스토어 주차장에 위치하고 있으며, 35달러 이상의 식료품 주문에 한해 매장 직원들이 집품을 포장을 담당하는 구조를 하고 있다.

주문 후 직접 수령과 마찬가지로 월마트의 키오스크 역시 매장 방문과 잠재적인 고객 수 증가를 장려함으로써 전자상거래의 성장과 균형을 맞춘다. 소매업체들은 매장전환율과 매출이 상승한 사실을 통해 주문 후 직접 수령하는 고객들이 매장에서 고객 수와 지출을 증가시킨다는 사실을 발견했다. 2015년 UPS가 유럽 구매자들을 상대로 실시한 설문 조사에서 응답자의 47퍼센트가 매장 내에서 주문한 물품을 수령한 경험이 있고, 그중 30퍼센트가 주문 후 수령을 위해 방문한 매장에서 추가 구매한 사실이 드러났다.

그와 비교해 홀푸드 마켓을 인수할 생각을 하기도 전에 아마존은 락커를 통해 주문 후 수령 세계에 첫 발을 들였다. 아마존 락커는 2011년 본사가 위치한 시애틀을 비롯해 뉴욕과 런던에서 처음 서비스를 시작했다. 고객이 주문한 물품을 수령할 장소로 인근 락커를 선정하면 이메일이나 문자 메시지를 통해 고유한 코드가 발급이 되었다. 그 뒤 지정된 락커의 터치스크린에서 해당 코드를 입력하면 문이 열리게끔 되어 있었다. 아마존은 락커 서비스를 확대하기 위해 쇼핑몰을 비롯해 세븐일레븐, 스파Spar, 그리고 영국의 쿱, 모리슨즈 등과 같은 소매업체들과 파트너십을 맺었다. 아마존 락커는 캐나다, 프랑스, 독일, 이탈리아를 포함해, 아마존이 상대적으로 덜 전통적인 장소에 락커를 설치하는 것에 반대하지 않는 입장을 취함에 따라 공공 도서관이나 아파트 단지 등에서 락커를 기반으로 하는 아마존 허브Amazon Hub 서비스를 쉽게 찾아볼 수 있게 되었다. 2018년 현재 아마존 락커는 50개 이상의 도시, 2천 곳 이상의 장소에 설치되어 있다.

원격 수령의 편의성

락커의 장점은 라스트마일에 해당하는 주문 이행 과정에서 나타나는 문제점들을 제거한다는 데 있다. 도난과 부재중 배송으로 인한 재배송과 더불어 발생하는 모든 추가적 비용이 이에 해당한다. 고객들은 락커를 통해 원하지 않는 상품의 반품까지 진행할 수 있다. 하지만 배송 확인 서명을 요구하는 택배사를 이용하는 제3자 판매인은 락커의 사용이 제한되었다. (아마존 허브 락커는 모든 택배사 소포를 받는다.) 그리고 신선식품 배송은 아마존 락커 서비스에 적합하지 않다는 사실도 문제가 됐다. 온라인 식료품 시장이 더욱 발달한 유럽에서는 온도조절이 가능한 락커가 개발됐다. 여기서 주목할 만한 회사는 엠마스박스emmasbox다. 독일 뮌헨에 본사를 둔 이 스타트업은 독일국영철도회사 도이치반Deutsche Bahn, 뮌헨 공항을 비롯한 대중교통 정거장 및 에데카Edeka와 미그로Migros와 같은 식료품 소매점에 냉장시설을 갖춘, 온라인 주문 수령처를 공급했다. 할인업체 리들이 벨기에에 온라인 수령 지점 3곳을 설치한 지 얼마 지나지 않아, 프랑스 소매업체 오샹이 2017년 생테티엔 지역에서 250개 이르는 온도 조절 가능한 주문 후 수령 락커를 도입했다. 그 외에도 독일의 DHL과 독일 우체국의 팩스테이션Packstation, 프랑스 우체국의 씨티씨모Cityssimo, 영국의 바이박스ByBox와 같은 모델은 교통 허브 인근 혹은 사람들이 붐비는 도심지에 번듯한 수령 매장을 마련해 전통적인 우체국 혹은 페덱스와 UPS 지점과 경쟁을 벌이고 있다. 심지어 아마존 영국 고객들은 200개가 넘는 도들Doddle 지점에서 주문한 물건을 수령할 수 있다.

목표를 정하는 데 있어 많은 소매업체들은 소비자들이 물건을 주문하는 장소를 매장 혹은 지역별 매출에 포함시켜 전자상거래의 효과를 판단한다. 이것이 바로 전 세계적으로 리테일 매출의 80퍼센트에서 90퍼센트가 매장에서 '완료되는' 이유다. 고객이 온라인상에서 제품을 주문하고 결제까지 마친 뒤, 자신이 편리한 상황에 따라, 혹은 배송 비용을 아끼기 위해 가까운 매장이나 제3자가 제공하는 지점에서 물건을 수령할 수 있다. 배송비용에 관련해서 아마존은 업계에서 선발주자로 2002년 더 많은 고객을 유치하기 위해 무료 배송을 제공하기 시작했다. 그리고 무료 배송 기준가를 100달러에서 25달러로 낮춘 슈퍼 세이버 배송을 선보였다. 현재 프라임 회원이 아닌 고객들은 35달러 이상의 지정 상품을 구매하면 무료 배송 서비스를 받을 수 있다.

리테일 업계는 인터넷 접근이 어디서나 가능해지고 인터페이스가 보편화되고 거기에 더해 거의 즉각적인 주문 이행에 대한 요구가 급격히 상승함에 따라 점점 더 라스트마일에 집착할 수밖에 없었다. 라스트마일은 전통적으로 이동통신망 제공업체에서 사용하던 용어였다. 물리적으로 최종소비자가 위치한 지역에 도달하는 인프라를 가리키다가 리테일 업계에서 사용되기 시작하면서 제품 혹은 서비스를 처리하는 과정에서 가장 마지막 단

표 13.1 소매 공급망의 복잡성을 더욱 증가시키는 새로운 이행 옵션

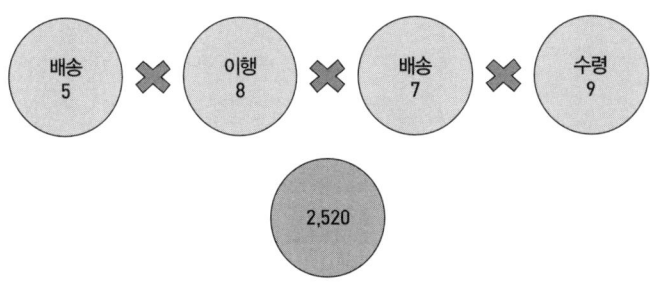

계를 지칭하게 되었다. 매장에서 물품을 충전하거나 고객의 집으로 배송하거나 혹은 그 두 가지가 혼합된 경우를 말한다. 예를 들면 주문 후 수령 서비스를 위해 매장의 재고를 채우거나 제3자가 운영하는 락커로 배송하는 일이다. 실제로 우리가 플래닛리테일 RNG에서 조사한 연구에 의하면 오늘날 리테일의 주문 이행 과정에는 2,500개 이상의 순열이 존재했다. (표 13.1 참조)

소비자들이 직접 고르고, 포장하고 그 자리에서 직접 받아가는 전통적인 쇼핑과 더불어 현재 소비자들에게 주어진 폭넓은 선택을 고려했을 때 가능한 이야기다. 공급망은 기존의 '허브 앤 스포크Hub-and-spoke*', 유통, 주문 이행 센터를 넘어서, 구매자들이 때와 장소, 방식에 구애 받지 않고 제품에 접근 할 수 있는 매장 네트워크로 빠르게 진화해야만 했다. 이 책에서 계속 언급한 '자

---

* 각 지점에서 발생되는 물량을 중심이 되는 한 거점(허브)에 집중시킨 뒤, 각각의 지점(스포크)으로 다시 분류하여 이동시키는 체계

표 13.2 소매 공급망의 복잡성을 더욱 증가시키는 새로운 이행 옵션

주문	이행 — 집품과 포장	이행 — 라스트마일	수령
· 고객이 매장에서 직접 선택 (및/또는 스캔) 혹은 · 전화 · 모바일 — 웹 사이트/앱 · 데스크톱 · 핸즈프리 (음성 인식)	· 고객이 매장에서 직접 진행 혹은 · 수집 혹은 배송을 위해 매장에서 업체가 직접 진행 · 다크스토어 · 하이브리드 스토어 · 중앙집중식 — 주문 이행 센터(FC)/하이브리드 유통센터(DC) · 제3자 · 도매업자 · 제조자	· 고객이 매장에서 직접 진행 혹은 (픽업) · 제3자 — 주문형, 제조사 직송 drop-ship · 국내외 택배사 소포 우편 (보통 혹은 특급) · 소매업체 자체 운송 부대 · 소매업체 자체 — 매장 직원 배달 · 해외 협력업체	· 고객이 매장에서 직접 진행 혹은 · 매장 내 주문 후 수령 데스크 · 차량 배달 · 락커/키오스크 · 근접 소매 · 우체국 · 비상업 공간/공공 공간 · 집

| 발견, 목록관리, 주문 | 집품 및 포장 | 배송 | 이행 |

기 방식대로 하는' 구매자에서의 '방식'은 주문에 의해 결정 된다 (표 13.2 참조)

소비자가 주도권을 쥔 상황에서 기존 공급망의 순열은 빠르게 증가한다. 이러한 순열은 리테일의 복잡성을 가중시키고 공급망을 생산해 낸다. 하지만 지금까지 공급망은 비용을 지출하는 비용센터로 여겨졌다. '아마존 효과'를 생각했을 때, 지금은 그 어느 때보다 공급망 모델 — 라스트마일 구간에서 주문이 어디서 집품, 포장, 이행되는지 결정하는 것 — 이 소매업체와 제조업체 양측 모두에게 가장 중요한 성장 원동력이 될 것이다. 아마존이

이미 라스트마일에서 성공가도를 달리고 있기 때문이다.

라스트마일 개발하기

라스트마일을 쟁취하는 것이 점점 더 소비자들에게 도달하는 경기에서 승리를 결정짓는 요소가 되고 있다. 여기서 승리는 빈도수와 연관성, 궁극적으로 고객 충성도에서 경쟁자를 누른다는 뜻이다. 아마존의 주문 이행 인프라는 회사의 경쟁 동력이며, 속도와 편의성으로 플라이휠을 강화시키는 데 기여하고 있다. 주문 이행 인프라 없이는 공급망을 바탕으로 한, 회사 성장의 동력인 프라임과 FBA Fulfillment By Amazon는 성공하지 못했을 것이다. 라스트 마일 쟁취에서 아마존은 당일 배송, 특히 일부 지역에서는 1시간 내 배송을 표준으로 삼고 고객이 원하는 것은 무엇이든 수월하게 주문할 수 있는 환경을 구축하기를 원한다. 그 점에서 진정한 파괴자라고 할 수 있다.

일례로, 유튜버 롭 블리스는 뉴욕시 노숙자 집단에 물품을 전달하는 데 아마존 프라임 나우를 이용하기로 했다. 노숙자 한명 한명에게 다가가 필요한 것을 물어보고 물품을 주문했다. 그 중에는 양말, 신발, 침낭, 내복과 위생 용품이 있었다. 블리스의 영상이 온라인에서 퍼지는 사이 단 몇 시간 만에 물품이 도착했다.

우리는 6장에서 아마존이 식료품 시장에서 영향력을 키우기 위해 만들어 가고 있는 토대에 라스트마일 전략이 포함되어 있다는 사실에 주목했다. 여기서 다시 한 번 아마존의 거대한 AWS 컴퓨팅 능력으로 덕분에 거대한 물류망을 조직하고 주문이 접수, 집품, 포장을 마치고 몇 분 이내에 다운타운 맨해튼 코너로 배송되는 데서 오는 복잡성을 관리하는 복잡한 알고리즘이 가능하다는 점을 강조하지 않고 지나칠 수 없다. AWS 기둥이 아마존의 배달 메커니즘을 말 그대로 떠받들고 있는 것이다.

쇼핑 단계의 가장 마지막 구간을 따로 떼놓고 본다면 고객이 물건을 사기로 결정한 뒤 온라인에서 주문을 넣는 순간부터 시작한다. 이때 고객은 자신의 기기를 사용하거나 매장 안에 마련된 전자상거래와 통합된 계산대, 키오스크 혹은 그 밖의 '무한매대' 응용 프로그램을 통해 주문을 넣고 계산을 완료한다. 우리는 이미 아마존이 자사 프라임 회원들에게만 특가를 제공하며 서점으로 유인하는 것을 살펴봤다. 또한 신속한 결제를 위해 온라인 계좌를 사용해서 계산을 할 수 있게 하며, 그 중에서 원클릭 구매하기 기능은 온라인 결제 과정에서 가장 수고스러운 부분인 배송지와 결제 정보를 입력하는 일을 간소화시켰다. 앞에서 살펴본 바와 같이 아마존은 원클릭 특허를 취득해 이 기능을 광범위하게 사용되도록 직접적인 영향을 미쳤다. 또한 간편한 자동 주문을 도와주는 대시 버튼과 완드, 그리고 하드웨어 기기에 장착된 알렉사 음성비서 기능은 온라인 쇼핑의 검색, 열람, 발견 단계를 주문하기와 장바구니에 넣기까지 핸즈프리로 가능하도록 만들었다.

계산에 관해서도 아마존은 주요 기능을 구축했다. 온라인 결제 관문으로 통하는 아마존 페이먼츠는 아마존닷컴 고객이 외부 쇼핑몰에서 아마존 계좌로 결제할 수 있는 선택지를 제공했다. 라이벌인 구글 체크아웃과 페이팔처럼 아마존 페이먼츠는 효과적으로 모든 온라인 결제에서 신뢰 가는 회사에 등록된 하나의 계좌를 사용할 수 있게 했으며 판매자들에게 결제 금액의 일부와 수수료가 청구되었다. 제3자 판매인이 아마존 페이를 좋아하는 이유 중 하나는 고객들이 결제 과정에서 웹 사이트를 떠나는 일이 드물고 아마존이 지원하는 모든 방식으로 결제가 가능했기 때문이다. 또한 장치 애그노틱스에 기반하고 있으며 판매자는 체크인 시 고객의 성명과 검증된 이메일 주소를 전달 받는다. 또한 빅커머스BigCommerce, 마젠토Magento, 쇼피파이Shopify와 같은, 중형 판매자들에게 인기 있는 전자상거래 플랫폼에 API을 통합시켜 사용자들이 무료 플러그인으로 결제 시 아마존 페이먼트를 선택 할 수 있도록 만들었다.

온라인 결제 영역에서 아마존 페이먼트는 탄탄한 고객 기반 덕분에 주요한 역할을 담당하고 있지만 시장 선두주자라고는 할 수 없다. 2억 개 남짓한 활성 고객 계좌를 보유한 라이벌 페이팔과 비교했을 때 아마존은 약 3억 개 이상의 고객 계좌를 보유하고 있지만, 2014년, 애플이 공식 발표한 결제 정보가 포함된 아이튠스 계좌 8억 개에는 턱없이 부족했다. 구글 플레이 계좌 역시 그와 비슷할 것으로 추정된다. 그 사이 소셜 미디어 기업의 약진이 두드러졌다. 2018년 초 페이스북은 매일 14억 5천만 개의 활성 계좌를 보유하고 있으며, 비록 광고 수익에 비해 결제 과정에서 발생하는 수익이 미미하지만 '페이스북 페이먼츠'와 '마켓플레이스' 등을 통해 2017년 한 해 지불 체계와 관련 수수료 7억 1,100만 달러를 벌어들였다고 발표했다. 하지만 일부 경우와 달리, 소셜 네트워크를 이용할 때 고객은 결제 세부정보를 입력할 필요가 없었다. 하지만 대부분의 업체의 사용자 기반이 더 광범위함에도 불구하고 이러한 확장된 기능을 제공하는 소매업체는 아마존뿐이다 (물론 애플이 자사 제품과 서비스를 판매하는 소매상점을 보유하고 '애플 페이'를 제공하고 있기는 하다.) 그리고 이러한 점에서 크기, 규모 및 부문에서 아마존의 진정한 라이벌은 2018년 현재 5억 2천만 사용자를 보유한 알리바바의 자회사 알리페이다.

계산하고 가기

구매를 주문 이행 과정의 일부에 포함시켜서 라스트마일에 미치는 영향력을 고려하는 주된 이유는 아마존고 매장 개념을 올바르게 이해하기 위해서다. 아마존고는 주문 이행에 더욱 집중하는 미래형 매장을 지향하며 계산의 필요성과 결제 지점을 완전히 제거했다. 11장과 12장에서 소매업체들이 쇼핑여정의 전체 단계, 즉 검색과 열람에서 발견에 이르기까지, 마찰을 줄일 수 있는 방법에 대해 집중했다. 하지만 매장에서 전환율을 하락시키는 요인이 존재한다면 그것은 바로 계산과 결제 절차일 것이다. 소매업체들은 아마존에게서 힌트를 얻어 고객들이 매장에서 최대한 수월하고 편리하게 원하는 제품을 얻을 수 있도록 해야 한다.

영국 슈퍼마켓 웨이트로즈는 '리틀 웨이트로즈'에서 현금 없는 매장을 시도했고, 월마트와 크로거는 양사 모두 아마존고의 위험을 감지해 현금 없는 구매 서비스를 개발했는데 결과는 다르게 나타났다. 2014년 월마트는 일부 제품의 바코드를 스캔하면 계산대에서 다시 줄 설 필요 없이 계산이 끝나는 '스캔앤고Scan&Go' 모바일 앱 첫 시험에 나섰다. 하지만 이 서비스를 이용하는 고객들은 보안상의 이유로 따로 마련된 검색대를 지나야만 매장을 빠져나갈 수 있었다. 2018년 초 아마존고가 시애틀에서 대중에게 첫 선을 보이기 직전 월마트는 25개 지점에서 시험 적용하던 스캔앤고 서비스를 미국 내 100개 지점으로 확대할 것이라고 발표했다. 자사 창고 매장 샘스클럽에서 비슷한 서비스를 성공적으로 시험하고 나서였다. 하지만 갑작스러운 발표 바로 6개월 뒤 활용도가 낮다는 이유로 월마트에서 해당 서비스를 중지했다. 업계 관계자들에 따르면 고객들이 자신의 기기와, 스캔하는 제품, 그리고 바구니 혹은 카트를 관리하는 데 어려움을 느낀 것이 주된 이유이며, 도난 문제도 영향을 미쳤다. 이후 월마트는 배터리 수명을 걱정할 필요 없는 매장용 휴대용 스캐닝 기기와 거치대가 부착된 카트를 활용해 스캔앤고 서비스를 계속해서 이어나갈 것이라고 발표했다. 크로거의 경우는 이보다는 좀 더 나았다. 1년간의 시험을 마치고 2018년 400개의 매장에서 유사한 모바일 앱과 휴대용 스캐너 기반 서비스인 '스캔, 백, 고'를 출범시켰다. 이와 관련해 마지막으로 짚고 넘어갈 점은 매장용 휴대 스캐닝 기기를 첫 사용한 업체는 웨이트로즈란 점이다. 그것도 2002년에 말이다.

아마존은 물리적 매장의 영역에서도 쇼핑 여정의 이 단계를 계속해서 혁신적으로 변화시켜 나가면서 다른 소매업체의 주문과 결제 절차에서도 관여할 수 있도록 확실히 했다. 제3자 마켓플레이스에는 이러한 서비스를 포함시키지 않았다. 그러나 주문, 결제, 주문 이행 절차에서 아마존이 하는 역할을 고려하며 플라이휠의 이 구간을 생각해 보자. 제3자 판매자를 대상으로 아마존이 전체 전자상거래, 온라인 구매 서비스를 제공하고 있기 때문이다.

아마존의 인프라, 서비스, 생태계 전반이 핵심적인 목표, 즉 '더 많이 판매하기'를 강화하고 있다면, 라스트마일은 서비스의 핵심 가치를 강화하고 있다고 볼 수 있다. 그것은 바로 선택, 편의성, 그리고 속도다. 아마존의 라스트마일은 다양한 구간을 지칭하며 자동 주문에서부터 프라임, 그리고 무제한 2일 무료 배송 혹은 특정 지역에서의 당일 배송까지 아우른다.

아마존이 회원들 사이에서 판매를 증대시키는 구독 서비스의 매커니즘을 얼마나 탁월하게 이용하는지 눈여겨 볼만하다. 아마존의 프라임을 필두로 한동안 정기구독 서비스가 붐을 이뤘다 최근의 한 조사는 영국의 소비자들이 매년 구독 서비스에 들이는 비용이 평균 20억 파운드(26억 달러)라고 발표했다. 당연히 아마존 프라임 서비스를 이용한다는 사람이 응답자의 61.4%를 차지하며 가장 많았다. 그 외 조사에서 드러난 인기 있는 구독 서비스는 건강 스낵 회사 그레이즈(12.3%), 패션과 홈웨어 소매업체 넥스트언리미티드(9.7%), 패스트패션 아소스의 프리미어

(8.8%), 팩트커피(8.5%), 그리고 뷰티 전문 업체 글로시박스(7.8%)가 있었다. 응답자들은 또한 편리성(45%)과 가성비(60%)를 서비스를 구독하게 만드는 가장 큰 요인으로 꼽았으며, 그 중 절반 가까이(48.9%)가 구독 서비스가 아니었다면 사지 않았을 물건을 구매하고 있다고 인정했다. 유니레버Unilever가 2017년 10억 달러를 투자해 '달러 셰이브 클럽Dollar Shave Club'을 인수하는 데 공을 들였다는 사실이 이상할 것이 없다. 소비자직접구매Direct-to-consumer 방식으로 이뤄진 해당 인수로 브랜드 거인 유니레버는 반복되는 수익 창출의 원천과 충성스러운 고객 기반의 예측 가능한 수요를 얻게 되었다.

반복되는 수익 창출

정기구독 조사를 후원한 영국의 배송회사 휘슬Whistl의 마케팅 및 커뮤니케이션 이사 멜라니 다발은 성공적인 구독 서비스를 론칭하는 데 가장 중요한 요소는 업체와 소비자 모두에게 혜택이 주어지도록 올바를 균형을 찾는 일이라고 했다. 그리고 다음과 같이 덧붙였다. "고품질 제품이나 할인이라는 가치를 제공하는 것만으로 충성스러운 고객 기반을 충분히 형성할 수 있다. 결국은 매달 '맛보기'나 다름없는 서비스에 돈을 쓰게 하는 것은 도전 과제지만, 그것을 넘어서면, 보상과 함께 아마도 만족스러운 고객 기반도 덤으로 얻게 될 것이다.." 최근 아마존의 광고는 프라임 회원들이 이용할 수 있는 무료 영상과 음악 스트리밍 서비스, 그리고 무료 배송 등을 지칭해 '아마존 프라임은 더 많이 배송한다'라는 슬로건을 내걸었다.

아마존은 또한 일부 도시에 거주하는 회원을 대상으로 1시간 내 배송 서비스인 프라임 나우를 출범하며 주문 이행 능력을 한 차원 더 끌어올렸다. 프라임 나우는 혁신을 기반으로 삼는 아마존의 능력뿐만 아니라 그 혁신의 속도가 시장에 미치는 영향력을 보여주는 예라고 할 수 있다. 이제는 점점 그 수가 늘어나는 프라임 회원 기반이 아마존의 주문 이행 능력을 요구하고 있다.

지금부터 프라임 나우, 락커, 그리고 드론과 FBA에 의해 더욱 신속해진 배송을 통해 나타난 현재와 미래의 혁신과 더불어 아마존이 어떻게 라스트마일 물류를 확장해나가는지 살펴볼 것이다. 또한 어떻게 공급망 전략이 패션, 식료품을 포함해 성장하는 다른 여러 분야에 추가된 O2O 능력을 아우르는지에 대해서도 함께 알아볼 것이다.

라스트마일 확장하기

아마존은 사실상 즉시 배송 세계에서 상대적으로 후발주자에 속한다. 서비스가 처음 시행되었을 때 아마존이 과연 우후죽순처럼 생겨나는 스타트업 기업과의 전쟁에 막대한 자금을 투자할지에 대해 시장 분석가들의 관심이 이어졌다. 새로운 업체들은 즉각적인 만족에 대한 소비자의 끝없는 갈증에 대응하기 위해 전통적인 리테일 주문 이행 모델에 도전하고 있었다. 일각에서는 아마존이 제품을 보유하지 않은 채 소매업체의 의뢰로 고객의 주문을 이행하는 포스트메이츠Postmates, 시프트Shipt, 인스타카트Instacart, 딜리브Deliv와 정면대결을 하는 수밖에 없다고 분석했다. 소매업체들은 아마존의 당일 배송 서비스에 대응하기 위해 노력을 기울이고 있었다. '월마트투고'이라든지 퀵업과 제휴한 런던 테스코의 1시간 내 배송서비스가 그 예다.

직접적인 경쟁자들도 빠르게 움직였다. 이베이는 브루클린에 위치한 소기업 80곳을 자사의 '로컬' 프로그램에 추가하며 당일 배송 서비스를 차별화 하는 시도를 했다. 이 행보는 아마존이 잠정적으로 라스트마일 확장에서 마켓플레이스 판매자들을 배제하고 프라임과 프라임 나우를 이용해 기저귀와 일상용품이 포함된 자체상표 제품 판매에 집중할 것이라는 사실을 확인해준 셈이었다. 하지만 지역의 소매업체 일부와 파트너십을 맺기도 했는데 예를 들면 영국의 스피리티드 와인Spirited Wines, 모리슨즈, 부스와 미국의 뉴 시즌스 마켓New Seasons Market 등이 있다.

사실 이베이는 프라임 나우 론칭 1년 전인 2013년, 세계에서 가장 빠른 전자상거래 배송을 표방하던 스타트업 ― 셔틀Shutl ― 을 인수했다. 당시 인수 가격은 공시되지 않았다. 셔틀은 2011년 서비스를 확장해 11개 도시에서 최소 90분 안에 주요 소매업체의 전자상거래 주문을 배송하기 시작했는데, 의뢰처는 아고스Argos, B&Q, 트레이드포인트TradePoint를 포함해 패션 브랜드 카렌 밀렌Karen Millen, 오아시스Oasis, 코스트Coast, 웨어하우스Warehouse 등이었다. 2010년 첫 주문을 배송한 셔틀은 가장 빠른 배송 기록이 15분이라고 주장했는데, 비용, 위치, 역량을 기반으로 지역 내 제3자 독립 배송사와 주문 및 픽업 지점을 연결하는 데 필요한 알고리즘을 발전시킨 초기 개발자라고 할 수 있다. 이베이에 완전히 통합되기까지 3년이라는 시간이 걸렸는데, 셔틀을 기반으로 맨 처음부터 플랫폼을 구축해 2017년 영국에 새로운 배송 서비스를 출범시키기는 데 시간이 소요되었기 때문이다. 하지만 이베이 판매자들은 셔틀의 빠른 배송 외 선택의 여지가 없는 것에 대해 불만이 많았다. 판매자 게시판에 다음과 같은 글이 올라오기도 했다. '셔틀이 만약 재설계 과정을 거친 뒤 효율적으로 운영될 수 있었다면 분명히 귀중한 자산이 되었을 테지만 이베이가 완전히 준비를 마치지도 않고 서비스를 시작한 또 다른 예에 그치고 말았다. 셔틀은 피투고P2Go처럼 판매자와 우체부 사이에 위치한 예약 대행사일 뿐이다. 종이 한 장 당 주소 라벨 하나, 부족한 선택, 제한된 보상이 지금까지 발견된 문제점들이다.'

경쟁 상황

이베이와 비교하면 구글은 2013년 비교적 빠르게 전국의 소매업체들에게 당일 및 다음날 아침 배송 서비스를 제공하는 '구글 쇼핑 익스프레스'를 출범시켰다. 이 서비스는 이후 '구글 익스프레스'로 명명되었다. 브랜드가 붙은 차량이나 제3자 택배사가 배송을 책임졌고, 소비자들은 반드시 구글 플레이 계정을 소지해야 했다. 배송비는 이후 추과 요금이 부과될 수도 있지만 한 번에 기본 5달러로 책정되었고, 배송 시간대는 매 3시간 혹은 5시간으로 정해져 프라임 나우와는 많은 차이가 있었다. 그래도 구글 익스프레스는 서서히 확장해 나갔는데 그 이유 중 하나는 서비스에 통합된 음성비서 기능이 아마존 알렉사의 대안으로 떠올라 월마트, 코스트코, 타겟, 까르푸와 계약을 체결할 수 있었기 때문이다.

라이벌인 구글과 이베이가 속도 면에서 현저하게 뒤지고, 신속한 주문 이행이 가능하도록 빠르게 조정해 나가기 힘들다는 사실을 고려하면 2014년 아마존이 프라임 나우로 급행 배송 시장에 진출하며 보다 신중한 행보를 보인 것이 쉽게 이해가 간다. 프라임 나우가 론칭했을 때 IT 전문매체 씨넷CNET의 수석 편집장 댄 애커맨은 프라임 나우를 서비스하고 확장하는 데 소요되는 엄청난 비용에 대해 지적했다. '물품을 박스에 싸서 발송하는 대신 도시의 자전거 배달원 등에 지워 내보는 데 드는 인력과 인프라'를 지칭한 것이다. 같은 해 아마존이 고객들을 기쁘게 하고 경쟁에서지지 않기 위해 사용한 무료 배송(그리고 신속한 프라임 배송)에 42억 달러 이상 혹은 순매출의 5%가 소요되었다. 프라임 나우 부회장인 스테프니 랜드리는 2017년 업계 이벤트에서 프라임 나우의 비용에 대해 제기되는 의문에 대해 언급했다. 먼저 '초고속 배송은 비용이 많이 든다'며 인정한 뒤, '쉬운 일은 아니지만 이 방면에 대해서 배울 수 있는 유일한 방법은 직접 해보는 것'이라고 말했다. 그러나 아마존 리더십 원칙 원칙의 진정한 추종자인 랜드리는 덧붙여 말했다. "이 분야의 리더로서 배송비를 생각는 데 많은 시간을 들이지 않는다. 내가 정말로 생각하는 것은 고객 사랑이다. 어떻게 하면 고객이 이 제품을 사랑하게 만들까? 비용 문제는 언제든 고민할 수 있으며 지금은 고객 사랑 문제에 집중할 것이다."

음식 배달로 확장

아마존의 생태계에서 프라임의 혜택을 통합하는 것 — 플라이휠을 강화시키며 — 외에 추가적으로 프라임 나우에 음식 배달 서비스를 추가시켰다. 2015년 여름에 첫 출시된 아마존 레스토랑Amazon Restaurant은 온라인에서 음식을 주문을 할 수 있는 서비스로, 미국의 20개 도시와 영국 런던에서 2시간 내 무료 배송 혹은 7.99달러를 내면 1시간 내 무료 배송을 제공했다. 2018년 현재 약 7,600개의 레스토랑이 프라임 나우 서비스를 이용해 배달을 한다. 이 중에는 독립적으로 운영되는 식당 외에도 레드 로빈, 애플비, 올리브가든, 피에프창과 같은 체인점도 포함되어 있다. 아마존 레스토랑은 프라임 나우 모바일 앱이나 아마존 웹 사이트를 통해 이용할 수 있다. 정해진 금액이 넘어가면 1시간 내 배송 서비스가 무료로 제공되는데 이 금액은 저스트잇Just Eat, 딜리버리 히어로Delivery Hero, 푸드판다Foodpanda, 푸도라Foodora 등 수많은 기타 음식 배달 업체의 사업 모델과 비슷한 모델을 사용하는 레스토랑이 결정하게 된다. 재미있는 사실은 패스트푸드의 제왕 맥도날드가 자체 배달체계인 맥 딜리버리를 전 세계 25개국에서 서비스하고 있다는 사실이다. 1993년 미국에서 처음 맥 딜리버리가 시작했는데, 음식 배달 붐이 일기 훨씬 전이다.

하지만 가장 최근의 맥딜리버리 서비스는 2018년 우버이츠Uber Eats를 통해 영국에 진출하면서 제3자 배송 업체들이 얼마큼 파괴적이 될 수 있는지를 충분히 느꼈을 것이다.

딜리버루Deliveroo도 여기서 언급할 가치가 충분한데, 저스트잇츠와 유사한 음식 배달 모델을 공유하고 있기 때문만이 아니라 자체적으로 음식 제조를 일부 진행하고 있기 때문이다. 2013년 런던에서 설립되어 독립 및 브랜드 배송업체 군단이 전 세계 12개국 200개 도시에서 음식을 배달한다. 그 뒤 2017년 자국시장에 팝업 에디션Editions을 론칭한다. '루박스Roobox'라고 불리는 테이크아웃 전용 매장에서는 태국음식점 부사바 이타이Busaba Eathai, 미국식 버거 체인 미트리커MeatLiquor, 프랑코만카Franco Manca 피자전문점 등과 같은 브랜드의 음식을 만든다. 매장의 위치는 산업 단지, 버려진 주차장 등지에 있었는데 완전한 서비스를 제공하는 레스토랑과 비교해서 초기 비용을 줄이기 위해서였다.

딜리버루처럼 인스타카트도 서비스를 의뢰한 고객으로부터 배운 점이 있다. 전직 아마존 임원이었던 산업 컨설턴트 브리튼 래드는 이렇게 저술했다.

인스타카트는 서비스를 의뢰하는 소매업체들의 모든 세부 정부와 비용에 대해 완전하고 자유롭게 접근할 수 있다. 인스타카트는 식료품 소매업체, 도매업체, 자체상표 제조업체가 되기 위해 적극적으로 자본을 늘여왔다. 인스타카트를 구세주라고 여겼던 식료품 소매업체들은 인스타카트에 강점과 약점을 모두 포함해 자사의 사업에 대해 가르쳐 준 셈이 되었다. 인스타카트가 사업 모델을 확장하며 알려준 식료품 구매자들에 대한 정보를 자사에 이득이 되는 방향으로 사용하게 될 것이다.

라스트마일을 유도하다

이제 우리는 아마존 레스토랑, 아마존프레시, 팬트리와 같은 서비스의 확장이 프라임 나우를 통해 점점 늘어나는 기회에 부응할 수 있는지에 대해 알아보았다. 물론 이 서비스들은 아마존이라는 든든한 배경 덕택에 플라이휠에 가속을 가할 수 있었지만, 점점 더 다양해지는 경쟁자들과 경쟁을 치러야만 한다.

프라임 나우 차별화에 관련해 아마존이 경쟁자들보다 앞서 나가기 위해 노력한 분야는 물론 실제 온라인 경험이다. 일례로 2017년 특정 고객을 상대로 첫 선을 보인 뒤 다음 해에 확장한 추적 기능이 있다. 이 서비스로 인해 고객들은 배송 여정을 한 눈에 실시간으로 볼 수 있을 뿐만 아니라 도착지에 오기 전까지 몇 번의 배송이 남았는지까지 알 수 있게 되었다. 그러나 초기 보고서에 따르면 해당 체계는 아마존 자체 물류망을 이용하였을 때 호환 가능하고 미국 우정국, UPS 혹은 페덱스가 처리하는 소포는 서비스에서 제외되었다. 그러나 추적 기능으로 인해 부재중 배송과 사기를 방지할 수 있게 되었다는 의미는 향후 아마존이 더 많은 프라임 회원들에게 해당 서비스를 제공할 가능성이 높아진다는 뜻이다.

14

라스트마일
인프라스트럭처

"아마존은 기존 출판사들과 다른 방식으로 수익을 창출한다. 인프라 기업이다."

— 소설가 닉 하커웨이Nick Harkaway

프라임과 프라임 나우가 아마존이 영역 내 도달 범위를 확장하고 프라이휠 효과를 강화하며 빠른 성장을 북돋을 새로운 서비스 도입의 통로 역할을 한다는 사실이 드러났다. 이제 그러한 조급하고 다양한 요구를 만족시키는 데 드는 비용이 아마존의 더욱 광범위한 주문 이행 물류 전략에 영향을 미치는지 생각해 볼 차례다. 뉴욕 엠파이어 스테이트 빌딩 맞은편 맨해튼 미드타운에 위치한 아마존의 첫 프라임 나우 주문 이행 센터FC와 다양한 방법으로 주문 이행을 실천하는 헌신적인 프라임 나우 직원들을 예로 들어보자. 아마존의 커뮤니케이션 대변인 켈리 치즈먼은 센터 출범 당시 '우리는 전 세계 100곳이 넘는 주문 이행 센터에서 축적한 운영 전문지식을 가지고 뉴욕에서 이 서비스를 더욱 발달시켜 나갈 것이다'라고 말했다. '배달 담당직원은 걸어가거나 대중교통을 이용하거나 자전거를 타거나 운전해서 고객에게 물품을 배달할 것'이라고 덧붙였다.

프라임 나우 FC가 있는 곳은 본격적인 FC라기보다 소형 '허브'다. 그 규모가 더 작다. 예를 들어 밀워키에 위치한 프라임 나우 커노샤 센터는 2,300제곱미터(약 700평)의 면적을 차지하고 있는데 도시 지역에 일반적으로 존재하는 식료품점의 약 2배 크기다. 9만 3천 제곱미터(약 2만 8천평)에 이르는 스코틀랜드 던펌린의 메가 센터나 축구장 28개가 들어설 수 있는 애리조나 주 피닉스의 11만 8천 제곱미터(약 3만 5,700평)의 센터는 또 어떤가. 한 지역에서 상당한 수의 물리적 매장 네트워크가 없다면, 이동 시간이 교통 상황에 크게 영향을 받을 수 있는 인구밀도가 높은 지역에서는 FC 허브들이 라스트마일 주문 이행 비용을 줄일 수 있다. 더욱 중요한 것은 소비자들이 지역 내 리테일 매장을 방문해서 얻을 수 있는 즉각적인 만족과 경쟁할 수 있는 차선적인 수단이라는 점이다. 리서치 회사 가트너 L2의 애널리스트 쿠퍼 스미스에 따르면 '이제 미국 인구의 절반은 20마일 이내에 (아마존) 물류창고가 있다.' 이로 인해 인구 밀도가 높은 도시 지역에서는 라스트마일 간격이 줄었지만, 미국 소비자와 월마트 사이 평균 거리인 6.7마일보다 멀다.

물류업계에서 FC에서 집품과 포장 pick and pack을 담당하는 사람을 이르는 '피커picker'는 프라임 나우에서 휴대용 모바일 바코드 기기를 사용해서 물품의 위치를 찾는다. '랜덤 스토우random stow' 체계를 이용하는데 자동화된 물류창고에서 필요한 지정된 물품 위치보다 훨씬 더 공간이 절약된다. 랜덤 스토우로 인해 전혀 어울리지 않는 물건들이 나란히 배치되기도 하는데 공간을 최대한으로 활용하기 위해 물품의 위치는 전적으로 피커에 의해 결정된다. 한 아마존 대변인은 랜덤 스토우가 집품의 정확성을 더욱 높여준다고 말했다. 같은 공간에 동일한 제품의 다양한 버전이 모여 있을 때 실수가 일어나기 쉽다.

프라임 나우 FC에는 화장실 휴지와 바나나와 같이 빈번하게 주문되는 물품에 더 쉽게 접근할 수 있는 '고속 운반대'와 아마존프레시와 팬트리, 그리고 식료품 서비스를 통해 주문할 수 있는 냉동식품을 보관하는, 서서 출입 가능한 냉장고와 냉동고도 있다. 집품이 끝난 물품들은 스캔Scan, 주소지 부착Label, 적용Apply, 적하목록 기재Manifest의 머리글자를 딴 SLAM라인에서 발송준비가 이뤄진다. 그 뒤 다양한 경로로 물품이 배달된다. 맨해튼에서 시도된 자전거 배달 방식은 많은 관심을 받았고 프라임 나우 출시 몇 주 전 아마존이 특송 영역에 진출한다는 소문을 더욱 부추기기도 했다.

라스트마일 노동력

라스트마일에 들어가는 인건비의 관점에서 프라임 나우는 피커를 집중적 활용과 랜덤 스토우 체계에서 아마존의 나머지 주문 이행 인프라와 차이가 있다. 이는 곧 키바 로봇 체계가 집품과 포장을 담당하는 더 큰 FC에서보다 노동력에 더 의존한다는 의미다. 프라임 나우 주문 이행에 사용되는 특급 배송 서비스에서 발생하는 인건비 역시 가장 빠르고 광범위한 라스트마일을 소유하게 된 대가로 아마존이 감당해야 하는 몫이 되었다. 그렇기 때문에 프라임 나우를 선보인 직후인 2015년 말 독립계약자가 배송 서비스를 제공하는 플랫폼인 아마존 플렉스를 도입했다. 이 플랫폼은 우버와 그 외 특급 배송 업체들에 의해 대중화된 '긱 경제Geek economy*'을 이용해 프라임 나우 수요에 대응하기 위한 방편으로 처음 고안되었으나 이제는 일반 아마존 배송도 함께 담당하게 되었다. 소위 '라이더Rider'와 운전사를 연결하는 우버와 '쇼퍼Shopper'와 고객을 연결하는 인스타카트처럼, 안드로이드 기반의 아마존 플렉스 앱도 '플랙서Flexer'에게 인근 지역 안에서 배송지를 할당해 준다.

플랙스가 재미있는 점은 다음 두 가지다. 첫째는 독립 계약자

---

* 일자리가 필요한 사람과 일할 사람이 필요한 회사가 만나 그때그때 근로계약을 하는 새로운 형태의 경제 모델, 프리랜서나 독립계약자, 임시직 등 대안적 근로 형태를 일컬음

를 고용해 '긱 경제'에 진입한 것이 아마존이 바라던 라스트마일 특급 배송에서 가장 고객 중심적인 솔루션이 될 수 있을지는 아직 증명되지 않았다는 사실이다. 이 플랫폼은 배송 추적 앱 기능을 통해 고객과 라스트마일 가시성을 공유할 수 있는 장점이 있었지만, 독립 계약자들이 아마존과 협력한다는 아무런 표식이 없는 자체 차량을 이용함으로써 낯선 사람이 집에 찾아오는 것이 '소름 끼친다' 여론이 조성되는 역풍을 맞았다. 또한 우버처럼 아마존 역시 차량 유지비를 제외하면 최저임금에 못 미치는 돈을 받았다며 전직 플렉서들이 제기한 소송에 휘말리기도 했다. 이들 중 아마존 로지스틱스와 지역 택배 회사를 통해 아마존닷컴과 하청계약을 맺은 이들은 근무지가 아마존 물류창고인데다가 아마존을 통해 고객 서비스 교육을 받고 근무 시 아마존의 감독을 받았다며 아마존 정직원과 똑같은 임금을 받아야 한다고 주장하기도 했다.

긱 경제를 기반으로 한 모델에서 발생되는 소송 위험을 줄이기 위해 인수한 홀푸드의 직원들이 근무를 마치고 배달에 참여할 수도 있을 것이다. 월마트는 2017년 이 방식을 시험하고 있다고 밝혔다. 전자상거래 주문 이행에 따르는 비용을 절감하기 위해 월마트는 광대한 자사 매장을 주문 후 수령 서비스를 장려하는데 사용할 수 있을 뿐만 아니라 그 곳에서 일하는 직원 기반을 배송 업무에 투입시키는 방법을 고려하기 시작한 것이다. 그리고 퇴근길 마다 최대 주문 10개를 배달하도록 지시할 수 있는 앱을 사용하는 직원에게는 추가 수당을 지급했다. 월마트 미국 전자상거래 부문 회장 겸 CEO 마크 로어는 자신의 블로그에 '이것은 너무나 타당한 일이다'라고 적었다. "이미 트럭이 매장에서 수령하는 물품을 주문 이행 센터에서 매장으로 옮기고 있다. 동일한 트럭을 마지막 종착지 인근에 위치한 매장으로 집으로 배달하는 물품까지 옮기면 된다. 그 곳에서 배달에 자원한 직원들이 고객의 집까지 배달을 가면 되는 것이다.

제3자 운송회사 이용

플렉스가 지목된 두 번째 이유는 아마존의 긱 경제 기반 서비스 진출이 미국 우편서비스, 페덱스, UPS와 같은 3자 우편배달 서비스에 대한 의존도를 낮추는 물류 전략이라는 점이 드러났다는 사실이다. 현재 약 20여 개의 협력사들이 1년에 약 6억 개의 소포를 배송하고 있다. 그 중에서 미국 우편서비스, 페덱스, UPS가 가장 많은 비중을 차지한다. 전체 공급망을 처음부터 끝까지 한눈에 볼 수 있는데서 오는 효율성을 깨달은 아마존은 비용 관리를 우선 과제로 삼았다. 제3자에게 라스트마일을 맡기면 소비자와 대면하는 구간에 대한 통제를 이양하는 셈이 되고 그것은 아마존의 고객 위주 정신과도 상충했다. 특히 미국 우편서비스 이용에 대해 최근 도널드 트럼프 대통령의 트위터를 통해 비난을 했는데, 이를 제프 베조스와 그가 소유한 일간지 〈워싱턴 포스트〉에 대한 공격이라고 보는 사람도 있었다. 특히 〈워싱턴 포스트〉는 트럼프 대통령이 자신의 마음에 들지 않는 기사를 쓰는 언론인들을 위협한 것을 두고 비판해 왔다. 트럼프 대통령은 아마존이 '우체국을 상대로 한 사기'를 치고 있다며 트위터에 '미국 우체국은 아마존 소포 하나 당 평균 1.5달러 손해를 보고 있다'라고 올렸다. 트럼프 대통령은 이와 더불어 아마존이 내는 세금에 대해서도 비난을 했고 독재 금지법 제정에 영향을 줄 수 도 있지만, 업계에서는 미국 우편서비스의 저조한 실적이 아마존과는 연관이 없다는 시각이 우세하다. 일부 조사에 의하면 미국 우편서비스가 택배 배송에 대해 시장 가격보다 낮은 요금을 매기고 있으며, 아마존의 규모로 최상의 가격을 협상했을 것이라는 데는 의심할 여지가 없다. 하지만 우체국의 수익이 점점 떨어지는 이유는 택배 배송 때문이 아니라 광고용 우편물DM의 수요가 줄어들었기 때문이다. 게다가 아마존은 미국 우편서비스 부문의 라이벌로 여겨지는 페덱스, UPS와 물량을 놓고도 실랑이를 벌여왔다. 페덱스와 UPS는 미국 우편서비스가 경쟁이 심한 택배 부문에서 수익으로 충당해야 하는, 법으로 지정된 고정비 비율에 대해서 비판적인 입장을 취해왔다. 페덱스와 UPS는 적어도 5.5퍼센트라는 현재의 비율이 충분치 않으며 그 밖의 택배사들은 수익의 30퍼센트를 고정비로 지출하고 있다고 주장했는데, 이는 10년 전보다 11퍼센트 상승한 수치다.

눈여겨 볼 또 다른 경쟁적 도전과제는 직접적인 라이벌인 월마트와 타겟과 연관된것이다. 2017년 말에 발표된 다수의 보고서에 의하면 월마트는 택배 회사와 도급 계약을 맺으며, 만약 아마존과도 함께 일하게 된다면 계약을 파기할 수 있다고 경고했다. 미국 전자상거래 판매 신장으로 인한 제3자 주문 이행 능력에는 이러한 요구들이 동반되었다. 월마트는 AWS를 사용하는 공급업자들에게도 비슷한 입장을 견지했다. 타겟은 2017년 말 5억 5천 달러에 식료품 마켓플레이스와 당일 배송 플랫폼 시프트Shipt를 인수하며 아마존의 당일 배송에 도전장을 내밀면서 동시에 주문 후 수령과 연관된 재고 문제를 해결할 수 있는 기회를 얻었다. 이 인수와 관련해 타겟의 최고운영책임자 존 멀리건은 회사 블로그에 '타겟에서의 쇼핑이 더 쉽고, 신뢰가고, 편리하게 만들기 위해' 마련된 다양한 조치 중의 하나라고 밝혔는데 이러한 조치에는 전국 1,400개의 매장에서 '매장에서 직접 배송' 기능을 확장하고, 익일배송 서비스인 타겟 리스탁Target Restock과 차량 픽업 서비스인 드라이브 업Drive Up을 론칭하고, 라스트마일 운송기술 회사 그랜드 정션Grand Junction을 인수하는 것이 포함되어 있었다. 타겟이 공표한 목표대로라면 2018년 초까지 전체 타겟 매장 중 절반에서 당일 배송이 시작될 것이다.

"우리는 전국에 1,800개의 소형 물류창고를 가지고 있다. 이중 460개에는 온라인 주문 이행 센터로 개조된 시설이 있다. 매장에서 판매와 이 시설에서 동시에 일할 수 있도록 훈련된 직원들이 매장의 진열장이나 재고에서 가져온 물품으로 집품을 한 뒤 포장한다. 그 뒤 UPS가 이를 가져가 허브 앤 스포크 유통센터로 배송한다."

― 2018년. 타겟 CEO 브라이언 코넬Brian Cornell

우리는 프라임과 프라임 나우가 플라이휠을 강화시키고, 아마존 프라임 팬트리, 아마존프레시, 아마존 워드로브와 같은 새로운 서비스들이 아마존의 생태계를 더욱 확장시키는 것을 지켜봤다. 그러나 탐구하는 과정에서 이러한 새로운 서비스들이 공급망과 물류 체계에서 점점 더 많은 압력을 가하는 것을 알게 되었다. 이 모든 확장은 계속 성장하는 유통 및 주문 이행 네트워크로 인해 강화되어야만 한다.

아마존은 제3자 택배사들을 이용하며 기존의 FC와 물류망 모델로 프라임의 토대를 마련했다. 그러나 거대한 물류망을 관리할 수 있는 AWS 컴퓨팅 능력을 이용해 자동화, 효율성, 생산성을 높이며 혁신을 지속해 왔다. 제일 처음 시애틀과 델라웨어에 위치한 FC에서 사업을 시작해 20년만에 전 세계를 통틀어 약 2320만 제곱미터(약 700만 평)의 데이터 센터와 FC 공간으로 눈부신 확장을 이뤘다.

IT 인프라 개발

아마존의 데이터 센터를 살펴보면, 사람들의 관심이 아마존의 사업, 개발자 툴셋, 인터넷 트래픽에 한정되어 있어 이 방대한 컴퓨팅 자원에 대해서는 거의 논의된 바가 없다는 사실을 알 수 있다. 세계에서 가장 크다고 할 수 있는 일부 매체와 소셜 네트워크, 스트리밍 서비스, 출판사와 소매업체가 AWS 클라우드에서 운영되고 있는 가운데 전 세계 인터넷 트래픽 중 얼마큼이 이를 통과하는지 가늠하기 힘들다. 딥필드 네트워크DeepField Networks는 전 세계 인터넷 3분의 1일 것이라고 추정했는데 이는 2012년 이뤄진 조사 결과다. 아마존도 특히 AWS 데이터 센터 인프라에 대해서는 침묵하고 있으며, 그 어떤 관련 시설에도 투어를 제공하지 않는다. 아마존은 웹 사이트에서 '지역'으로 나뉜 대략의 일반적인 데이터 센터 위치만을 보여주는데, 각 지역에는 다수의 데이터 센터가 모여 있는 '유효 지역availability zone'이 적어도 두 곳이 있다. 아마존은 이러한 데이터 센터들은 콘텐츠 트래픽을 전송하는 인터넷 교환 지점에 최대한 가깝게 포진시키고 거기에 수반되는 변전소를 자체적으로 건설했다. 각각의 변전소는 100메가와트 이상의 전력을 생성했는데 이는 각 사이트 당 가장 밀도가 높은 수만 대의 서버 혹은 전 세계적으로 수백만 대의 서버에 전원을 공급하기에 충분했다. 2006년 미국의 버지니아 주 북부에 이러한 인프라의 중심인 첫 AWS 데이터 센터를 건립했으며, 2018년까지 전 세계에 유효 지역을 50곳으로 확장했다. 데이터 센터의 운영의 대부분은 자회사인 바다타Vadata Inc.가 맡아서 하고 있다.

아마존 로지스틱스의 부상

아마존은 신속하게 글로벌 데이터 센터 인프라를 확장하며 AWS 서비스를 구축한 것과 같이 물리적인 라스트마일 주문 이행 네트워크를 구축할 때 아마존 로지스틱스으로 비슷한 맹공

작전을 펼쳤다. 1997년 FC 두 곳이 처음 건립되었지만, 아마존은 2005년과 프라임 도입 이래 공급망과 물류 체계를 공격적으로 확장해 왔고 지금은 전 세계에 소유하고 있는 부동산의 80퍼센트 이상을 데이터 센터와 750여개의 물류창고가 차지하고 있다. 2008년에서 2010년 사이 북미 FC 출시 전략은 리테일 판매에서 세금 혜택을 가장 많이 주는 주를 따라 이동한다.

그러나 2013년에 이르러 각 주에서 공정한 세금 정책이 시행되기 시작하면서 아마존은 라스트마일 운송비용을 최소화하고 프라임을 성공시키기 위해 도시 지역으로 관심을 돌렸다. 공급체인, 물류, 유통 컨설팅 회사 MWPVL 인터네셔널 회장 겸 설립자 마크 울프래트는 우리에게 쓴 이메일에서 '미국 도시 인구를 내림차순으로 정렬하면, 아마존이 주요 도시 시장 근처에 FC를 짓기 시작한 것을 분명히 알 수 있을 것이다'고 말했다. 아마존은 다양한 종류의 주문 이행 및 유통 센터를 운영하는데, 선별 가능한 소형 물품, 선별 가능한 대형 물품, 선별 불가능한 대형 물품, 전문 의류, 신발류, 소형 부품, 반품 물품을 취급하는 곳과 함께 제3자 물류회사에게 위탁 운영을 맡기기도 한다. 또한 아마존 팬트리와 아마존프레시 운영을 위한 상온 및 저온 저장 유통센터망을 갖추고 있다.

2013년도에 막판 크리스마스 구매 경쟁을 벌이고 있던 아마존과 그 밖의 미국 소매업체들은 물건을 제 시간에 배달하지 못했는데 많은 업체들이 주문 마감시간을 늦게는 12월 23일 오후 11시까지 늦추고, 크리스마스 바로 전 주말까지 전년도 대비 37

퍼센트나 늘어난 주문 수요에 압도당했기 때문이다. 업체들은 크리스마스 전 월요일 항공 네트워크를 통해 약 775만 개의 소포를 실어 보낸 라스트마일 배송을 책임지고 있던 UPS에 비난의 화살을 돌렸다.

2013년에 얻은 교훈과 이후 프라임 나우의 수요에 대응해 물류창고 네트워크를 확장하는 단계에서 아마존의 임대 패턴도 라스트마일 물류창고와 고객 사이의 운전 거리를 강조하고 있다. 현재 아마존은 물류 창고 투자를 다음 4가지 시설에 분산 투자하고 있다.

① **주문 이행 센터** FC: 대량으로 물품을 받아서 보관하고 개별적으로 배송하는 대형 물류 창고 (보통 약 9만 3천 제곱미터(약 2만 8천 평)의 공간)

② **인바운드 및 아웃바운드 분류 센터** Sortation Centre, SC: 2013년 배송 실패를 겪은 뒤 아마존은 주말 미국 우편서비스 배송을 포함해 UPS와 페덱스와 같은 택배사를 위해 사전 분류를 시행하는 SC를 추가하기 시작했다. (SC는 보통 FC에 인접해 있거나 컨베이어 벨트로 연결되어 있었다.) 이 시설에서 지역 코드별로 소포가 나눠진 뒤 최종 배송을 책임지는 택배사에게 인계되었다. 거기서부터 택배사는 고객들에게까지 라스트마일 배송을 시행한다. 분류 센터는 또한 아마존의 광범위한 아마존 유통망에서 마지막 교점을 대표하는 '배달 스테이션 네트워크'로도 물품을 배송한다. 분류 센터에서는 한 개 이상의

주문 이행 센터를 대신해 한 지역에 배달되는 물품을 처리할 수도 있다.

③ **재분배 주문 이행 센터** Redistribution Fulfilment Centre, RFC **혹은 인바운드 크로스도킹** IXD* **네트워크:** 아마존은 일부 지역에서 개별 FC 네트워크에 B2B 시설을 열었다. 예를 들어 캘리포니아에 위치한 'ONT8' 물류창고는 ― 아마존은 시설 명칭을 붙일 때 인근 공항 코드와 지어진 순서를 나타내는 숫자를 조합했다 ― 그 외 ONT와 캘리포니아 주문 이행 센터의 RFC다. 이러한 시설들은 주요 항구 근처에 위치하고 있는데 항구에서 시설까지 인바운드 운성비용을 최소화하기 위해서다.

④ **프라임 나우 허브와 배달 스테이션 네트워크:** 일부 FC는 프라임 나우 주문 이행에 용이하도록 지하철 인근에 위치하고 있다(예를 들어, 조지아 주 애틀랜타). 다른 지역에서는 아마존은 프라임 나우 허브를 열었는데(예를 들어, 일리노이 주 시카고), 이러한 허브는 배달 스테이션 네트워크에 서비스하기 위한 지하철 배달 스테이션 시설의 추가적 하위 시설을 보완한다. 약 9제곱미터(3평)의 이 작은 공간은 분류와 지역 택배사나 아마존 플렉스 배달원을 통해 발송하는데 사용된다.

---

* 집하된 화물을 보관하지 않고, 즉각 분류·재포장 후 바로 배송을 내보내는 형태를 일컬음

2014년 미 전역에 도입된 지역 SC는 자체 유통망 내에서 물품의 아웃바운드 배송을 더욱 통제할 수 있는 기틀을 마련했다. 전문가들은 이 시설들이 UPS와 페덱스의 의존도에 벗어나서 미국 우편 서비스와 지역 택배사, 그리고 아마존에 의해 물품 배달을 가능하게 만드는 핵심 요소라고 말한다.

부동산 수요

아마존이 특히 미국과 유럽에서(이제는 아시아와 인도 아대륙으로) 거침없는 확장을 해나가며 급부상한 전자상거래는 산업 부동산 시장을 뜨겁게 달구고 있다. 어반랜드연구소의 2018년 투자전망 보고서는 가장 투자 잠재력이 있는 영역으로 주문 이행 센터와 물류창고를 꼽았고, 전자상거래 주문을 처리하면서 두 곳 모두 평균 높이가 기존의 7미터에서 10미터로 늘어났다. 아마존은 자사 물류창고들이 바쁜 휴가철에 하루 1백만 개 이상의 물품을 발송할 수 있고 전형적인 아마존 배달에 단 1분의 노동력이 필요하다고 말했다. 하지만 아마존은 물류창고 내 노동 환경으로 비난의 중심에 섰는데, 과중한 선별 및 추적 절차, 장시간 및 장거리 근무, 철저히 규제되는 휴식시간, 그리고 거기에 비해 적은 보수가 문제가 되었다. 2013년 독일의 노동조합들은 아마존 노동자들의 저임금을 문제 삼으며 파업을 독려하기도 했다.

> "미래형 공장(혹은 물류창고)의 직원은 사람과 개, 단 둘 뿐이다. 사람은 개밥을 주기 위해 그 자리에 있고, 개는 사람이 설비를 만지지 못하게 하기 위해 그 자리에 있는 것이다."
>
> — 워렌 베니스 Warren Bennis

앞서 우리가 자동화 개발 대해 살펴본 바와 같이 아마존은 2012년 로봇 제작회사 키바 시스템즈를 7억 7,500만 달러에 인수했다. 그 뒤 2014년의 휴가철을 대비해 아마존은 1만 5천 대의 키바 로봇을 미국 내 주문 이행 센터 10곳에 추가했다. 현재 이 로봇들은 아마존의 노동력의 5분의 1을 차지하고 물류창고 운영비를 약 20퍼센트를 절감시킨 것으로 추정된다. 로봇들은 정해진 그리드를 따라 '파드 Pod'라고 불리는 선반을 움직여 작업 공간으로 이동시키는 역할을 한다. 그 곳에서 집품 담당 직원이 집품과 포장을 하며 배송 준비를 한 뒤, 1초에 주문을 약 400건 이상 처리할 수 있는 컨베이어 벨트에 올려놓는다. 물류 창고 관리 소프트웨어가 각 주문별 맞는 크기의 박스를 결정하고 배송 주소지를 붙인다.

아마존 로보틱스 체계가 관리하는 부분은 손으로 집품 하는 것보다 생산성이 5~6배 가량 더 높고 내부에 사람이 지나다닐 수 있는 공간을 만들 필요가 없어서 전통적이고, 비자동화 물류창고에 비해 절반정도의 공간만 차지하는 것으로 알려졌다. 이러한 유연성은 향후 판매 자료에 근거해 빠른 속도로 나가는 물품은 보다 빠르게 찾을 수 있도록 물류창고의 공간을 지속해서 변경

가능하다는 것을 의미한다. 그러나 로봇은 파드에 들어갈 수 있는 상대적으로 작은 크기의 물품만 처리할 수 있다. 이와 비교해 전통적인 소매 및 도매 물류창고에서는 포크리프트 트럭이 재고가 들어있는 운반대를 들어서 쌓는다. 크기가 큰 물품들은 대규모 FC에서 (티엘 테크놀로지가 제조한) '로보스토Robo-stow'라 불리는 대형 로봇팔에 의해 옮겨진다. 물류창고에서 사용되는 또 하나의 기술은 적게는 30분 안에 화물차에서 전체 물품을 내려서 수령할 수 있는 시각 시스템이다. 2017년에는 현존하는 자동화 체계를 기반으로 확장될 수 있는, 자율주행 포크리프트와 트럭 등 무인 차량 기술의 사용법을 안내하는 팀이 꾸려졌다.

거대한 공급망과 주문 이행 물류망 관리와 더불어 수행 능력을 향상시키고 운송비용과 시간을 줄이기 위한 노력을 계속하면서 아마존의 운송 시장 진출은 필연적이었을 것이다. 운송과 물류가 수십억 달러 가치가 있는 전자상거래 기업의 다음 기회라는 업계 분석 자료도 존재한다. 세계은행, 보잉사, 골든 베이 컴퍼니의 조사 결과에 의하면 해상, 항공, 육로를 포함한 전 세계 배송 시장의 가치는 2조 1천억 달러에 이른다. 지금까지 전자상거래 증가로 인한 소포 배송의 붐을 타고 성장한 기존의 배송 회사들은 아마존과 더불어 알리바바, 징둥닷컴, 월마트로부터 많은 압력을 받고 있다. 아마존과 그 경쟁사들은 지금까지 라스트마일 물류 이행 능력에 대해서 집중해 왔지만 주문 이행 공급망에서 처음과 중간 마일에도 점점 더 눈을 돌리고 있다.

아마존은 2014년 해외 판매자들에게 더 저렴한 수입률이 적용

가능한 대량주문 할인을 이용해 아웃소싱을 통한 통합을 제공했다. 2015년 말 아마존이 직접 항공 운송을 하기 위해 보잉 767기를 임대하기 위한 협상을 진행하고, 중국에서 해상 운송 서비스를 제공하고, 유통 시설에 물품을 실어 나를 화물 트레일러 수천 대를 구매했다는 사실이 차례로 드러났다. 그 뒤 아마존의 중국 법인은 해상 운송 서비스를 등록해 중국 판매자들이 미국 아마존 소비자들에게 물품을 배송하는 데 사용하도록 하고, 중국과 미국 사이의 중대한 무역 항로를 통제할 수 있게 되었다. 아마존 해운사Amazon Maritime, Inc. 미연방해사위원회의 무선박운송인 NVOCC 면허를 취득했다.

운송회사로서의 아마존

2016년 아마존은 에어 트랜스포트 인터내셔널의 주식을 최대 19.9퍼센트를 살 수 있는 기회를 얻고 보잉 767 항공기 20대를 정기적으로 운항하기 시작했다. 그리고 일 년 뒤, 첫 브랜드 화물 수송기를 공개하며, 신시내티국제공항이 '아마존 에어'의 주된 허브가 될 것이라고 발표했다. 또한 15억 달러를 들여 28만 제곱미터(약 8만 4천 평) 분류 센터와 100대 이상의 화물수송기 주차 공간이 포함된 총 920 에이커를 개발하는 데 4천만 달러의 조세 감면 혜택을 받았다. 아마존이 제출한 분류 센터 계획서를 살펴보면, 440 에이커에 대한 개발은 2020년까지 완료되고 나머지 479에이커는 2차 기간인 2025년과 2027년 사이에 건립될 것이라고 되어있다. 그 때가 되면 아마존은 허브에서 수송기 100대 분량의 화물을 취급하고 매일 200대의 항공편을 운항할 것을 계획하고 있다. 이러한 움직임은 켄터키 주 헤브론에 위치한 항공 분류 센터와 FC가 있는 주요 도시 사이를 연결하기 위해 소규모 공항에 건설된 화물 취급 시설을 보완하게 될 것이다. MWPVL 인터내셔널은 이를 두고 '항공 분류 허브'라고 불렀다. 이 시설들은 헤브론 에어 허브에 보내질 화물을 취급 및 수령하기 위한 목적으로 활주로 인근에 지어졌다.

당일 배송과 1시간 내 배송과 같은 파괴적인 행보를 넘어서 아마존은 이제 트럭, 화물선, 수송기로 구성된 자체 운송 회사를 관리하고, 제3자 택배회사에 의지하는 비율을 점점 줄여나가고 있다. 2017년 아마존은 트럭 운전사들이 아마존 물류창고에서 적재 및 하역을 더욱 용이하게 할 수 있는 앱을 첫 출시했다. 이로써 수백만 명의 전국의 트럭 운전사들에게 직접 접근할 수 있게 된 아마존은 트럭 운전수와 화물을 연결시켜주는 유사한 앱을 개발 중인 것으로 알려졌다. 살짝 의외로 여겨지는 아마존의 또 다른 혁신은 2015년 특허 출원한, 고객 목적지까지 가는 길에 제품을 제조하도록 고안된 3D 프린터가 탑재된 트럭이다. 아마존은 2018년 더 발전된 3D 관련 특허를 출원했는데 3D 제작된 물품에 대한 맞춤형 주문을 받아 그것을 제작한 뒤 고객에게 전달하는 것을 가능하게 하는 것으로 향후 제조 회사가 비슷한 사업을 할 수 있는 가능성을 차단했다.

풀필먼트 바이 아마존
FBA, Fulfillment By Amazon

아마존이 주문 이행 절차에서 진정으로 중간상을 배제하고 전반적인 공급망을 직접 통제하길 원한다면, '풀필먼트 바이 아마존FBA' 서비스를 확장하는 것 외의 그 어떤 움직임도 글로벌 물류 체계를 확대하기 위한 것으로 보기는 어렵다. FBA는 아마존닷컴 마켓플레이스의 제3자 판매인이 판매하는 물품을 보관, 집품, 포장, 배송에서부터 반품까지 대신 처리하는 서비스로 아마존 페이도 여기 포함된다. 최종 소비자의 구매 경험을 최적화하는 가장 탁월한 방법으로 어필하지만, 거기에 더해 소비자들의 까다로운 운송 및 배송 일정에도 맞출뿐더러, 경우에 따라서는 프라임 적격 제품 목록에도 오를 수 있는 기회도 제공한다. 주요 FBA 확장은 2010년 독일, 2012년 캐나다, 2013년 스페인, 2015년 인도를 비롯해 가장 최근의 2018년 호주라고 할 수 있다.

아마존이 프라임 나우와 함께 라스트마일에 전념 해오면서 빨라진 속도와 규모에 힘입어 마켓플레이스에서 활발하게 활동하고 FBA를 이용하는 판매자의 수는 2015년과 2016년 사이 70퍼센트 늘어났다. 비록 FBA 서비스가 생성하는 수익에 대해 공개한 적은 없지만 말이다. 같은 기간 아마존이 제3자 판매인을 대신해 판매한 물건의 양도 2배로 증가했다. B2B의 관점에서 '아마존 비즈니스'(2012년 '아마존서플라이AmazonSupply'로 출시해 2015년 바꿨다)의 영향력에 대해서 생각해 볼 필요가 있다. 아마존닷컴에서 B2B 제품을 판매하는 이 경쟁적 마켓플레이스는 노트북, 컴퓨터, 프린터, 사무 용품, 사무 가구, 수공구, 전동 공구, 안전기기, 탕비실 필수품 및 청소 용품과 같이 다양한 품목에서 발생하는 비즈니스적 니즈를 충족시킨다. 1년 후 아마존은 아마존 비즈니스가 40만 비즈니스 고객에게 서비스하며 10억 달러 수익을 발생시켰다고 밝혔다. 이 관점에서 FBA와 아마존 비즈니스가 취급하는 물량에다 최근 항공화물, 지상 교통수단, 해상 운송에 진출한 것을 감안하면 아마존은 이미 세계적인 물류 강자라고 할 수 있다.

하지만 여기서도 아마존은 추가 재고로 자체 물류창고가 과부하되는 것을 막기 위해 판매자로부터 물품이 신속하게 배송되는 실험을 한다. 2017년 스텔라 플렉스Stellar Flex라는 이름으로 출시된 이 서비스는 인도 시장과 미 서부에서 시험 운영되었고 아마존의 물류 능력이 자체 FC를 넘어 판매자의 FC로 연결되는 역할을 했다. 2018년 출시된 'FBA 온사이트Onsite'는 아마존이 라스트마일을 더욱 유연하고 운영하고 통제할 수 있는 권한을 주면서 대용량 할인으로 비용을 절약하고 FC 혼잡을 피할 수 있게 했다. 이 서비스는 아마존이 수용량의 한계로 2017년 말까지 주문량을 줄임에 따라 업계 관계자들이 사이에서 '아마존은 자사의 FBA의 성공으로 인한 희생양'이라는 말이 돈지 얼마 되지 않아 출시되었다. 같은 기간, 판매자가 자체 시설에 물건을 보관하게 해 절감할 수 있는 비용이 최대 70퍼센트라는 조사 결과도 있었다. 따라서 FBA를 판매자 시설로 확대하는 것은 증가하는 물류 요구에 대응해 수용량과 규모를 늘일 수 있는 대안이 될 수 있다.

아마존은 반품 절차에서도 시험을 해 왔다. 우리는 앞에서 모든 전자상거래 업체의 수익에 반품이 큰 영향을 미친다는 사실을 언급했다. 업계의 추산에 따르면 전체 온라인 판매 중 30퍼센트가 반품된다. 2017년 말 출범된 파일럿 프로그램에서 아마존은 미국 백화점 업체 콜스와 파트너십을 맺고 콜스 매장에서 기기 판매뿐만 아니라 반품도 접수했다. 콜스의 매장 직원들이 반품된 물건을 포장해서 무료로 아마존 주문 이행 센터로 배송했다. 콜스의 회장이자 CEO인 케빈 만셀은 파트너십을 맺은 지 몇 달 뒤 이렇게 말했다. "한 가지 확실한 점은 이것은 굉장한 경험이고, 사람들이 이 서비스를 이용한다는 사실이다. 고객이 반응한다는 것은 그들이 이것을 좋은 경험으로 생각한다는 의미다. 그들은 이 서비스를 이용하고 있으며 무엇보다 중요한 것은 트래픽 증가를 불러왔다는 점이다. 그렇기 때문에 우리는 이 서비스를 확장할지 고려하고 있다."

라스트마일 경주

한편 월마트가 운송 및 물류 체계를 확장한 가장 큰 이유는 비용 절감이다. 전자상거래 사업을 수행하는 데 드는 비용과 광대한 글로벌 매장 네트워크의 균형을 맞추기 위해 꼭 필요한 일이었다. 중국에서 제조된 물품을 운송하기 위해 선적 컨테이너를 임대하기 시작했고, 운송비용을 절감하기 위해 앞서 언급한 대로 락커와 매장 수령 서비스를 확대했다. 2017년 미국 월마트의 혁신개발부 이사 크리스티 브룩스는 월마트가 자사 대형 매장의 선반에 재고가 떨어지지 않게 하기 위해 분투하고 있다고 밝혔다. 재고 부족은 최근 월마트의 시급히 해결해야 하는 과제로 떠올랐다. '톱 스톡Top Stock'으로 불리는 체계는 선반 맨 윗 칸에 재고를 보관하는데 월마트는 이로 인해 '선반이 꽉 찬 상태를 유지하고 재고를 한눈에 알아보기 쉬워졌다'고 주장한다. 또한 재고를 일시적으로 보관하기 위해 대여한 트레일러 사용이 줄고 뒤편에 여분의 공간이 생겨 온라인 주문 후 수령과 같은 서비스를 통합할 수 있게 되었다고 브룩스가 말했다. 또한 이 공간에서는 직원 교육이 이뤄지기도 한다. 그리고 노스캐롤라이나 주 모리스빌 매장을 예로 들며 톱 스톡을 시행한 지 2달 만에 뒤편에 쌓아둔 재고가 75퍼센트 줄어들어 새로운 공간을 직원 교육 아카데미로 활용할 수 있게 되었다고 말했다. 그리고 아마존과 콜스의 반품 프로그램보다 앞서 2017년 후반 월마트 앱을 업데이트한 뒤 매장에서 온라인 주문의 반품 절차를 개선했다. 이 과정에서 온라인에서 판매하는 특정 상품, 예를 들어 건강 및 미용 제품에 한해 매장을 방문할 필요 없이 바로 즉시 환불이 이뤄졌다.

아마존은 이미 일부 자체 판매 및 제3자 판매 상품에 대해 즉시 환불을 시행하고 있었는데 정해진 가격 아래의 일부 상품은 반품할 필요도 없었다. 하지만 월마트는 자사 온라인 식료품 수령, 픽업 타워, 무료 2일 배송 서비스 — 회비를 않더라도 이용할 수 있다고 아마존이 특히 강조하는 — 를 기반으로 시행하는 반품 서비스로 주문 이행 경쟁에서 보조를 맞추기 위해 노력해 왔다.

알리바바는 아마존이 해상 운송을 시작했을 때와 유사하게 선박에서 컨테이너를 임대하기 시작했다. 이 말인즉슨, 알리바바 로지스틱스가 자사 마켓플레이스 제3자 판매인을 위해 '퍼스트 마일' 운송이 가능해졌다는 뜻이다. 알리바바의 물류 모델을 아마존의 그것과 비교해 보는 데 의미가 있다. 2003년 알리바바는 금융 서비스 및 물류 회사 8곳과 합작해 '차이냐오Cainiao'로 알려진 중국 스마트 물류 네트워크를 창설했다. 오늘날 차이냐오 물류 네트워크는 15곳의 제3자 물류회사3PL로 이뤄져 있으며 그중 알리바바가 가장 많은 지분을 가지고 있었다. 2017년에는 8억 700만 달러를 투자해 지분을 기존의 47퍼센트에서 51퍼센트로 올렸다. 당시 알리바바는 앞으로 5년간 1천억 위안(150억 달러)를 글로벌 물류 역량에 투자할 것이라고 밝혔다. 이 중국의 거대 기업은 드론과 로봇 기술을 이용해 중국 전역에 24시간 내 배송, 전 세계 72시간 내 배송을 하는 것을 목표로 삼고 있다.

차이냐오가 하루에 5,700개 배송을 하는 것을 감안했을 때, 중국 시장을 장악한 알리바바는 지역의 물류망에 상당한 권력을 휘두를 수 있을 것이다. 아마존과 비슷하게, 알리바바는 그 힘을 공급망 가시성과 이 네트워크에서 주문 이행 절차를 효과적으로 조직하는 데 필요한 기술 통합을 제공하는 기술 투자에 바탕을 두고 있다. 세계 최대 규모의 소비자 경제를 자랑하는 미국이 글로벌 운영의 기반을 제공하고 있지만 이미 성숙한 미국의 전자상거래 시장에서 아마존의 시장 점유율은 일부분에 불과하다. 이에 비해 알리바바의 자국 시장 점유율은 60퍼센트가 넘는다. 세계에서 두 번째로 크고 가장 빠르게 성장하고 있는 소비자 경제를 보유한 중국에서 전통적인 거래의 비율은 78퍼센트가 넘는다.

알리바바의 라이벌 징둥닷컴도 자체 물류 네트워크를 구축하기 위해 바쁘게 움직이고 있다. 아마존이 사용하는 것과 비슷한 모델을 따라 2017년 말 중국 전역에 주문 이행 센터 7곳과 물류 창고 486개와 더불어 수천 곳의 지역 배달 및 수령 지점으로 이루어진 네트워크를 구축했다. 징둥닷컴은 또한 물류를 미국에 진출하기 위한 전초 기지로 로스앤젤레스에 FC를 여는 것을 고려하고 있다. 징둥닷컴의 가장 눈에 띄는 행보는 2018년 봄 유럽과 중국을 잇는 화물 열차를 론칭한 것이다. 물품이 열차에 실리는 것과 동시에 목적지에서 판매가 시작되었다. 첫 출항한 중국-유럽 화물열차는 독일 함부르크에서 징둥닷컴의 가장 중요한 유통 허브 중 하나가 위치한 중국 산시성 성도인 시안까지 1만 킬로미터를 달렸다. 열차는 해상운송 때보다 35일 더 적게 소요되었으며 항공 운송보다 80퍼센트나 저렴했다.

징둥 로지스틱스의 국제 공급망 부문 총 책임자 리우 한은 그 당시 성명서를 통해 이렇게 밝혔다. '독일에서 중국으로 오는 열차는 징둥닷컴으로 오는 물품을 싣고 오는 것이 주 목적이지만, 이로 인해 우리는 유럽의 소매업체들과 공급업체들을 위해 광고하는 시간이 현저하게 줄어들었고 소비자들에게 더 저렴한 가격에 더 다양한 제품이 제공되었다. 우리 징둥 사이트에서 유럽산 수입품에 대한 수요가 치솟음에 따라 올해 말 정규 서비스가 론칭할 것으로 예상하고 있으며, 이 열차가 앞으로 더 많이 운행되기를 고대하고 있다.'

홀푸드와 미래

지금까지 특급 배송과 그것이 주문 이행 수요에 미치는 영향, 그리고 해외에서의 사례를 살펴보았고, 이제 아마존의 마지막 주요 주문 이행 전략만을 남겨놓고 있다. 이 장 맨 처음으로 돌아가, 아마존이 서점 네트워크 외에 중요한 물리적 리테일의 영향력이 존재하지 않아서 주문 후 수령과 같은, 경쟁사가 유럽과 아시아에 제공하고 있는 광범위한 O2O 서비스를 제공할 수 없었던 때를 상기해 보자. 2017년 홀푸드를 인수하며 450개 이상의 매장과 더불어 홀푸드의 오프라인 리테일 식료품 유통 네트워크도 함께 손에 쥘 수 있게 되었다.

"매장이 물류창고의 역할도 하고 있다면 이미 수익을 내고 있다는 것을 의미한다. 매장이 그 자리에 있는 사이 트럭 한가득 분량의 제품이 찾아온다. 이것은 가장 효율적으로 물건을 배치시키는 방법이다."

― 미국 월마트 전자상거래 부문 CEO 마크 로어 Mark Lore

7장에서 논의한 대로 홀푸드의 유통 네트워크 인수는 매장에서 판매될 부패하기 쉬운 물품에 집중되어 있었으며 제3자와 자체상표 물품 주문 이행에 더 많은 도움이 될 것으로 기대된다. 그 사이 매장 네트워크는 도심지에서 직접적인 노출이 가능하게 했다. 하지만 기존 고객들은 주차 공간 일부가 프라임 나우배송 차량에 할당되어 있고, 매장 내에서 집품을 담당하는 직원이 제품과 공간을 두고 고객과 경쟁하는 것에 대해 불만을 가지는 고객도 있다는 보고도 존재한다.

지금 이 글을 쓰는 시점에서 홀푸드는 여전히 인스타카트를 통해서 주문을 이행하고 있다. 인수 당시 홀푸드는 인스타카트 전체 사업에서 약 10퍼센트를 차지하고 있었고 소수의 지분도 소유하고 있었다. 하지만 홀푸드가 인스타카트의 최대 경쟁사의 자회사가 되면서 아마존이 홀푸드가 소유한 인스타카트 주식을 매각할지, 아니면 인스타카트도 인수할 것인지 관심이 집중됐다. 아마존이 이번 인수로 인해 온라인에서 오프라인으로 성공적인 변환했다는 사실과 더불어 동반된 라스트마일 유통 및 주문이행 혜택을 자축함에 따라, 유럽에서도 마크 로어가 말한 것처럼 '물류창고 역할을 할' 또 다른 1,300여개의 매장을 제공할 비슷한 인수가 이뤄질 것이라는 추측이 많았다. 아마존이 프랑스의 모노프릭스, 영국의 모리슨즈와 약국 체인 셀레시오, 스페인의 디아, 독일의 로스만과 같은 유럽의 소매업체들과 주문 이행 관련 협약을 맺으면서 그러한 세간의 추측은 더욱 난무해져 갔다.

그러나 현재의 공급망 및 매장 네트워크 전략을 통해 패션 및 식료품 영역을 포함한 물품 공급을 더욱 원활하게 하려는 움직임과 자동 주문 기능과 알렉사를 통해 수요를 촉진하는 수단을 모두 갖춘 아마존에게 주문 이행에 있어 다음 종착지는 어딜까? 한 가지 확실한 것은 아마존은 앞으로도 계속해서 라스트마일, 배송 시간 축소, 그리고 고객을 기쁘게 하는 것에서 기록을 갱신하기 위해 혁신을 거듭해나갈 것이라는 사실이다.

원격 혁신

지금 처음 언급하지만 아마존의 라스트마일 포부를 지켜보며 우리는 아마존이 주문 이행과 연관해서 뿐만 아니라 전통적인 매장 형식 밖에서 즉각적인 만족감을 줄 수 있는 다른 분야를 개발할 수 있을 것이라고 생각한다. 아마존 트레저 트럭은 인근에 도착 시 알림을 신청한 아마존 앱 사용자들에게 일일 할인 정보와 독점 제품에 대해 접근할 수 있는 권한을 부여했다. 2016년 2월 시애틀에서 첫 선을 보인 뒤 미국과 영국의 30개 주요 도시로 확장했다. 2017년 특송 주문 이행을 위해 출시한 아마존프레시 픽업과 아마존 인스턴트 픽업 서비스 또한 이제 완전한 맥락에서 이해할 수 있을 것이다. 7장에서 논의한 대로 처음 아마존이 약속한 것은 프라임 연회비에 한 달에 15달러를 지불하는 '프레시 애드온'을 추가한 고객에 한해 주문 후 15분 내에 배송 준비를 끝낸다는 것이었다. 이후 기준을 더욱 높여 재고가 있는 물품을 주문하면 후 2분 안에 아마존 락커에서 수령 가능하게 만들었다. 이 서비스 역시 아마존 프레시 픽업 장소 인근에서 앱을 통해 재고를 확인할 수 있는 프라임 회원만 이용할 수 있었다. 이 서비스는 핸드폰 충전기와 같은 소형 필수품, 과자와 음료수, 킨들과 에코를 포함한 아마존 제품 등을 고객이 주문한 지 2분 안에 아마존 직원이 락커로 가져다 놓는 방식이었다. 이러한 인스턴트 픽업 락커는 방문객 회전율이 높은 대학 캠퍼스 내에 처음 설치되었다. 두 가지 경우 모두에서 아마존의 예상할 수 있는 배송 특허 — 이 책 초반에 아마존의 AI 개발의 예시를 설명했다 — 성공의 중요한 열쇠가 되었다. 특히 아마존이 개발 중인 지하철 기반의 '프라임 나우 허브'나 '배송 스테이션 네트워크'와 합해졌을 때 더욱 그러했다.

또한 2017년 아마존은 아마존 키Amazon Key를 통해 집과 차량 내 배송 서비스를 출시했다. 미국 37개 도시에 거주하는 프라임 회원들을 상대로 아마존 플렉스 배달원들이 1회용 비밀번호를 사용해 집 안에 주문한 물품을 배달하는 방식이었다. 출시 당시 이 서비스를 이용하기 위해서는 특정 제조사의 스마트 도어락과 아마존 클라우드 캠 보안 카메라를 소지해야 했다. 배달을 확인하고, 잠재적인 분쟁의 소지를 차단하기 위해 배달원이 비밀번호를 누르는 순간부터 임무를 완수하고 빠져 나갈때까지 카메라가 이를 촬영한 뒤 고객의 스마트폰으로 전송한다. 아마존 키 앱은 원격으로 현관을 열고 잠글 수가 있으며 사용자가 가상 열쇠를 생성해 낼 수 있었다. 아마존은 2018년 여기서 더 발전해, 10억 달러에 스마트 카메라와 초인종 제조사 링Ring을 인수해 홈 네트워크에 진출을 시도했다. 이러한 투자는 부재중 배송이 역사책에나 남길 바라는 마음으로 집안 배송을 더욱 발전시키기고, 링의 초인종에 연결된 카메라와 오디오 기기를 알렉사 음성 기능으로 작동하는 홈 네트워크 생태계에 연결시키기 위해 이뤄졌다.

아마존의 키에서 차량 내 배송은 호환 가능한 차량을 소지한 고객에 한해 차량 트렁크 안에 물건을 넣어주는 서비스다. 고객은 공개적으로 접근 가능한 지역에 차량을 주차해야 하지만 추가적인 하드웨어는 필요 없다. 집 안 배송과 마찬가지로 배송 시간대는 4시간이 주어진다. 사생활 침해와 보안 문제에 대한 우려를 넘어서 집과 차량 내 배송 서비스가 자리 잡을 수 있을지는 지켜보아야 한다. 하지만 락커 개념을 연장하고 라스트마일에서 이점을 제공한다는 측면에서 아마존은 지난 몇 년간 관련 기술을 개발해 왔고 선점자 우위를 누릴 수 있게 되었다. 향후 알렉사 음성비서를 자동차 운영체계에 탑재하기 위해 협력이 이뤄질 가능성이 있다.

주문을 빠르게 이행하고자하는 아마존의 여정과 연관해 최종 영역은 드론 기술이다. 2013년 말 제프 베조스는 드론 배송 상업화 계획을 밝혔다. 2016년 말 아마존은 프라임 에어가 첫 번째 완전 자동화된 드론 배송을 완료했다고 발표했다. 파일럿 없이, 케임브리지 지역에 위치한 프라임 에어 주문 이행 센터에서 날아오른 드론은 주문 13분 만에 배송을 마쳤다. 드론 배송이 가능하려면 물품은 2.3킬로그램 미만이어야 하며, 드론의 화물 상자에 들어갈 만한 규모에 FC에서 16킬로미터 이내에 배송지가 위치해야만 한다. 영국의 케임브리지 센터 외에도 미국, 오스트리아, 프랑스, 이스라엘에도 개발 센터가 있다. 이러한 계획은 아마존이 주문 이행에 품고있는 야망을 드러내지만, 관련 규제에 대해서도 알려진 바가 없고, 아직까지는 구상 수준에 머물고 있다.

그 사이 알리바바의 음식 배달 앱 어러머Ele.me는 최근 드론 배송을 시작했다. 징둥닷컴 역시 배송에 사용될 드론을 개발 중이다. 2017년 징둥 그룹은 드론 배달 전용 공항 150곳을 신설할 계획을 발표하며, 해당 기술에 대한 중요한 전략적 의지를 나타냈다. 지금까지 개발한 드론은 최대 50킬로그램을 들어서 이동할 수 있지만 500킬로그램까지 들 수 있는 드론을 연구 중이라고 밝혔다. 그러나 장거리 무선 제어 통신이 가장 효과가 좋은 외딴 산악지대에 위치한 사천성에서는 제한적으로 운행이 될 것이다. 배터리 수명도 개선되어 거의 지속적으로 운행할 수 있다. 그러나 실질적으로 오늘날 가장 발전된 형태의 상업용 드론은 평균 100분은 주행하며 주행거리는 약 35킬로미터다. 이러한 제한 속에서도 징둥닷컴이 드론 배송을 밀고나가는 이유는 화물 비용이 70퍼센트 절감될 것으로 예상하고 있기 때문이다.

다량의 드론 배치 경주에서 승자가 누가 되더라도 이 점은 확실하다. 가장 비용이 적게 들고 신속한 라스트마일을 선점하기 위한 경주에서 드론이 마지막 혁신은 아닐 것이라는 사실이다.

15

결론
아마존은 최고점에 도달한 것인가?

"이제 아마존은 거대한 기업이며, 우리에 대해 면밀한 조사가 이뤄질 것을 예상한다."

— 2018년, 제프 베조스

데이원Day1 이래 모든 일의 중심에 고객을 최우선적으로 둔다는 가혹한 사명 아래 아마존은 고객에게 거의 모든 것을 제공했다. 아마존은 자기 방식대로 하는 구매자들이 수용한 보편적인 기술 인터페이스, 유비쿼터스 연결성, 자율 컴퓨팅을 이용해 지금까지 없었던, 세계에서 가장 영향력 있는 리테일 기업으로 성장했다.

아마존의 플라이휠 모델과 디지털 생태계를 알아보는 과정에서 아마존과 현재 대적하는 소매업체들의 부족한 점이 드러났다. 과잉된 공간에서 성과를 내지 못하고, 척박한 디지털 환경을 유지하고, 전자상거래 채널과 성공적으로 통합하지 못한 매장들은 계속해서 실패자로 남아 아마존의 경쟁적 야심만 강화하게 될 것이다.

그러나 지금까지의 아마존의 천문학적인 성장에 정부도 주목하기 시작해 아마존의 시장 장악에 대한 논의가 점점 더 심도 있게 이뤄지고 있다. 심지어 베조스도 전방위적으로 뻗어나가는 자신의 왕국에 대해 면밀한 정부 조사가 이뤄지는 것이 자연스러운 수순이라고 생각한다.

2017년 〈예일 법률 저널〉에 실린 뒤 많은 주목을 받은 '아마존의 반독점 역설'의 저자 리나 칸은 아마존이 과거 정치인들의 주목 대상에 오르지 않은 이유는 현재의 독점금지법이 '경쟁을 평가함에 있어 생산자나 전반적인 시장 건전성이 아닌, 소비자들의 단기적인 이익을 보기 때문'이며 '독점금지 원칙은 낮은 소비자 가격 단 하나만을 공정한 경쟁의 증거로 판단한다.'고 주장했다.

아마존의 경우 높은 가격이나 낮은 품질의 형태로 소비자들에게 해를 입히지 않는다. 소비자들에게 바가지를 씌우는 것은 세계에서 가장 고객을 중심으로 생각하는 기업이 되기 위한 아마존의 사명과 거리가 멀다. 그러한 전략은 2018년 오프라인 최대 경쟁자인 월마트보다 2배 반 이상의 규모로 성장하는 데 아무런 도움이 되지 않았을 것이다. 두 기업의 시장 가치는 2017년 월마트가 아마존의 연간 매출액과 순수입의 세 배를 창출했음에도 불구하고 현저하게 벌어졌다. '이것은 마치 베조스가 회사 성장을 계획함에 있어 먼저 독점 금지법의 그림을 그린 뒤 그것을 유연하게 우회하는 노선을 고안한 것과 같다. 소비자를 위한 광적인 열정으로 무장한 아마존은 현대 반독점 금지법을 등에 업고 독점의 길로 가고 있다.'라고 칸은 주장했다.

아마존의 장악에는 희생이 뒤따랐고, 보통 오프라인 소매업체 대부분이 견딜 수 없는, 이 디지털 시대에 맞춰 법안을 개정해야 한다는 목소리가 높아지기 시작했다. 도널드 트럼프 대통령의 트윗이 미디어의 주목을 받았지만 이제 아마존은 초당적인 반발에 직면했다. 극우파로 통하는 트럼프 대통령의 전 백악관 수석전략가 스티브 배넌은 기술 거대 기업들이 21세기 삶의 필수 요건이 됨에 따라 공기업과 같은 규제를 받아야 한다고 주장했다. 민주당 지도부는 당 차원의 '더 나은 처우Better Deal' 경제 공약의 일환으로 2018년 더욱 강력해진 반독점 행위 단속을 추진하고 있다. 버니 샌더스 상원의원은 2018년 '놀랄 만큼 거대한 회사가 상거래의 거의 모든 부분에 관여하고 있으며, 아마존이 보유한 힘과 영향력을 살펴보는 것은 대단히 중요하다'고 말했다.

칸은 약탈적 가격 책정*과 수직통합이 아마존이 장악하게 된 배경과 깊은 연관성이 있다고 주장한다. 사업을 개시한 이래, 베조스가 초기 투자자들을 상대로 이익 기반 성장 전략이 장기적으로 수익을 낼 것이라고 설득한 그 순간부터 경쟁의 장은 아마존

---

* 어떤 기업이 다른 회사들이 더 이상 경쟁할 수 없어 상품 판매를 중단해야 할 정도로 가격을 낮춰서 상품을 판매하는 행위

쪽으로 기울었다. 아마존은 언제나 고유한 규칙을 고수해 왔다. 그리고 오늘날 그 결과는 어떤가? 붙잡을 수 없는 존재로 등극했다.

아마존이 가혹하게 새로운 서비스로 사업을 다각화하고 전체 영역을 뒤집으면서 경쟁 우위는 더 강력해졌다. 이것은 결국 아마존의 플라이휠이 전제하고 있는 효과다. 하지만 과도함의 기준은 얼마나 되는 걸까? 규제 기관뿐만 아니라 소비자들에게도 말이다. 지금껏 아마존처럼 소비자들의 삶과 집 안에 성공적으로 침투한 기업은 없었다. 아마존은 어디서나 존재하게 되었다. 그리고 고유한 생태계를 통해 많은 구매자들에게 없어서는 안 될 자원이자 삶의 방식 그 자체가 되었다. 그러나 아마존이 식료품, 패션, 건강식품, 은행과 같은 새로운 소비자 지향 영역에 진출하면서 브랜드의 탄력성이 시험대에 오르게 될 것이다. 소비자들은 편의성을 위해 많은 것을 희생하겠지만(예를 들면 가격과 개인 정보) 우리가 예상하는 바로는 아마존이 너무 강력해지고, 너무 깊숙이 침투한다면 고객들의 정서는 빠르게 바뀔 것이다. 어쩌면 우리는 아마존의 최고점에 가까워졌는지도 모른다.

동시에 아마존의 플랫폼은 유력한 전자상거래 수단이 되었다. 세계 최대 물품 검색 엔진인 아마존의 알고리즘은 자체 물품을 장려하는 체계를 갖추고 있다. 다양한 자체 기기(에코 스피커에서 대시 버튼까지)는 플랫폼 내에서 판매가 끊김 없이 이뤄지도록 한다. 아마존은 그 어떤 소매업체보다 데이터에 쉽게 접근할 수 있다. 수십 년간 아마존은 오프라인 경쟁자들과 다른 세금 법 적용을 받아왔다. 리테일 사업은 고수익을 발생시키는 AWS와 같은 영역에서 보조를 받고, 앞으로는 광고 대행이 또 다른 고수익 창출원으로 성장할 것이다. 독점 금지법 전문가가 아니더라도 아마존이 불공정한 경쟁에서 이익을 보고 있다는 사실쯤은 쉽게 알 수 있다.

그렇다면 그 다음 단계는 무엇일까? 아마존은 해체될 수 있을까? (점점 더 많은 업체들이 악마와 춤추기를 거부하고 있는 상황에서) 아마존은 규제 기관과 경쟁 소매업체들을 달래기 위해 AWS 부문을 별도로 분리할 수 있을까? 우리는 향후 반독점 관련 조치가 아마존의 성장에 위협이 될 수 있는 단 하나의 요소라고 생각한다. 그러나 아마존의 플라이휠 모델에는 탄성彈性이 내재되어 있다. 서비스 중심 구조의 기술 기반 개념 위에 구축된 각각의 구성 요소 혹은 모듈은 세 가지 기둥이 제공하는 핵심 내부 서비스를 공유한다. 그렇기 때문에 우리는 아마존의 서비스 수익이 곧 다른 업체의 그것을 능가할 것으로 예상한다.

그러나 한편으로는 다수의 소매업체가 아마존에 필적한 만한 상대가 될 것이라고 믿는다. (힌트: 아시아에 기반하고 있는 회사들이다.) 아마존은 지금도 그러하고 앞으로도 언제나 본질적으로 기술기업이며 그 다음이 소매업체일 것이다. 아마존이 기능적 구매 경험에서 마찰을 제거하는 용도로 전문적인 기술을 사용하는 방식을 이해하면 경쟁자들도 보조를 맞추는 데 도움이 될 것이다. 우리는 리테일 회사가 다음의 다섯 가지 기본 원칙에 충실하면 앞으로 아마존과 문제없이 공존할 수 있으리라 확신한다.

① 기획하라. 아마존을 이기려고 시도하지 마라.
② 차별화하라. 판매 영역을 뛰어넘어라.
③ 혁신하라. 매장을 골칫거리가 아닌 자산으로 여겨라.
④ 혼자하지 마라.
⑤ 빨리 움직여라.

그 사이 단기간의 통증이 아예 없을 것이라는 의미가 아니다. 디지털 시대에 걸맞은 구조 변경이 이루는 과정에서 폐점, 파산, 감원, 통합이 계속 일어날 것에 대비해야 한다.

시간이 절대적으로 중요하다. 가혹한 이 시기에 적응에 실패하는 업체에게 두 번째 기회는 주어지지 않을 것이다. 궁극적으로, 디지털 변혁에서 살아남는 소매업체들은 아마존의 시대에서 연관성을 유지하면서 고객을 따르는 회사가 될 것이다.